인간
연대의
자본론

오류와 망상의
『자본론』 해체 노트

인간연대의 자본론 —오류와 망상의 『자본론』 해체 노트
ⓒ 들녘 2017

초 판 1쇄 발행일 2017년 5월 30일

지 은 이 유키오카 요시하루
옮 긴 이 김기섭

출판책임 박성규
편   집 유예림 · 현미나 · 남은재
디 자 인 조미경 · 김원중
마 케 팅 나다연 · 이광호
경영지원 김은주 · 박소희
관   리 구법모 · 엄철용
제   작 송세언

펴 낸 곳 도서출판 들녘
펴 낸 이 이정원
등록일자 1987년 12월 12일
등록번호 10-156
주   소 경기도 파주시 회동길 198
전   화 마케팅 031-955-7374 편집 031-955-7381
팩시밀리 031-955-7393
홈페이지 www.ddd21.co.kr

I S B N 979-11-5925-257-0 (03320)

인간 연대의 자본론

오류와 망상의 『자본론』 해체 노트

유키오카 요시하루 지음
김기섭 옮김

들녘

▨ 일러두기

1 이 책은 『資本論解体ノート 新資本論 1』(著: 行岡良治, 出版社: コークス調査研究所, 発行年月: 2015年07月) 가운데 「제2편 화폐가 자본으로 전화」를 제외한 모든 부분을 저자의 동의를 얻어 구성과 제목을 변경해 번역한 것이다.

2 원서에서 인용된 『자본론』은 『資本論(一)』(マルクス 著, 向坂逸郎 譯, 岩波書店, 1969年)이고, 번역한 이 책에서 인용하는 『자본론』은 김수행 역, 제2개역판 I [상], 비봉출판사, 2001년이다.

3 각주는 독자의 이해를 돕기 위해 옮긴이가 붙인 것이다.

한국어판 서문

내가 『자본론』에 대해 이야기하면 일본에서는 대체로 "요즘 같은 때 웬 마르크스냐"는 소리가 돌아옵니다. 분명 '이론보다는 증거'입니다. 마르크스주의가 낳은 옛 소련이나 동유럽의 여러 나라들, 그리고 현재의 중국이나 북한 등의 사회와 여기서 살고 있는 인간의 실상을 볼 때 마르크스주의는 사상이나 철학적인 면에서 근본적인 오류가 있었음이 분명합니다. 마르크스주의는 사상과 철학으로서 결코 인간을 행복하게 하지 못한다는 것이 분명해졌습니다.

하지만 마르크스주의는 지금 중국이나 북한 등에만 살아 있는 것이 아닙니다. 마르크스주의가 만약 중국이나 북한 등에만 살아 있다면 중국이나 북한 등은 반드시 멸망할 것이고 따라서 이들의 멸망과 함께 마르크스주의도 머지않아 세상에서 반드시 소멸할 것입니다. 하지만 안타깝게도 마르크스주의는 지금 중국이나 북한 등에서보다 오히려 우리 사회에 깊고 넓게 뿌리내리고 있습니다. 우리 사회에서 마르크스주의는 여전히 사상적이고 철학적으로 깊고 강력한 영향력을 행사하고 있습니다.

구체적으로 몇 가지 사례를 들어보겠습니다. 우리는 지금 세계화 시대에 살고 있습니다. 그리고 이런 세계화는 자본의 편재를 무시한 자유무역주의라고 규정할 수 있습니다. 하지만 자본의 편재를 무시한 자유가 얼마나 가혹한 차별과 압박을 의미하는지를 생각할 때 세계화의 범죄성은 너무나 명백합니다. 하지만 마르크스는 "가치는 노동이 낳고, 자본은 가치 생산에 아무런 관여도 하지 않는다"는 근거 없는 비과학적인 주장을 통해 이런 세계화의 범죄성을 은폐시켜왔습니다.

또 하나의 예를 들어보겠습니다. 우리가 사는 세계는 지금 능력주의가 온통 지배하고 있고, 이에 따라 인간은 그 능력에 따라 무자비하게 서열화되면서 차별과 분단을 강요당하고 있습니다. 그 결과로 아이들은 태어나면서부터 곧바로 능력에 따른 서열화의 채에 걸려져 선별됩니다. 때문에 부모들은 보다 잘 선별되기는 바라는 마음에서 아이들을 열심히 입시전쟁으로 내몹니다. 하지만 인간의 능력은 본래 다양하고 더욱이 각자마다 고유한 것입니다. 따라서 이를 서열화하는 것은 아무런 근거도 없는 비과학적인 것일 뿐입니다.

인간이 삼나무나 노송나무의 다양한 특징(능력) 가운데 하나만을 평가하고 나아가 모든 산의 나무를 삼나무나 노송나무로 뒤덮어버리면, 산의 수목은 그 다양성이 훼손돼 결국 산을 황폐하게 만들 것입니다. 마찬가지로 능력주의에 따른 인간의 선별은 지금 우리 사회를 철저히 황폐화시키고 있습니다. 이렇게 인간을 분단시키고 차별해 무자비하게 서열화시킴으로써 결국 인간사회를 황폐화시키는 능력주의는 "복잡노동의 보다 적은 양은 단순노동의 보다 많은 양과 같다"는 마르크스의 근거 없는 비과학적인 주장에서 기인한 것입니다.

한마디로 우리가 사는 세계는 지금도 마르크스의 근거 없는 비과학적인 주장에 의해 폭넓고 다양하게 오염돼 있습니다. 이런 속에서 우리는 지금 마르크스의 '공산혁명'이라는 환상에서 해방되어 인간이 국가와 사회의 진정한 주권자로 세계를 인간화시켜야 하는 과제를 안고 있습니다. 이를 위해 나는 마르크스의 말 한마디 한마디에 포함돼 있는 오류와 독소를 하나하나 해명해 진정으로 인간적인 철학을 구축해야 할 필요에 직면해 있다고 믿습니다. 마르크스와의 싸움을 적당히 회피하고 안이하게 해답을 구하려 하지 말고, 수없이 많은 인간을 죽이고 인간을 분단시켜온 마르크스주의를 근본적으로 해체해야 할 필요가 있다고 생각합니다.

나는 이런 인간의 미래를 향한 작업의 일환으로서 『자본론 해체 노트(신자본론 I)』를 집필했고, 이것이 이번에 김기섭 박사님의 번역으로 도서출판 들녘에서 『인간연대의 자본론』으로 출간하게 되었습니다. 이 자리를 빌려 번역의 수고를 아끼지 않으신 김기섭님께, 그리고 흔쾌히 출판에 응해주신 도서출판 들녘에 깊은 감사의 말씀을 드립니다.

마지막으로 저의 서투른 저작에 관심을 가져주신 한국의 독자 여러분께도 감사드립니다. 여러분과의 이번 만남을 계기로 마르크스의 주장을 근본적으로 함께 해체하고 그 독소로부터 인간이 해방되어 한 걸음 더 인간이 주체인 세계에 다가갈 수 있게 되기를 소망하면서 인사를 대신하고자 합니다. 감사합니다.

2017년 3월 13일

유키오카 요시하루

역자의 말

1.

저자가 평생을 일궈온 그린코프는 일본 규슈 지역을 중심으로 활동하는 14개 생활협동조합, 34만 명의 조합원을 가진 생활협동조합연합회입니다. 일본에서 구매공급 사업을 하는 생협이 130여 개이고 그 조합원이 2천만 명을 넘는 속에서 보면 작은 규모라 할 수 있습니다. 하지만 나는 그린코프가 작다고 해서 그 실천마저 작지 않음을, 또 규슈를 중심으로 한다고 해서 그 실천마저 일본의 변방에서 끝나지 않음을 확신합니다. 혼돈의 시대에서는 혼돈의 가장자리에서 나온 새로운 질서가 곧 세상을 변화시키는 법입니다. 그린코프의 언어를 빌려 이런 내 확신의 근거를 말씀드리면 다음과 같습니다.

먼저, 그린코프의 '주권재민'에 대해서입니다. 세계 여러 나라에 수많은 협동조합들이 있지만 나는 그린코프만큼 조합원의 주인됨을 관철시키면서도 끊임없이 연대하는 조직을 별로 본 적이 없습니다. 물론 그 안에 갈등이 없는 것은 아니지만 이조차도 그린코프는 연대의 주인공이 자신을 드러내는 행위로 이해합니다. 내가 그린코프를 좋아하게 된 가장 큰 계기는 바로 이런 참민주주의의 관철에 있습니다.

주권재민은 이 책을 관통하는 아주 중요한 키워드입니다. 주권재민을 협동조합에 적용하면 '조합원주권'이 되고, 노동에 적용하면 '자기표현으로서의 노동'이 됩니다. 한 조직의 구성원이 그 조직의 실질적인 주인공이 되지 못하고서는 한 사회의 진정한 민주주의가 달성될 수 없다는 확고한 신념. 그리고 이것이 단지 구호로서가 아니라 현실로서 그린코프 안에 구현되고 있다는 판단. 이것이야말로 저자가 이 책을 세상에 내놓을 수 있게 된 배경이고 나 또한 전적으로 동감하는 부분입니다.

다음으로, 그린코프의 '현실로 만들어가는 꿈'에 대해서입니다. 1990년대 들어 그린코프는 구매공급 사업의 안정을 바탕으로 조합원의 다양한 꿈을 현실로 만들어가고 있습니다. 돌봄과 육아를 개인의 영역에서 모두의 연대로 사업화시켜냈고, 이를 담당하는 주체로서 시간제 비정규노동에 내몰리는 조합원들을 조직해냈습니다. 노숙자와 빈곤자의 자립을 지원함으로써 사회 전체를 향해서도 연대의 손길을 내밀고 있습니다. 제3세계 민중과의 연대를 위해 초창기부터 민중교역을 진행해왔고, 지금은 이를 금융 분야로까지 확산시키고 있습니다. 최근에는 태양광 전기를 조합원에게 공급하면서 탈원전 사회를 향해 힘차게 내딛고 있습니다.

이런 시도들은 사실 인간이라면 누구나 갖는 당연한 꿈입니다. 하지만 안타깝게도 이를 현실로 만들 수 있는 사람은 그리 많지 않습니다. 꿈을 현실로 만들 수 있는 인간의 연대가 충분하지 못하기 때문입니다. 내가 그린코프와 관계하면서 가장 부러운 점이 꿈을 현실로 시간 이동시키는 이런 풍부한 인간의 연대입니다. 덕분에 그린코프 사람들은 활기차게 자신을 드러내면서 "살고 있는 마을을 살고 싶은 마을로" 만들어가고 있습니다.

③

세 번째로 그린코프의 '소외된 것의 소외시킨 것을 향한 강하'에 대해서입니다. '소외'는 '외화'나 '내화'와 더불어 이 책을 이해하는 데 필요한 매우 중요한 개념입니다. 우리는 보통 소외를 부정적으로만 바라봅니다. 자연과 사회로부터 소외된 인간은 분명 우리가 극복해야 할 과제 중 하나입니다. 하지만 한편에서 인간은 자연과 사회로부터 소외되지 않고는 인간으로 등장하지 못하고 따라서 인간의 연대 또한 태동하지 못합니다. 자본 또한 마찬가지여서 자본에 의한 인간의 소외는 당연히 극복해야 할 과제이지만, 소외된 자본 없이 인간이 미래의 꿈을 지금의 현실로 시간 이동시킬 수 없다는 것도 명백한 사실입니다. 저자가 자본의 태동을 "공동체에 비축된 일정량의 식량"에서 찾고, 이를 통해 인간은 농업혁명이라는 시간 이동이 가능했다고 본 것도 이런 이유에서입니다.

문제는 소외된 것과 소외시킨 것 사이의 새로운 관계가 아닐까 싶습니다. 자연과 사회로부터 소외된 인간이 자연과 사회를 소외시켜 왔습니다. 인간—엄밀한 의미에서는 사람과 사람의 관계 즉 인간의 연대—으로부터 소외된 자본이 인간을 소외시키고 있습니다. 그리고 이제는 자신을 소외시킨 자연과 사회를 향해 인간이 내려가야 할 때이듯이, 자신을 소외시킨 인간의 연대를 향해 자본이 내려가야 할 때입니다. 내화에서 외화로, 외화에서 다시 소외로 향해온 인류의 역사가 이제는 '귀로(歸路)'로 향해야 하고, 실제로 그린코프에서는 위에서 말한 꿈을 현실로 만들어가는 다양한 인간의 연대를 위해 자본을 적극 조성하고 또 민주적으로 운용하고 있습니다.

저자가 말했듯이 자본주의란 결국 자본의 쏠림 즉 편재 상태가 하나의 권력이 되어 인간의 연대를 절멸시키는 구조입니다. 하지만 이런 자본주의는 머지않은 미래에 곧 종언을 맞이할 것입니다. 그리고 이때가 되면 아마도 자본주의로부터 벗어난 자본이 인간의 연대에 기대어 꿈을 현실로 시간 이동시키는 동력으로서 사람들 사이로 내려오게 될 것입니다. 내가 그린코프의 실천이 결코 작게 끝나지 않을 것이라 확신하는 이유가 여기에 있습니다.

2.

이 책의 저자 유키오카 요시하루는 직업적 경제학자가 아닙니다. 그는 평생을 생활협동조합에 몸 바친 사람이고, 따라서 그의 모든 사유와 언어는 그린코프라는 인간의 연대를 조직하고 성장시키는 과정에서 나온 것입니다. 하지만 그래서 내게는 이 책이 그 어떤 이론서보다 더 큰 감동과 의미를 줍니다. 한때는 마르크스가 옳다고 믿었고 또 한때는 마르크스의 선의를 부정하고 싶지 않았던 자신에 대한 통렬한 반성. 인간의 자유와 연대를 향해 끊임없이 고뇌하면서 실천해온 그간의 자기 생각에 대한 정리. 한 인간의 평생에 걸친 사유와 실천이 결코 가볍지 않음을 나는 이 책에서 느낍니다.

이 책의 원저명은 『자본론 해체 노트』입니다. 이를 이번에 한국어판에서는 저자와 상의해 『인간연대의 자본론』으로 바꿨습니다. 마르크스가 중요한 게 아니라 자본론에 빗대어 드러난 저자의 자본에 대한 새로운 이해가 중요하다고 보았기 때문입니다. 또 저자의 허락을 받아 원저에는 없는 소제목을 넣기도 하고 반복되는 내용을 삭제하기도 했습니다. 독자 여러분의 이해를 돕기 위해서 한 일인데, 만약 그 결과로 저자의 의도가 훼손되었다면 이는 전적으로 나의 책임입니다.

　　마지막으로, 두 분께 특별히 감사의 말씀을 드리고자 합니다. 이 책의 초역은 실은 협동조합운동의 발전을 위해 오랫동안 함께 노력해오신 조한소 선생님께서 수고해주셨습니다. 내가 한 일이라고는 단지 몇 군데 수정한 것뿐인데 선생님의 간곡한 부탁으로 번역자에서 빠졌습니다. 또 도서출판 들녘의 박성규 주간님께서는 이 책에 많은 관심과 애정을 쏟아주시고 독자의 관점에서 교정 보완해주셨습니다. 두 분이 아니었다면 아마 이 책은 한국에 소개되지 못했을 것입니다. 다시 한번 두 분께 진심으로 감사드립니다.

　　언젠가 그린코프에 서신을 보내면서 이런 이야기를 한 적이 있습니다. "그린은 블루─물·차가움·이성─와 옐로우─땅·따뜻함·감성─의 중간색이면서 동시에 태양빛을 받아 자신의 빛깔을 또렷이 드러내는 지구상 모든 생명의 융합색이기도 하다"고. 하나하나의 생명이 자신을 온전히 발현하면서 다른 생명과 더불어 살아가기를 열망하는 모든 분들에게 이 책이 작은 희망과 용기가 될 수 있기를 기대합니다. 감사합니다.

2017년 5월의 어느 날에
역자를 대표해서 김기섭이 썼습니다.

차례

제1부
인간연대의 자본론Ⅰ ―『자본론』해체에 앞서―

제2부
『자본론』 해체노트 I

–
머리말

①

이 책은 마르크스의『자본론』「제1권 자본의 생산과정」「제1편 상품과 화폐」가 잘못되었다는 것을 밝히는 데서 시작한다. 이는『자본론』의 전제인 마르크스의 역사관, 즉 태곳적 '에덴동산' 시절부터 로빈슨 크루소 같은 '독립생산자'가 존재해서 '상품생산자 사회'를 형성했다는 마르크스의 유물사관이 잘못되었다는 것을 밝히기 위해서다.

이를 위해 나는 우선, 인류가 숲에서 나와 농업과 목축을 시작한 인류사를 가급적 간결하게 서술하고, 태곳적에는 로빈슨 크루소 같은 '독립생산자'도 또 그런 '독립생산자'로 이루어진 '상품생산자 사회'도 존재하지 않았다는 것을 밝히고자 한다. 물론 내가 여기서 서술하는 인류사는 단지 추상적인 인류의 역사이지, 어느 특정 지역의 특정 민족 또는 종파의 인간집단이 걸어온 역사가 아니다. 따라서 내가 서술하는 인류사를 그대로 걸어온 민족이나 종파는 존재하지 않는다. 그럼에도 불구하고 모든 민족과 종파의 행보는 내가 서술하는 인류사에 포섭될 것이다.

2

이어서 나는, (1)마르크스가 '노동생산물' 또는 '상품'이라 부르는 것이 실은 전(前)노동생산물·노동생산물·대가(對價)·상품이라는 네 가지로 구성되어 있음에도, (2)마르크스는 이를 전혀 대상화하지 못했고, (3)뿐만 아니라 마르크스는 노동생산물과 상품, 대가와 상품을 혼동·동일시하는 오류를 범하고 있음을 지적하고, (4)노동생산물은 대가로 외화(外化)되고 상품으로 소외(疎外)되며, (5)이에 따라 가치는 교환가치로 외화되고 화폐로 소외된다는 것을 밝히고자 한다.

'사용가치'와 '가치'는 '노동생산물'의 두 요소이지, 마르크스가 말하는 것처럼 '상품'의 두 요소가 아니다. 우리는 보통, 상품의 실체가 노동생산물이기 때문에 상품도 가치를 보유하고 가치의 지배를 받아 운동한다고 생각하기 쉽지만, 상품이 보유하는 것은 가치가 아니라 치장된 가치고, 치장된 가치를 매개로 가격의 자기증식운동을 전개하는 것이 상품이다. 이는 마치 우리가 자본가·토지소유자·임노동자도 사람이기 때문에 그들도 사람처럼 행동한다고 생각하기 쉽지만, 그들은 '경제적 범주의 인격화'(마르크스)된 존재—비인간적인 소외된 존재—일 뿐, 그들이 사람으로서 행동하는 게 아니라는 것과 마찬가지다. 만약 자본가·토지소유자·임노동자가 사람으로서 행동하는 경우가 있다면,

이는 '자본가로서의 자본가'·'토지소유자로서의 토지소유자'·'임노동자로서의 임노동자'로부터 '인간으로서의 자본가'·'인간으로서의 토지소유자'·'인간으로서의 임노동자'가 해방된 경우에만 해당한다.

③

나아가 나는, 마르크스가 말하는 "유령과 같은…… 무차별적인 인간노동의…… 단순한 응고물"은 가치도 상품가치도 아닌, 가치로서 결실을 맺기 전 단계의 '공간화된 시간'을 의미한다는 것을 밝힐 예정이다. 마르크스가 말하는 '노동=대상화'론은 '논리적 속임수' 가운데 하나이고 일종의 사기행위다. "(모든) 노동은…… 모두 동일한 종류의 노동, 즉 추상적 인간노동"으로 환원된다는, 즉 가치와 '추상적 인간노동'은 같다는, 나아가 자본은 가치의 생산에 아무런 관여나 기여도 하지 않는다는 마르크스의 이야기는 마치 아버지 도움 없이 어머니만으로 자식을 낳을 수 있다는 말과 똑같은 잘못이다.

마르크스는 그 『자본론』에서 잘못된 주장을 수도 없이 늘어놓고 있다. 하지만 내가 그 수많은 잘못된 주장 가운데 도저히 용서하기 힘든 것은 노동에 대한 그의 입장이다. 그는 노동에 대해 "복잡한 노동은…… 단순노동의 복합일 뿐이며", "복잡노동의 적은 양은 단순노동의 많은 양과 동등하고", "노동의 가치는…… 노동이라는 것 말고는 아무런 질을 갖지 않는 인간노동으로 환원된 후 단지 양적으로만 취급된다"는 등의 이야기를 하고 있다. 이런 그의 이야기는 청소와 같은 단순노동에 침을 뱉고, 인간이 노동하는 것, 즉 인간이 살아가는—자기표현하는— 것을 모욕함으로써 사실상 인간에게 삶의 가치와 의미를 찾지 말라고 요구하고 있다.

이에 대해 내가 이 책에서 말하고 싶은 것은, (1)노동은 인간의 자기표현(자기외화)이고, (2)자기표현은 본래 복잡함에 가치가 있는 것이 아니라, (3)보통은 그 깊이와 강건함에 가치가 있고, (4)따라서 자기표현은 일반적으로 복잡함보다는 단순함이 아름답기 때문에, (5)"단순노동은 아름답다!"가 우리의 새로운 '슬로건'이 되어야 한다는 것이다. 나의 이런 생각은, 인간을 능력에 따라 분별·차별·서열화하고 권력(자본)이 인간을 짓밟는 것을 합법·정당화하는 마르크스의 '능력주의'를 최대한 비판하게 될 것이다.

④

마르크스는 또 "일정량의 아마포 ……에 대해, ……예컨대 한 벌의 저고리가 등치된다"고 하면서, 이를 근거로 '일정량의 아마포'와 '한 벌의 저고리'는 '등가형태'에 있다고 강변한다. 하지만 '등치된다'는 것은 결코 '같다'는 것을 의미하지 않는다. 즉, "같은 것으로 놓여 있다"는 것은 '놓여 있다'는 것이지 '같다'가 아니다. 그럼에도 마르크스는 '놓여 있기' 때문에 '등가형태'에 있다고 강변한다.

뿐만 아니라 마르크스는 "어떤 사람이 자기의 아마포를 다수의 다른 상품과 교환하고, 따라서 그 가치를 일련의 다른 상품 속에 표현한다면, 필연적으로 다수의 다른 상품 소유자들 역시 자기들의 상품을 아마포와 교환하고, 따라서 그들의 상품을 동일한 제3의 상품, 즉 아마포로 표현하지 않으면 안 된다"는 식으로 강변한다. 하지만 "어떤 사람이 자기의 아마포를 다수의 다른 상품과 교환"하고, "필연적으로 다수의 다른 상품 소유자들 역시 자기들의 상품을 아마포와 교환"하더라도, 아마포는 어디까지나 교환의 당사자(제1자 또는 제2자)이지 교환의 제3자(제3의 상품)가 되지 않는다. 그럼에도 마르크스는 "어떤 사람이 자기의 아마포를 다수의 다른 상품과 교환"하면, 아마포는 교환의 제3자(제3의 상품)가 된다고 강변한다.

물론 위의 사례는 마르크스의 수많은 오류 가운데 하나의 예시일 뿐이다. 원하는 결론을 도출하기 위해 마르크스가 구사하는 논리의 유치함과 어리석음은 나를 놀라지 않을 수 없게 한다. 게다가 이런 유치하고 어리석은 논리의 바꿔치기를 통해 마르크스가 도출시킨 결론이 '등가교환'과 '일반적 등가물'(화폐)의 발생이라는 마르크스 이론의 근간임을 고려할 때 나는 경악을 금할 수 없다.

⑤

나아가 마르크스는 '상품의 물신성'이 출현하는 것과 관련해, "노동생산물이 상품형태를 취하자마자…… 생산자들 사이의 관계는 노동생산물 사이의 사회적 관계라는 형태를 취한다"고 주장한다. 마르크스의 (사적) 유물사관은 이 대목, 즉 "생산자들 사이의 관계는 노동생산물 사이의 사회적 관계라는 형태를 취한다"는 점에 근거하고 있다.

하지만 "노동생산물이 상품형태를 취하"기 시작한 것은 원시공산제의 전간기(戰間期), 즉 원시공산제 시대에 수시로 벌어졌던 전쟁과 전쟁 사이의 평화로운 시기였다. 다시 말해, 원시공산제의 전간기에 공동체와 공동체 사이에서 물자교환이 시작되고, 이를 계기로 전(前)노동생산물이 노동생산물로 변화했고, 이렇게 변화한 노동생산물은 다시 대가로 외화되고 또 상품으로 소외되었다. 한마디로 상품(상대적 상품)은 이미 원시공산제의 전간기에 발생했고, 그럼에도 이 시기에 로빈슨 크루소 같은 '독립생산자'는 한 사람도 존재하지 않았다는 것이다. 인간은 단지 '공동체의 일원'으로서 공동체에 종속되어 있었고, 공동체가 총괄하는 공동노동에 종사할 뿐이었으며, 따라서 공동체로부터 '독립'한 '생산자' 따위는 존재하지 않았다. 마르크스가 상정한 '생산자들 사이의 관계'는 그 자체가 마르크스의 '공상'에 불과할 뿐이다.

6

나아가 마르크스의 논리대로라면 "가치에 있어서 등가로 교환되는", 그런 의미에서 매우 평등한 '노동생산물의 사회적 관계' 속에서는 차별적 신분제도가 존재할 리 없다. '생산자들 사이의 관계'가 "노동생산물 사이의 사회적 관계라는 형태를 취하기" 때문에, 여기에서는 왕·귀족·평민은 물론 노예라는 존재도 그 그림자조차 보이지 않을 것이다.

하지만 현실의 역사에서는 원시공산제의 전간기에, 즉 "노동생산물이 상품형태를 취"했을 무렵에, 공동체의 수장(首長)을 정점으로 하고 노예를 최하층으로 하는 생산자들 사이의 차별적 신분제도가 이미 형성되기 시작했다. 다시 말해, 마르크스가 말하는 "생산자들 사이의 관계가 노동생산물 사이의 사회적 관계라는 형태를 취하"는 현실은 역사적으로 존재하지 않았다. 따라서 '생산자들 사이의 관계'가 '노동생산물 사이의 사회적 관계'라는 형태를 취한다는 마르크스의 역사관, 즉 유물사관 내지는 사적 유물론은 인간이 걸어온 역사적 현실과 전혀 합치되지 않는다.

그럼에도 불구하고 마르크스는 사람들이 '물신숭배'에 빠지고 그 결과로 '생산자들 사이의 관계'가 '노동생산물 사이의 사회적 관계'라는 형태를 취하게 되었다며 사람들을 비난한다. 참으로 우스꽝스런 일이다. 왜냐하면 사람들은 '생산자들 사이의 관계'가 '노동생산물 사이의 사회적 관계'라는 형태를 취한다는 '망상'에 사로잡혔던 적이 역사상 단 한 번도 없기 때문이다. 이는 마르크스 자신만이 지녔던 인식—마르크스의 유물사관—이고, 이런 '망상'에 구속된 사람은 오직 마르크스 자신뿐이다. 따라서 마르크스야말로 '물신숭배'주의자이다. "화폐는 본래 금·은이 아니지만, 금·은은 본래 화폐다"—신(神)은 본래 물신(物神)이 아니지만, 물신은 본래 신이다—라는 마르크스와 그 유물사관이야말로 '물신숭배'주의를 의미한다.

또 노동생산물과 상품, 대가와 상품을 혼동·동일시한 마르크스는 가치와 교환가치, 교환가치와 화폐를 필연적으로 혼동·동일시하게 된다. 그 결과로 마르크스는 자신의 『자본론』이 "어디에서나 금이 화폐상품이라는 것을 전제로 한다"고 선언한다. 나아가 마르크스는 "내적으로는 독립해 있지 않은 자가 외적으로 독립해 있고, 이 독립이 일정한 지점에 이르면 통일은 강력하게 하나의 공황에 의해 관철된다"고 선언한다. 다시 말해, 마르크스는 '내적으로 독립해 있지 않은 자', 즉 가치가 외적으로 화폐로 '독립'해 있고, "이 독립이 일정한 지점에 이르면 통일은 강력하게 하나의 공황에 의해 관철된다"고 말한다.

하지만 노동생산물이 대가로 외화되고 상품으로 소외된 시점에서 노동생산물과 대가와 상품은 제각기 독립해 있다. 즉, 노동생산물·대가·상품과 화폐는 서로 '독립'해 있지, 결코 '통일'되어 있지 않다. 따라서 화폐가 아무리 노동생산물 또는 상품에서 '독립'하더라도 "통일은 강력하게 하나의 공황에 의해 관철"되는 사태가 생길 수 없다. 마르크스가 말하는 '공황의 필연성'은 '가치=교환가치=화폐'라는 마르크스의 잘못된 인식을 전제로 도출된 잘못된 논리다. 한마디로 마르크스가 주장하는 '공황의 필연성'은 논리적으로 전혀 성립하지 않는다.

물론 마르크스가 주장하는 '공황의 필연성'이 논리적으로 전혀 성립하지 않더라도, 그것이 공황으로부터 인간과 자본주의가 해방되었음을 의미하는 것은 결코 아니다. 실질적인 국가와 사회의 권력이 자본에 의해 소유되어 있는 한, 자본의 비인간적인 탐욕은 반드시 자본주의를 죽이고 공황을 초래하며 인간의 생활을 파괴할 것이다. 인간과 자본주의는 아직 공황으로부터 해방되어 있지 못하다.

⑧

또 마르크스는 '로빈슨 크루소A'가 자신의 노동생산물을 팔아서 손에 넣은 화폐로 '로빈슨 크루소B'에게서 필요한 물자를 사는, 다시 말해 '상품(W)-화폐(G)-상품(W)'의 과정을 '상품유통의 직접적 형태'라 부르고, 이것이 인간의 본래적인 상품유통형태라고 주장한다. 그리고 이와 동시에 발생하는 '화폐(G)-상품(W)-화폐(G)'의 과정을 '화폐가 자본으로 탈바꿈하는 유통형태'라 부르고, 이는 인간에게 있을 수 없는 상품유통형태라고 주장한다.

하지만 태곳적에는 로빈슨 크루소 같은 '독립생산자'가 사회적으로 존재하지 않았다. 따라서 '상품(W)-화폐(G)-상품(W)'이라는 상품의 유통형태도 존재하지 않았다. 태곳적 상품의 유통(교환)은 '독립생산자A'와 '독립생산자B'라는 개인 간에 시작된 것이 아니라, 자본(상대적 자본)이 스스로 생산하거나 혹은 다종다양한 상품을 타인에게서 사들여 쌓아놓고 이를 다시 평민들에게 팔아넘기는, 요컨대 마르크스가 "화폐가 자본으로 탈바꿈하는 유통형태"라고 표현한 '화폐(G)-상품(W)-화폐(G)'라는 형태로 시작되었다. 다시 말해, 상품의 유통은 개인들 간에 발생한 것이 아니라 상업자본과 개인 사이에 발생한 것이다.

오늘날 우리가 상업자본이 운영하는 슈퍼마켓에서 필요한 물자를 구입·조달하는 것처럼, 태곳적에도 사람들은 그렇게 했다.

✚ 보충　마르크스가 "화폐가 자본으로 탈바꿈하는 유통형태"라고 부른 '화폐(G)-상품(W)-화폐(G)'는 정확히는 '자본(G)-상품(W)-자본(G)'으로 기술해야 한다. 그것은 "화폐가 자본으로 탈바꿈하는" 것이 아니라, "자본이 상품을 매개로 증식해 증식된 자본으로 다시 회귀하는" 유통형태를 의미하기 때문이다.

9

　　이는 상품의 유통(교환)만이 아니라 상품의 생산을 포함하는 모든 인간의 경제에 관한 중대한 사실, 즉 자본의 탄생에 관한 중대한 사실을 품고 있다. 마르크스는 "상품유통이 자본의 출발점"이라고 말한다. 다시 말해, 마르크스는 '상품유통'을 통해서 자본이 후천적으로 발생했다고 주장한다. 하지만 자본(상대적 자본)은 '공동체에 비축된 필요한 일정량의 식량'이라는 형태로, 원시공산제 경제(공동생산·공동분배)가 시작되기도 전에 선천적으로 발생했다. 자본(상대적 자본)이 이렇게 선천적으로 발생했기 때문에, 인간은 원시공산제 경제(공동생산·공동분배)를 시작할 수 있었다. 생산과 유통(교환), 즉 인간의 모든 경제활동은 자본이 있어야 비로소 시동이 걸린다. 자본(상대적 자본을 포함해서)은 상품유통을 포함한 인간의 모든 경제활동의 출발점이다. 그런 의미에서 자본(상대적 자본)은 인간에게서 실로 "태초부터 있었다". 하지만 마르크스는 이 사실을 전혀 대상화하지 못했다. 다시 말해, 마르크스는 '자본이란 무엇인가'를 전혀 이해하지 못했다.

따라서 마르크스는 '자본제 생산양식', 즉 자본주의에 대해서도 전적으로 무지했다. 마르크스는 '자본제 생산양식'에 대해, (1)"노동을…… 가치로서 표현하는" "어떤 역사적으로 규정된 발전단계", (2)"모든 생산물이…… 상품의 형태를 취하는 경우는 단 하나의 전적으로 특수한 생산양식, 즉 자본제 생산양식의 기초 위에서만 일어난다", (3) "자본은 생산수단 및 생활수단의 소유자가 자유로운 노동자를 노동력 판매자로서 시장에서 발견할 수 있는 곳에서만 성립한다"고, 변변한 근거도 없이 규정한다.

하지만 마르크스가 말하는 (1)"노동을 가치로서 표현하는" 것은 '자본제 생산양식'부터가 아니라 원시공산제 전간기에 발생한 사태였다. 또 (2)"모든 생산물이…… 상품의 형태를 취하는" 것 또한 '자본제 생산양식'부터가 아니라 고대목축왕국 시대에 일어난 사태였다. 그리고 (3)"자유로운 노동자를 노동력 판매자로서 시장에서 발견하는" 것도 '자본제 생산양식'부터가 아니라 근대 시민혁명 이후, 즉 산업혁명 전야에 발생한 사태였다.

따라서 '자본제 생산양식'에 관한 마르크스의 규정에 따른다면, '자본제 생산양식'은 원시공산제 전간기에 발생한 것이고, 고대목축왕국 시대에 발생한 것이며, 산업혁명 전야에 발생했다는 말이 된다. 한마디로 '자본제 생산양식'에 관한 마르크스의 규정은 지리멸렬하고 아무런 의미도 갖지 못한다. 마르크스는 '자본이란 무엇인가'를 전혀 이해하지 못했고, 따라서 '자본제 생산양식'(자본주의)이 무엇인지에 대해서도 전적으로 무지했던 것이다.

⑩

시간은 인간을 유(類)적이고 역사적으로 통과해간다. 동시에 시간은 인간을 개체[個]적이고 시대적으로 통과해간다. 인간을 유적이고 역사적으로 통과한 시간이 사회적 생산력의 본질이다. 또 인간을 개체적이고 시대적으로 통과한 시간이 노동의 본질이다.

그리고 태곳적 인간의 사회적 생산력의 본질을 의미하는 '인간을 유적이고 역사적으로 통과한 시간'은 공동체(나라)로 공간화되었다. 즉, 공동체(나라)는 인간의 사회적 생산력 자체를 의미하고, 또 그렇게 기능하기 위해 태동했다. 공동체(나라)가 인간의 사회적 생산력으로서 태동하려면 자본(상대적 자본)이 꼭 있어야 했고, 자본이야말로 인간의 사회적 생산력으로서 공동체(나라)를 태동시켰다.

그러던 것이 시간이 지남에 따라 공동체(나라)가 공동체(나라)에 의해 소유되고 자본도 공동체(나라)에 의해 소유되는 단계에서, 공동체(나라)도 자본도 공동체의 수장이나 유력자들이 소유하는 단계로 진화해갔다. 그리고 이런 공동체 수장이 소유하는 자본에 의해 공동체가 다시 국가로 고도화되어갔고, 또 유력자들이 소유하는 자본에 의해 국가로서의 공동체(국가공간) 안에 유력자들을 주체로 하는 다양한 공동체들이 형성되었다. 즉, 자본은 국가로서의 공동체(국가공간) 안에 다양한 공동체를 낳아 사회적 생산력으로서의 공동체(국가)를 더욱 다양하고 풍부하게 만들었고, 이에 따라 사회적 생산력으로서의 의미와 기능이 더욱 다양해지고 풍요로워졌다. 한마디로 자본과 공동체(국가 공간)는 상호 매개적으로 사회적 생산력으로서의 공동체(국가 공간)를 다양하고 풍부하게 만들었고, 시간이 지남에 따라 인간의 사회적 생산력 또한 크게 성장·발전하게 되었다.

11

구체적으로 보면 사회적 생산력 자체를 의미하는 공동체(국가)는 원시공산제에서 고대농업왕국·고대목축왕국·고대국가·고대제국이라는 형태로 진화해갔다. 또 사회적 생산력으로서의 국가를 다양하고 풍부하게 성장·발전시켜온 자본(상대적 자본)은, '공동체에 비축된 필요한 일정량의 식량'이라는 형태에서 집적된 대가·집적된 일반적 대가·집적된 일반적 가격물·집적된 화폐라는 형태로 진화해갔다. 다시 말해, 사회적 생산력으로서 공동체(국가)와 자본의 진화에 따라 인간의 사회적 생산력은 시간이 지나면서 크게 향상되었다. 하지만 자본이 국가와 하나 되어 국가에 종속돼 있는 한, 인간의 사회적 생산력은 산술급수적으로밖에 향상되지 못했다. 즉, 국가를 중심으로 하는 비역동적이고 어둡고 비좁은 우주 안에서 인간의 사회적 생산력은 한 발씩밖에는 향상될 수 없었다.

그러다 14세기 말 르네상스 시대에 들어 국가와 사회가 분화하기 시작했다. 국가와 하나 되고 국가에 종속돼 있던 자본(상대적 자본)

이 국가의 멍에로부터 해방되기 시작했다. 인간의 사회적 생산력을 의미하는 국가는 이제 햇빛과 물과 대지처럼 당연하게 주어진 천부(天賦)의 것으로 바뀌었고, 이와는 대조적으로 국가의 멍에로부터 해방된 자본이 그 강력한 매개력을 통해 국가의 사회적 생산력의 의미를 포함하면서 인간의 사회적 생산력을 의미하는 존재가 되었다. 나아가 자본(화폐집적)이 운동하기 위해 필요한 공간, 즉 자본을 중심으로 하는 우주가 암흑세계에서 분출하듯 돌연히 태동하게 되었다.

이 시기에 신용이 이슬람권으로부터 유럽에 수입되었다. 그리고 이렇게 수입된 신용은 처음에는 자본(화폐집적)을 지렛대로 해서 팽창했고, 이어서 암흑세계로부터 분출하듯 발생한 '자본을 중심으로 하는 우주'(자본주의 공간)를 지렛대로 해서 다시 급팽창했다. 르네상스 시대에 국가와 사회가 분화된 것을 계기로 마치 빅뱅(big bang)처럼 '자본을 중심으로 하는 우주' 즉 '자본주의 공간'이 암흑세계에서 분출하듯 발생했고, 이어서 이슬람권에서 유럽으로 수입된 신용이 '빅뱅 직후의 인플레이션'을 했던 것이다. 이렇게 해서 자본(화폐집적)은 국가를 포함해 인간의 사회적 생산력으로서의 의미와 기능을 담당하게 되었고, 이런 자본(화폐집적)이 자유롭게 운동하는 공간 즉 자본주의 공간이 완성되었다.

처음에 신용은, 자본(화폐집적)을 매개로 자본과 신용이 상호 매개적으로 전개하는 자본의 자기증식운동 즉 자본주의를 태동시켰다. 그리고 그 결과로 신용을 매개로 하는 자본의 자기증식운동, 즉 자본주의가 급팽창한 '자본을 중심으로 하는 우주'라는 자본주의 공간 속에서 펼쳐지게 되었다. 그러자 자본주의는 자본주의 공간을 확장시키면서 이를 더욱 풍부하고 다채롭게 만들어갔고, 반대로 이번에는 또 풍부하고 다채로워진 자본주의 공간이 다시 자본주의에 대해 풍부하고 구체적인 내용을 부여해갔다. 요컨대 자본주의와 자본주의 공간이 상호 매개적으로 전개하는 '자본주의의 자기증식운동'이 이렇게 해서 태동하기 시작했고, 그 결과로 자본(화폐집적)은 자본(상대적 자본)에서 자본(절대적 자본)으로 전능한 신으로 바뀌었고, 인간의 사회적 생산력은 기하급수적으로 개선·향상되어갔다.

⑫

이상의 내용을 통해 우리는 마르크스가 '자본'에 대해서도 '자본주의'에 대해서도 전혀 모른 채 『자본론』을 썼고, 따라서 『자본론』은 방대한 오류의 집적물이라는 것을 확인할 수 있다. 따라서 나의 이런 지적대로 마르크스가 자본은 물론이고 자본주의가 무엇인지도 전혀 모른 채, 또 '사유재산권'을 빼앗긴 인간은 다시 노예로 돌아갈 수밖에 없다는 사실을 모른 채, 해방의 객체에 불과한 임노동자를 해방의 주체로 보고 폭력혁명을 제창했다면, 그리고 만약 이런 마르크스의 주장을 좇아 마르크스주의자들이 정치권력을 탈취했다면, 이는 자본주의를 넘어서기는커녕 오히려 노예제에 기초한 새로운 공산당 왕조가 탄생할 뿐이라는 것이 논리적인 당연한 귀결이다.

실제로 과거에 소련과 동구권에서 전개되었고 지금은 북한과 중국 등에서 전개되고 있는 인간에 대한 참담한 비극은 이런 '논리적인 당연한 귀결'의 실증이라 할 수 있다. 인간에 대한 이런 참담한 비극의 책임은 단지 러시아 마르크스주의자(스탈린주의자)에게만 있는 것이 아니라 마르크스 본인에게 있다. 일찍이 캄보디아에서 벌어진 잔혹한 대량살육행위도 마르크스가 폴 포트(Pol Pot)에게 그렇게 하도록 만든 것이나 다름없다.

어째서 이토록 유치하고 어리석은 마르크스의 논리적 속임수가 오랫동안 폭로되지 않은 채 인간의 철학적 세계에 군림할 수 있었던 것일까? 나로서는 수수께끼가 아닐 수 없다. 학자라는 이들은 대체 무엇을 하고 있었단 말인가? 필시 어떤 잘못된 주장도 그것이 일단 하늘처럼 떠받들어지면 너무 두려워서 제대로 비판할 수 없게 되기 때문이라고밖에는 이해가 안 된다.

⑬

마지막으로, 자본주의는 분명 오로지 자본을 불리고 인간을 착취·수탈하는 매우 스마트한 시스템이다. 또 자본주의는 '남(南)'의 민중을 잔혹하게 착취·수탈하고, 그들에게 도탄의 고통을 강요하는 잔혹한 시스템이다. 나아가 자본주의는 자본가들(권력)의 탐욕으로 인해 신용을 잠식하는 악순환을 가져오며, 그 결과로 반드시 자본주의를 죽이고 공황을 초래하며 인간의 생활을 파괴할 수밖에 없는 시스템이다.

하지만 동시에 자본주의는, 직접적으로 인신을 지배하는 고대 노예제나 토지를 통해 간접적으로 인신을 지배하는 중세 농노제와 비교하면 훨씬 월등한 시스템이다. 자본주의는 인간에게 선거권과 피선거권으로 대표되는 민주주의를 가져다주었고, 국경을 용해시켜 이 세상에서 전쟁을 최종적으로 종식시킬 수 있는 가능성을 가져다주었다. 요컨대 자본주의는 인간에게 역사적으로 상당히 고마운 시스템이다.

이처럼 잔혹하면서도 고마운 자본주의 시대를 살아가는 우리 인간이 자본주의를 넘어설 수 있는 길은 실체가 없는 자본주의의 '주권재민(主權在民)'을 극복하는 것뿐이다. 이제까지 우리 인간은 '소외로 향해가는 길'을 걸어서 여기까지 전진해왔다. 그리고 이제 자본주의를 넘어서기 위해 우리 인간에게 남은 과제는, 국가와 사회의 권력을 실제로는 자본이 소유하고 있는, 다시 말해 '주권재민'이 그저 허울뿐인 상황을 극복하는 것이다. 바꿔 말해 우리는 지금, '주권재민'을 유명무실하게 만듦으로써 자본에 의한 '북(北)'의 시민·노동자·농민과 '남(南)'의 민중에 대한 잔혹한 착취와 수탈을 허용하고 있는 것이다. 또 자본의 탐욕이 신용을 갉아먹는 악순환을 야기함으로써 자본주의를 죽이고 공황을 초래하며 인간의 생활을 궁극적으로 파괴할지도 모르는 상황을 허용하고 있는 것이다. 우리 인간은 이제 자본가·토지소유자·임노동자에게 인간으로 돌아와달라고 호소하면서, 우리 자신을 사회와 국가의 진정한 소유자(주인공)로 성장시켜갈 필요가 있는 것이다.

이를 위해서는 먼저, 우리가 서로 소통하는 언어를 단련하고 연마해갈 필요가 있다. 그리하여 인간과 관련된 모든 것들의 관계를 재편하고, 실질적인 '주권재민'을 실현해가는 것이 필요하다. 그렇게 해서 장차 세계공동체를 구축하고 민족·종교 등의 인간집단이 서로 그 자주성·자립성을 절대적으로 존중하는 것을 전제로 국경을 없애고 이 세상에서 전쟁을 최종적으로 종식시키는 것이 필요하다. 나는 지금껏 그렇게 생각해왔다.

⑭

이를 위해 나는 우선, 그린코프 생활협동조합 안에서 '주권재민' 즉 조합원 주권이 실질적으로 실현되어야 한다고 생각해왔다. 왜냐하면 고작 40만 명에 불과한 그린코프에서 '주권재민' 즉 조합원 주권이 실질적으로 실현되지 못하면서, 1억2천만 명에 달하는 일본이라는 국가에 '주권재민'을 실질적으로 실현한다는 것이 절대로 불가능하기 때문이다.

그리고 나는 지금 그린코프에서 '주권재민' 즉 조합원 주권이 틀림없이 실질적으로 뿌리내리고 있다고 확신한다. 그린코프에서는 이제 '법적 범주의 인격화된 존재로서의 이사(理事)'로부터 '인간으로서의 이사' 즉 '한 사람의 어머니, 한 사람의 여성, 한 사람의 인간으로서의 이사'가 해방되어가고 있고, 이렇게 해방된 '인간으로서의 이사'들로 실질적으로 이사회가 구성되어가고 있으며, 철저한 정보 공개 덕분에 40만 그린코프의 일반적·보편적 조합원이 (아직 그 윤곽은 흐릿하지만) 그린코프의 주권자로서 그 모습을 드러내기 시작하고 있기 때문이다.

내가 이 책을 쓰게 된 동기는 이런 나의 확신에 의거해 그린코프의 이제까지의 발걸음을 보다 건실하게 만들기 위함이다. 독자 여러분께서도 꼭 검증해주시기 바란다.

이 책에서 인용하는 『자본론』은 이와나미문고(岩波文庫)에서 발간한 엥겔스(F. Engels) 편·사키사카 이쓰로(向坂逸郎) 번역본 총9권 가운데 제1권의 내용이다. 제1권은 『자본론』의 서론에 해당한다.[1] 그리고 어떤 논리든지 그 서론이 잘못되어 있으면 전체가 무용지물이 된다. 마르크스의 『자본론』 역시도 제1권부터가 엉터리이고, 따라서 『자본론』 전체도 엉터리임에 틀림없다. 따라서 이 이상으로 『자본론』을 해체하는 나의 작업이 쓸모없을지도 모른다. 하지만 그럼에도 불구하고 『자본론』은 여전히 유명하고 또 막대한 영향력을 지닌 책이다. 따라서 쓸모없을지라도 마르크스의 논리적 오류 하나하나를 구체적으로 비판해두는 것은 역사적으로나 사회적으로 꼭 필요한 일이라 본다. 앞으로도 나는 『자본론』 해체 작업을 진행할 것이고, 이에 대한 독자 여러분들의 많은 기대와 관심을 바라마지 않는다.

---

1 이 책 『인간연대의 자본론』의 번역본에서 인용한 마르크스의 『자본론』은 김수행 역, 제2개역판, 비봉출판사(2001) 발간본이다.

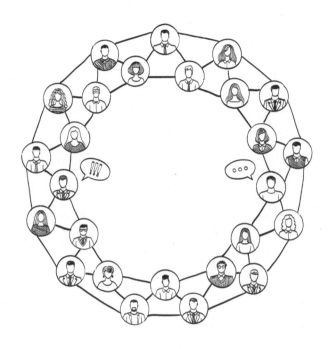

제1부

인간 연대의 자본론 I

—『자본론』 해체에 앞서—

노동생산물 혹은 상품과 그 운동에 대해 논할 때, 우리는 먼저 역사를 시대 구분하고 구분된 각각의 시대에 노동생산물 혹은 상품이 어떻게 운동해왔는지를 구체적으로 분석해야 한다. 왜냐하면 노동생산물 혹은 상품이 전개하는 운동은 시대에 따라 미묘하게 다르기 때문이다.

하지만 마르크스는 그렇게 하지 않았다. 마르크스는 '에덴동산' 시절부터 로빈슨 크루소 같은 자유롭고 독립적인 상품생산자들이 노동생산물 혹은 상품을 생산하고 교환해온 것처럼 인간의 역사를 이해하고 논한다. 즉, 마르크스는 『자본론』의 시작부터 노동생산물과 상품을 시대를 초월하거나 일반화해 논하는 오류를 범한다. 그 결과로 마르크스는 사용가치밖에 보유하지 않는 전(前)노동생산물, 사용가치와 가치를 보유하는 노동생산물, 그리고 외화된 가치 즉 교환가치를 보유하는 대가(제2차 노동생산물), 나아가 소외된 가치 즉 치장된 가치를 보유하는 상품(제3차 노동생산물)이라는 네 가지를 혼동하고 동일시한다. 그리고 노동생산물이 보유하지만 상품(제3차 노동생산물)이 더 이상 보유하지 않는 사용가치와 가치의 모순이 마치 상품의 운동을 관통하는 것처럼 분석하고 논하는 오류를 범한다. 그 결과 마르크스의 『자본론』은 방대한 오류의 집적물이 된다.

마르크스의 오류를 논증하기 위해 먼저 나는 인류의 역사를 시대 구분하고, 구분된 각각의 시대에 노동생산물 혹은 상품이 어떻게 운동해왔는지를 꼼꼼히 밝히고자 한다.

1.
인류의 역사

1) 농업과 목축의 기원

1

우선 '농업과 목축의 기원'에 대해서다.

지금으로부터 1만2900년~1만1500년 전의 영거 드리아스(Younger Dryas)기에[1] 지구 전체가 춥고 건조해지면서 지구의 삼림이 대폭 줄어들었다. 이에 따라 더 이상 숲에서 수렵과 채집을 하며 생활할 수 없게 된 인류는 숲에서 나와 농업과 목축을 통해 식량을 스스로 생산하기 시작했다. 물론 한랭기가 지나고 온난기가 도래해 삼림이 다시 늘어나면, 인류는 익숙하지 않은 농업과 목축을 버리고 다시 숲으로 돌아가

---

1   유럽에서 처음으로 쓰인 용어로, 마지막 빙하기가 끝나고 온난화가 진행되는 과정에서 약 10,500년 전을 전후해 일시적으로 급속히 기후가 나빠져 빙하의 후퇴가 지체되거나 혹은 오히려 다시 전진했던 시기. (출처: 『해양과학용어사전』)

수렵과 채집생활을 했다. 주기적으로 반복되는 한랭기와 온난기에 따라, 인류는 한랭기에는 숲에서 나와 미숙한 농업과 목축을 하고 온난기에는 다시 숲으로 돌아가 수렵과 채집생활을 했다.

하지만 인구가 증가하고 인구밀도가 상승하면서 어느덧 인류는 온난기에도 숲으로 돌아갈 수 없게 되었다. 인류의 대부분은 이제 완전히 숲에서 나와 농업과 목축으로 생활하게 되었다.

＋ 보충 1 인류가 숲을 벌채하고 파괴한 것은 온난기에도 숲으로 돌아갈 수 없게 된 이후부터의 일이다. 왜냐하면 그 이전까지 숲은 인류가 언젠가 돌아가야 할 곳이었기 때문이다. 다시 말해, 주기적으로 숲으로 돌아갔던 시절에 인류는 아직 자연의 일원이었고, 자연으로부터 본격적으로 소외되지 않았었다.

＋ 보충 2 인도네시아령 파푸아 사람들에는 아직도 수렵·채집생활의 관습이 남아 있다. 오토바이를 타고 자동차를 운전하며 생활하는 오늘날에도 적정 연령에 도달한 청소년들은 성인 통과의례로서 10여 명이 작은 집단을 형성해 숲으로 들어가 몇 주간 생활한다. 누구의 도움 없이 소집단을 형성해 숲에서 생활하는 것이 성인으로서 인정받는 증표인 셈이다. 이는 파푸아 사람들에게 있어 숲에서의 수렵·채집생활이 지금도 한없이 그리운 자기 존재의 근원임을 의미한다.

인구 증가와 인구밀도 상승에 따라 숲으로 돌아갈 수 없게 되고, 따라서 부득이 숲에서 나와 농업과 목축으로 생활하게 되었어도, 숲에서의 수렵·채집생활은 파푸아의 경우와 마찬가지로 모든 사람들에게 한없이 그리운 존재의 근원이었다. 한랭기에 숲에서 나왔다가 온난기에 다시 숲으로 돌아가는 생활을 주기적으로 반복한 것은 이 때문이었다. 하지만 계속되는 인구 증가와 인구밀도 상승은 언제부턴가 인류에게 숲으로 돌아가기를 허락하지 않게 되었다. 파푸아 사람들이 아직도 숲에서 수렵·채집하며 생활할 수 있는 것은 적도 바로 아래 파푸아뉴기니 숲의 광대함과 풍요로움이 이를 허락했기 때문이다.

2

　　인간은 오랫동안 숲에서 수렵·채집생활을 해왔다. 숲에서라면 인간은 수렵과 채집 행위를 동시에 영위하는 데 무리가 없었다. 하지만 인간이 숲에서 나오면서부터 인간의 집단(무리)은 수렵과 채집이라는 두 가지 행위 중 어느 하나를 선택해 본업으로 삼지 않을 수 없게 되었다. 왜냐하면 숲 밖에서는 수렵과 채집이라는 두 가지 행위를 동시에 무리 없이 할 수 없었기 때문이었다. 인간의 집단(무리)은 수렵이나 채집 가운데 어느 하나를 본업으로 삼아 생활하게 되었고, 수렵을 본업으로 하는 '무리'는 유목민이, 또 채집을 주로 하는 '무리'는 농경민이 되었다.

　　이처럼 농업과 목축은 시간적으로 지구상에 동시에 출현했다. 하지만 농업과 목축이 지니는 각각의 특성은 여기에 종사하는 사람들 즉 농경민과 유목민의 운명을 결정적으로 갈라놓았다. 농업에는 물이 필요한 반면에 목축에는 이동이 필요했다. 물(관개)이 필요한 농업은 이에 종사하는 인간집단(농경민)에게 집단의 공간적 확대와 팽창을 요구했고, 이동을 해야만 하는 목축은 이에 종사하는 인간집단(유목민)에게 집단의 공간적 분산과 축소를 요구했다.

　　인간이 농업과 목축을 시작하기 전에 인간의 집단(무리)은 그 규모가 일정했다. 하지만 앞서 말한 것처럼 농업은 농경민에게 그 '무리'의 공간적인 확대와 팽창의 압력을 가했고, 목축은 유목민에게 그 '무리'의 공간적인 분산과 축소의 압력을 가했다. 그리고 그 결과로 농경민이 형성하는 '무리'는 공간적으로 확대·팽창해갔고, 유목민이 형성하는 '무리'는 공간적으로 분산·축소돼갔다.

　　인간이 숲에서 나와 수렵이 목축으로 또 채집이 농업으로 진화함에 따라, 즉자(卽自)적이고 평면적이던 인간의 자의식은 단숨에 대자(對自)·대타(對他)화되고 입체화되어갔다. 인간이 수렵·채집생활을 하는 데서 즉자적이고 평면적인 자의식은 아무런 문제가 되지 않았다. 수렵은 눈앞에 있는 동물을 즉자적으로 사냥하는 것이고, 채집은 눈앞에 있는 식물을 즉자적으로 거둬들이는 것이기 때문이다.

　　하지만 인간이 농업과 목축을 영위할 때는 이야기가 달라진다. 농업과 목축은 인간이 자연(동식물)을 깊이 이해―타기(他己)대상화, 동식물학의 확립―하는 동시에, 자연을 이해하려는 인간 자체를 이해―자기(自己)대상화―하는 행위를 뜻한다. 인간의 자의식이 즉자적이고 평면적인 한, 농업과 목축은 이뤄지지 않는다. 인간이 숲에서 나와 수렵이 목축으로 또 채집이 농업으로 진화했다는 것은 즉자적이고 평면적이던 인간의 자의식이 단숨에 대자·대타화되고 입체화되어갔다는 것을 의미한다.

③

　　농경민의 경우, 대자·대타화되고 입체화된 인간의 자의식은 그들이 대상화하고 있는 자기 자신들 즉 '무리'를 단숨에 '공동체'로 입체화해갔다. 다시 말해, 평면적인 인간의 자의식 속에서 평면적으로 대상화되어 있던 '무리'는 입체화된 인간의 자의식에 의해 단숨에 '공동체'로 입체화되어갔다. 이에 따라 섹스 파트너와 자식들도 입체화된 인간의 자의식에 의해 '가족'으로 입체화되어갔다. 그리고 이렇게 크게 입체화된 '공동체'와 이 공동체에 포섭되면서 작게 입체화된 '가족', 그리고 그 '일원'으로서의 '나'라는 삼자가 농경민의 자의식 속에 구조적이고 입체적으로 형성되어갔다.

그 결과로 '자연의 일원'이었던 농경민은 '공동체의 일원'이 되면서 자연으로부터 소외되어갔다. 그리고 이렇게 자연으로부터 소외된 인간은 자기를 소외시킨 자연에 대항해 '공동체'를 세워갔고, '공동체'로 결집된 힘을 통해 자연을 개조하고 수탈하기 시작했다. 자연을 개조하고 수탈하는 행위로서 농업이 발명된 것이다.

한편 유목민의 경우, 대자·대타화되고 입체화된 자의식은 대상화된 자신들의 '무리'를 향해 공간적으로 분산·축소시키려는 압력을 행사했다. 그 결과로 대자·대타화되고 입체화된 자의식은 '무리'를 공간적으로 입체화시키지 못하는 대신에 시간(관계)적으로 입체화시켰다. 다시 말해, 유목민의 경우 그 '무리'는 농경민의 '공동체'가 아니라 '유대'로 입체화되어갔다. 그리고 이에 따라 나와 섹스파트너와 자녀들로 구성된 '가족' 또한 '유대'로서의 '무리'에 포섭되면서 넓은 지역으로 확산·분산되고 입체화되어갔다. 그 결과로 '유대'로서의 '무리', 넓게 확산·분산된 '가족', 그리고 그 '일원'으로서의 '나'라는 삼자가 유목민의 자의식에 구조적으로 형성되어갔다.

유목민의 경우는 숲에서 나와 목축을 하게 되면서 그 자의식이 대자·대타화되고 입체화되었음에도 불구하고, '공동체'를 소유할 수 없었다. 그리고 이로 인해 목축은 농업처럼 '공동체'로 자연에 맞서고 자연을 조직적으로 개조하고 수탈하는 데 이르지 못했다. 요컨대 목축은 농업처럼 자연에 적대적이고 파괴적인 일로 바뀌지 않았다.

그 결과 확대·팽창의 방향으로 운동하는 '공동체'를 소유한 농경민은 '공동체'를 소유하지 못한 유목민에 비해 상대적 우위에 서고 번영을 향유할 수 있게 되었다. 반면에 넓은 지역으로 분산·축소된 유목민은 번영하는 농경민 주변을 배회하는 이민족으로서 농경민에게 항상 배척당하게 되었다.

✚ **보충 1** 마르크스는 "존재가 의식을 결정한다. 존재란 의식하는 존재이다"(『경제학비판』)라고 말한다. 즉, 마르크스는 "존재가 의식을 결정한다"는 것만을 강조하고, 의식이 존재를 결정한다"는 것에 대해."존재란 의식하는 존재이다"라고 할 뿐 거의 무시하거나 부인한다. 물론 위에서 본 것처럼, 인간이 숲에서 나와 수렵이나 채집 가운데 어느 하나만을 하게 된 것, 즉 인간의 존재양식이 크게 바뀐 것이 인간의 의식을 결정적으로 변화시켰다. 그런 점에서 "존재가 의식을 결정한다"는 마르크스의 말은 맞는 말이다.

하지만 동시에, 존재가 결정한 의식이 이번에는 그 존재 즉 농경민 또는 유목민의 존재양식을 크게 변화시킨 것도 사실이다. 대자·대타화되고 입체화된 인간의 자의식이 이번에는 그 존재양식을 크게 변화시켜간 것이다. 입체화된 자의식이 농경민의 경우는 '공동체'를 묶어내고 유목민의 경우는 '유대'를 묶어냈다. 이번에는 "의식이 존재를 결정한" 것이다.

따라서 우리는 "존재가 의식을 결정하고, 결정된 의식이 이번에는 그 존재를 결정한다"고 사고해야만 한다. 동시에 우리는 '존재와 의식'의 관계를 '닭과 달걀'의 관계와 마찬가지로, 최종적으로는 "존재(닭)가 의식(달걀)을 결정한다"고 이해해야만 할 것이다.

✛ 보충 2　다케다 게이지로[2]는 "의식의 본질은 시간이다"라고 말한 적이 있다. 또 "의식의 기본적인 작용은 전이(転移)가 아닐까"라고도 말한 적이 있다. 가령, 개[犬]는 의식작용 즉 지각(知覺)을 통해 돌을 돌로 안다. 하지만 개는 거기서 멈춘다. 이에 비해 인간은 돌을 돌 이외의 어떤 것으로 전이시킨다. 돌은 석기로, 즉 무기나 도구로 전이된다. 인간이 이렇게 전이할 수 있는 것은 인간을 통과해가는 시간 때문이다.

한 발 더 나아가 다케다는 "이 전이를 통해 인간은 단지 공간을 이동할 뿐만 아니라 시간을 이동해가는 주체로 비약할 실마리를 잡았다"고 말한 적이 있다. 이는 (1)인간은 기억력에 의해 과거를 기억한다, (2)인간은 추상 능력에 의해 기억 속에서 인과율을 발견한다, (3)이런 기억력과 추상 능력에 상징화 능력이 더해져 인간은 언어 능력을 획득해간다, (4)획득된 언어 능력을 매개로 인간은 미래를 미리 구성할 수 있게 된다, (5)이를 통해서 인간은 시간을 이동하게 된다고 말하고 있는 것이다.

또한 다케다는 농업혁명의 획기적 성격에 대해서도 다음과 같이 간결히 정리한다.

(1) 수렵채집단계—단층사회—의 특징

• 사람은 자연에 내화(内化)되어 있었다.

• 시간도 아직 시간에 내화되어 있었다. 즉, 이때까지 시간은 자연물을 통과할 뿐 그 바깥으로 나오지는 않았다.

• 개체와 집단의 관계도, 집단이 독자적인 의식을 갖고 개인을 규제하는 관계는 아직 발생하지 않았다.

(2) 농업혁명의 획기적 성격에 대하여

2　武田桂二郎, 1925~1994년. 후쿠오카현 구루메시 출생. 도쿄대학 불문학과 졸업. 고교시절부터 시를 썼고, 이후 영화나 연극운동에도 참여. 1970년에 모 고등학교 교사 3명이 교과서를 사용하지 않고 절대평가를 하지 않았다는 이유로 처분받은 것에 저항해, 이들 교사를 지원하고 교육운동에 힘쓰기 위해 자신의 집에서 '무명사(無名舍)'라는 탁아소를 개설. 이후 부모들과 함께 먹거리운동에 참여해 그린코프 생협의 모태를 구축. 1988년 그린코프연합이 태동하면서 초대 회장 역임.

- 생산력(시간)은 사람을 매개로, 농업을 통해 외화되었다.
- 동시에 사람은 생산력을 구성하는 주요 부분으로서 자연으로부터 외화되었고, 자연물이면서 자연과 대립하게 되었다.
- 시간과 공간의 관계도, 사람이 매개가 되어 시간을 끝없이 공간화해가는, 즉 시간을 시간과는 별개의 것, 예컨대 생산력으로서 공간으로 전이해가는 길을 열었다.
- 사람의 의식은 의식공간을 만들고, 의식공간은 다시 사람의 의식을 만들어갔다.
- 결론적으로 말해, 사람은 농업을 통해 생산력(시간)을 외화시켰고, 외화된 생산력에 이번에는 사람이 종속되어갔다.

✚ 보충 3 　채집은 식물이 열매를 맺는 곳으로 '공간'을 이동해 열매를 채취하는 활동이다. 이에 비해 농업은 장소를 이동하는 것이 아니라, 씨 뿌리는 봄에서 열매 맺는 가을로 '시간'을 이동해 열매를 채취하는 활동이다. 따라서 채집이 농업으로 진화했다는 것은, 다케다의 말처럼 "인간이 단지 공간을 이동할 뿐만 아니라 시간을 이동해가는, 그런 주체로 비약할 실마리를 잡았다"는 것을 의미한다.

✚ 보충 4 　개체로서의 인간은 3살 무렵에 '제1차 반항기'를 거치고, 사춘기에 '제2차 반항기'를 거치며, 개인으로 자립해간다. 마찬가지로 유(類)로서의 인간은 네안데르탈인이 절멸한 3만 5000년 전 무렵에 '제1차 반항기'를 거치고, 약 1만 년 전 무렵에 '제2차 반항기'를 거치며, 자연으로부터 자립해왔다. '농업과 목축의 기원'은 인류에게 사춘기에 해당했던 것이다.

2) 전(前)원시공산제 시대

농업과 목축으로부터 시작된 인류의 역사를, 나는 다시 전(前)원시공산제 시대, 원시공산제 시대, 고대농업왕국 시대, 고대목축왕국 시대, 고대국가 시대, 자본주의 시대, 근대 시민혁명과 산업혁명 시대, 그리고 현대로 구분하고자 한다. 먼저 전(前)원시공산제 시대의 특징부터다.

1

인간(농경민)의 자의식 속에서 공동체로서의 자의식이 싹터 성장·발전해갔다. 그리고 이 '공동체로서의 자의식'이 성장·발전하면서 인간으로부터 서서히 외화되었다. 공동체가 인간 바깥으로 서서히 그 모습을 드러내기 시작한 것이다. 그리고 마침내 인간이 공동체로서 자연으로부터 자립하게 되었을 때, '공동체로서의 자의식'은 외화에서 소외로 바뀌었다. 즉, 공동체는 인간으로부터 자립해 인간 위에 군림하고, 공동체로서 스스로 운동하기 시작했다.

2

인간(농경민)이 공동체로서 자연으로부터 자립하고 공동체를 매개로 원시공산제 사회와 원시공산제 경제(공동생산·공동분배)를 영위하기 위해서는 공동체 안에 '필요한 일정량의 식량'을 자본(상대적 자본)으로 소유해둘 필요가 있었다. 토지를 개간하고 씨를 뿌려 열매를 수확하기 전까지, 공동체는 그 구성원들을 굶기지 않아야 했다. 이를 위해 공동체는 '필요한 일정량의 식량'을 자본(상대적 자본)으로 비축해둘 필요가 있었다.

원시공산제 경제가 한번 자리를 잡으면, 이를 지속적으로 발전시키기 위한 '필요한 일정량의 식량' 즉 자본(상대적 자본)의 비축은 비교적 쉬운 일이다. 문제는 원시공산제 경제가 시작되기 전에, 공동체 안에 자본(상대적 자본)으로서 '필요한 일정량의 식량'을 비축해두는 것이다. 당시의 인간에게도 이는 아마도 상당히 어려운 일이었을 것이다.

　　하지만 인간은 비교적 힘 안 들이고 이런 필요에 부응할 수 있었다. 왜냐하면 채집이 농업으로 진화하는 과정에서 "인간은 단지 공간의 이동만이 아니라 시간을 이동해가는 주체로 비약할 실마리를 잡았기"(다케다 게이지로) 때문이다. 즉, 인간은 씨 뿌리는 봄에서 열매 맺는 가을까지 시간을 이동할 수 있게 되었다. "필요한 일정량의 식량을 공동체에 비축한다"는 것은 마치 '봄'에 씨 뿌리는 것과 같았고, 인간은 원시공산제 경제가 시작되는 '가을'을 향해 시간을 이동할 능력을 획득했다. 그리고 '필요한 일정량의 식량'을 공동체에 비축할 수 있다는 것을 끝까지 지켜보면서, 인간은 서서히 원시공산제 경제를 전개하기 시작했다. 이런 점에서 자본(필요한 일정량의 식량을 비축)은 인간에게 실로 "태초에 있던 것"이다.

3) 원시공산제 시대

①

　　인간은 공간의 이동만이 아니라 시간을 이동하는 주체가 되었다. 나아가 인간은 공동체가 원시공산제 경제를 가동시키기 위해 '필요한 일정량의 식량'을 자본(상대적 자본)으로 소유하게 되었다. 약 1만 년 전에 인간이 농업혁명을 성공시킨 것은 이 때문이었다. 그리고 이렇게 성공한 농업혁명과 논리적으로 동시에, 원시공산제 즉 공동체(나라)와 원시공산제 경제가 태동했다.

논리적으로는 공동체(나라)가 농업혁명보다 먼저지만, 현실적으로는 농업혁명이 진행되면서 이를 매개로 공동체가 태동·발전해갔다. 그리고 이렇게 태동한 인간의 공동체는 농업을 비롯한 인간의 모든 생산활동을 담당하고, 그 생산물을 공동체에 집약하며, 이를 그 구성원에게 분배함으로써 구성원의 생활을 책임져갔다. 반면에 그 안에서의 구성원은 수평적인 인간연대에 포섭되면서 공동체에 종속되기는 했지만 자유롭게 살아갔다. 농업혁명과 원시공산제는 논리적으로 이렇게 동시에 태동했다.

한편, 농업혁명을 계기로 인간의 노동이 생활로부터 외화되면서 직업·직종이 새로이 태동하기 시작했다. 공동체의 권력 주변에서 신전·왕궁·병사·공방 등과 같은 직장이 생겨났고, 이 직장에서 우수한 무기와 농기구, 직물, 토기 등이 생산되기 시작했다. 농업혁명을 계기로 지역에서 직장이 소외돼 태동하기 시작한 것이다.

②

앞서 말한 것처럼, 공동체(나라)는 농업혁명보다 논리적으로는 앞서지만 농업혁명이 진행되면서 이를 매개로 태동·발전해갔다. 그리고 이렇게 해서 생겨난 공동체(나라)는 농업을 비롯한 인간의 모든 생산활동을 담당하고, 그 생산물을 공동체에 집약시키며, 이를 구성원에게 분배함으로써 구성원의 생활을 책임져갔다. 한마디로 원시공산제 시대에 들어 인간은 공동체의 지배하에 공동생산과 공동분배를 영위하게 되었다.

물론 공동체로부터 분배되는 물자가 인간의 개인적 필요와 꼭 합치하는 것은 아니었다. 따라서 인간은 자신의 개별적 필요를 충족하기 위해 분배된 물자를 다시 재분배(개별적 교환)해야 했고, 이를 위해 인간은 역사상 처음으로 '호혜[互酬]'라는 물자의 개별적 교환(재분배) 양식을 발명해냈다.

호혜는 필요한 물자를 가진 사람에게 먼저 '선물'을 보내고, 선물을 받은 사람이 '답례'로 필요한 물자를 나눠주는 것이다. 한마디로 호혜는 먼저 '감사'를 보내고 그러면 이에 대한 '선의'가 되돌아오는 것이다. 인간에게는 본래 물건이 필요한 사람에게 나눠 주고 싶어 하는 선의가 있다. 그리고 이런 선의를 불러일으키는 '마중물'로서 먼저 선물(감사)이 오면 이 선물(감사)에 대한 답례(선의)가 되돌아가는 것이다.

호혜(개별적 교환)는 이처럼 인간의 수평적 연대행위로서 태동했다. 호혜(개별적 교환)의 본질은 '선의와 감사의 교환'이고, 이는 인간의 연대행위 자체를 의미했다. 따라서 마르크스가 말하는 것처럼 인간은 "어떤 종류의 사용가치가 다른 종류의 사용가치와 교환된다"는 공리적 행위로서 물자교환 즉 호혜(개별적 교환)가 시작된 것이 아니다. 인간은 '선의와 감사'를 교환하는 행위로서, 다시 말해 인간연대의 행위로서 물자교환을 시작한 것이다.

✚ 보충 1 한국의 시인 김지하는 고대에 일본을 포함한 동북아시아에서 큰 재해(지진과 홍수 등)가 났을 때, 등짐을 지고 재해 지역으로 달려가는 사람들의 행렬이 생겼다고 말한다. 그에 따르면, 재해 지역에 도착한 사람들은 이재민이 필요로 하는 물자를 공짜로 혹은 싼값으로 나눠 주었고, 이렇게 공짜 또는 싼값으로 물자를 나눠 받은 이재민들은 이듬해 물자를 나눠 준 사람에게 그 물자를 비싼값으로 또는 낼 수 있을 만큼의 값을 치르고 사들였다고 한다. 이처럼 행상(行商)이라는 물자교환 자체가 인간의 연대를 의미하던 시대가 있었고, 이런 인간연대 또는 상호부조가 지속될 수 있도록 공동체(나라)는 재정적으로 원조(재분배)했다는 것이다.

뿐만 아니라 고대에 동북아시아에서 운영되었던 장[市]은 결코 '일물일가(一物一價)[3]가 아니라, 상대방의 생활과 경제 형편에 따라 가격이 협의·결정되었다고 한다. 김지하는 호혜가 개별적인 물자의 교환양식에 머물지 않았고, 행상과 장이라는 형식으로 전개되는 물자교환의 세계에서도 호혜가 역동적으로 오랫동안 살아 숨 쉬고 있었다고 말한다

나는 김지하가 말하는 이처럼 역동적인 호혜의 세계가 틀림없이 실재했을 것이라고 믿는다. 또 이 '역동적인 호혜의 세계'야말로 신용을 낳은 연원(淵源)이라고 생각한다.

✚ 보충 2 인간의 개별적인 물자교환이 호혜라는 양식으로 시작되었다는 역사를 반영하듯이, 언어의 발생사에서도 '선물하다(주다, 贈る)'라는 말은 '사다(買う)'라는 말보다 앞서 태동했다. 세계의 많은 언어에서 '사다'라는 말은 '선물하다(주다)'라는 말에서 나왔다. 또 '팔다(売る)'라는 말은 그 후 한참 지나서야 '사다'라는 말에서 나왔다. 약 1만 년 전 농업혁명과 시간적으로 거의 동시에 태동한 이 호혜라는 인간의 개별적 교환양식은 오늘날 일본에서 명절 때 선물하는 '기프트(ギフ

---

3   동일한 상품은 어떤 시장에서든지 그 가격이 같아야 한다.

ㅏ·gift)'라는 형태로 희미하게 남아 있다.

╋ 보충 3 호혜라는 교환양식에서 선물에 주로 사용된 물자는 누구나 필요로 하고 누구에게나 기쁨을 줄 수 있는 물자였을 것이다. 1950년대 내가 어렸을 적에 '기프트'로 애용되던 물자의 대부분은 압도적으로 설탕이나 식용유 등이었다. 이런 점에서 볼 때 원시공산제 시대에 선물로 애용되었던 물자 또한 필시 쌀이나 밀 등의 곡물이었을 것이다.

╋ 보충 4 그린코프는 1995년 여름 무렵부터 뜻있는 조합원들을 중심으로 '고령자 돌봄 활동'을 시작했다. 이는 "약간의 사례비를 받기는 하지만 거의 자원봉사에 가까운 활동"이었고, 뜻있는 조합원이 보내는 '선의'에 노인 어르신들이 '감사'로 보답하는, '선의'와 '감사'의 교환행위로 시작되었다.

그 후 2000년 4월에 노인장기요양보험법이 시행되면서 그린코프의 '고령자 돌봄 활동'은 생협의 법인격을 활용해 뜻있는 조합원들이 조직한 '워커즈 콜렉티브(worker's collective·노동협동조합)'가 펼치는 보험사업으로 발전했다. 비록 국가의 보험사업으로 편입되기는 했어도 그 뿌리에는 여전히 '선의'와 '감사'의 교환, 즉 인간연대가 살아 숨 쉬고 있다. 그녀들의 활동이 지역으로부터 여전히 많은 찬동과 지지를 받고 있는 것은 이 때문이다.

3

앞서 말한 공동체(나라)는 '무리'를 기초 단위로 각 세력권마다 각 지역에 작은 규모로 여럿이 태동했다. 그리고 이렇게 태동한 농경민의 공동체(나라)는 앞서 말한 것처럼 끊임없이 확대·팽창하려 하기 때문에 어쩔 수 없이 전쟁이라는 형식의 공동체와 공동체 간 교통(커뮤니케이션)이 시작되었다. 인간의 가장 즉자적인 교통(커뮤니케이션) 방식이 전쟁이기 때문에, 전쟁은 공동체 간의 관계와 얽히면서 반복적으로 발생했다. 그리고 전쟁에서 승리한 공동체는 패배한 공동체를 해체해 그 구성원을 자기 공동체 소유의 노예(상대적 노예)로 삼으면서 지배지역 즉 세력권을 확대·팽창시켜갔다.

이에 따라 공동체 내에 다음과 같은 구조적인 변화가 일어났다.

(1)공동체 안에 전쟁에 패한 다른 공동체의 구성원이 노예(상대 적 노예)로 살게 되었다. 즉, 노예라는 신분의 인간이 공동체 내에 발생하게 되었다.

(2)공동체가 지배지역을 확대해가면서 그 공동체 내부에서 몇 개의 혈족이 지배적인 지위를 획득해갔다. 즉, 지배적인 신분 에 오른 자들이 공동체 내에 다층적으로 발생하게 되었다.

(3)이에 따라 공동체 구성원을 포괄했던 인간의 수평적 연대관 계가 수직적 지배나 억압관계로 바뀌기 시작했다. 특히 빈번 히 발생한 전쟁은 이런 변화에 박차를 가했다.

(4)혈족이 지배적인 지위에 오르면서 공동체가 담당했던 공동생 산과 공동분배도 공동체 단위에서 공동체를 구성하는 혈족 이나 가족 단위로 내려갔다. 즉, 공동체 단위로 영위되었던 원 시공산제(공동생산과 공동분배)가 혈족이나 가족 단위로 이루 어지게 되었다.

(5)이에 따라 공동체 전체의 생산성은 급속히 개선·향상되었다.

(6)이런 생산성의 개선·향상에 따라 공동체 내에 빈부격차가 발 생했고, 공동체 안에서 상대적 노예로 전락하는 혈족·가족· 구성원이 생기기 시작했다.

(7)빈번한 전쟁의 와중에 일시적인 안정이 찾아오기도 했고, 이 때에 공동체 간에 필요한 물자의 교환(매매)이 시작되었다. 공동체와 공동체의 경계 부분에서 사용가치밖에 보유하지 않았던 전(前)노동생산물이 사용가치와 가치를 보유하는 노동생산물로 바뀌었고, 이렇게 생겨난 노동생산물—보다 정확히는 노동생산물이 보유하는 가치—이 상대방 공동체에 공물(대가)로 보내졌으며, 이런 공물(대가)이 이번에는 상대방 공동체가 보유한 노동생산물을 답례품(상품)으로 바꿨다. 공동체와 공동체 사이에서 물자의 교환(=대자적 교통)이 시작된 것이다.

④

요약하면 다음과 같다.

공동체 간에 즉자적 교통(=전쟁)이 발생함에 따라 공동체의 경계 부근에서 노예(상대적 노예)가 생겨났다. 이어서 원시공산제의 전쟁 사이사이에 공동체 간의 상대적 교통(=물자교환)이 일어남에 따라 대가가 태동했고, 그 대가를 매개로 상품이 생겨났다. 이 과정에서 먼저 사용가치만을 보유하던 전(前)노동생산물이 사용가치와 가치를 보유하는 노동생산물로 바뀌었고, 다음으로 이런 노동생산물이 자신의 가치를 매개로 공물(대가)로 바뀌었으며, 나아가 이 공물(대가)이 상대방 공동체가 보유하는 노동생산물을 답례품(상품)으로 바꾸었다.

인간과 인간 사이의 연대는 공동체와 공동체 사이에는 본질적으로 성립하지 않는다. 처음에 호혜로 시작된 공동체 간의 물자교환(대자적 교통)은 시간이 지나면서 이익을 매개로 하는 물자교환 즉 물자의 매매로 바뀌었고, 이에 따라 공물은 대가로, 또 답례품은 상품(사는 물건)으로 바뀌었다.

이처럼 공동체의 경계에서 이익을 매개로 발생한 물자교환(매매)은 시간이 지나면서 공동체 상층부로 내화되어갔다. 그리고 공동체권력(수장)은 (1)공동체의 구성원 혹은 각 혈족이 생산한 생산물 가운데 공동체에 내부 유보된 것(조세), (2)공동체 소유의 노예가 생산한 생산물, (3)공동체권력의 주변에 설치된 직장에서 생산된 우수한 생산물, (4)공동체 간 교환(매매)을 통해 얻은 물자, (5)공동체권력과 혈족 간의 물자교환(매매)을 통해 얻은 물자 등을 경제적 자원으로 해서 왕으로 상승해갔다. 다시 말해, 시간이 지나면서 공동생산·공동분배라는 원시공산제는 공동체에서 공동체를 구성하는 혈족·가족으로 하강해갔고, 이와는 반대로 공동체는 왕국으로 상승해갔다. 한마디로 공동체는 공동생산·공동분배라는 원시공산제를 벗어버리고 왕국으로 상승해갔고, 시간은 이처럼 원시공산제를 관통해갔다.

✚ 보충 1   앞서 말했듯이, 호혜의 본질은 선의와 감사의 교환이지, "어떤 종류의 사용가치가 다른 종류의 사용가치와 교환되는"(마르크스) 행위가 아니다. 이런 개인 간의 호혜가 있고 나서야 공동체 간의 호혜적인 물자교환, 즉 공물(대가)과 답례품(상품)이라는 물자의 매매가 시작되었다. 물론 이 경우에도 교환의 한쪽 당사자가 '어떤 종류의 사용가치'를 사들인다고 해서, 다른 쪽 당사자가 '다른 종류의 사용가치'를 수취하는 것은 아니다. 다른 쪽 당사자는 답례품으로서 양도한(팔아

넘긴) '어떤 종류의 사용가치'의 대가로 공물(대가)이 보유한 '가치'를 수취하는 것이다.

이런 공물(대가)과 답례품(상품)의 교환은 시간이 지나면서 대가와 상품(사는 물건)의 교환 즉 상품의 매매로 변해간다. 하지만 이 경우에도 한쪽이 팔아넘긴 '어떤 종류의 사용가치'보다 대가로서 받아들인 '가치'가 크지 않으면 상품의 매매는 성립되지 않는다. 따라서 '어떤 종류의 사용가치'를 팔아넘긴 사람은 '다른 종류의 사용가치'가 필요해서 '어떤 종류의 사용가치'를 팔아넘긴 것이 아니라, 상품교환(매매)을 통해서 팔아넘긴 물자가 보유한 것 이상의 가치를 수취하기 위해 '어떤 종류의 사용가치'를 팔아넘긴 것이다. 그리고 이렇게 시작된 공동체 간의 물자교환(매매)은 이후 공동체의 상층부로 내화되어간다. 즉, 공동체와 혈족 간, 혈족과 혈족 간, 혈족과 개인 간으로 확대되어간다. 그리고 이렇게 확대된 물자교환의 본질은 항상 이익을 얻기 위함이라는 점에서는 다르지 않았다.

'어떤 종류의 사용가치'를 필요로 하면서 '다른 종류의 사용가치'를 소유한 사람, 또 '다른 종류의 사용가치'를 필요로 하면서 '어떤 종류의 사용가치'를 소유한 사람, 이 두 사람이 절묘하게 만나서 각자가 필요로 하는 물건과 각자가 소유한 물건을 교환하는 경우가 있을지 모른다. 하지만 이런 경우는 확률적으로 매우 드물고, 따라서 이런 경우가 제도화되는 일은 거의 없다. 마르크스가 말하는 '어떤 종류의 사용가치가 다른 종류의 사용가치와 교환되는' 행위로서의 물자교환은 제도로서 역사상 한 번도 존재하지 않았다.

✚ 보충 2 원시공산제 경제는 공동생산과 공동분배 그리고 호혜로 구성되어 있었다. 더 극단적으로 말해, 원시공산제 경제는 공동생산과 호혜로 구성되어 있었다. 그런데 이런 원시공산제 시대에 빈번했던 전쟁의 중간중간에 공동체 간의 물자교환(매매)이 생겨났고, 이것이 점차 공동체의 상층부로 내화되어갔다. 비록 이렇게 자본을 소유한 권력자의 세계에서는 물자의 매매가 확산되었지만, 그럼에도 불구하고 자본도 권력도 갖지 못한 민중의 세계에서는 여전히 호혜가 압도적이고 지배적인 물자의 교환양식이었다. 호혜는 개인 간의 개별적인 물자교환양식을 넘어서 행상이나 장[市]이라는 교환양식을 획득하면서 민중의 세계에서 역동적으로 전개되었다.

이런 원시공산제가 공동체에서 혈족으로 하강함에 따라 원시공산제의 생산성은 크게 향상되었지만 동시에 빈부격차도 함께 발생했다. 그리고 이런 빈부격차는 원시공산제가 고대농업왕국으로 진화하면서 더욱 확대되었다. 호혜로 표현되는 인간의 연대에 균열이 생기고 시작했고, 이런 균열의 틈새를 이익을 매개로 하는 물자의 교환(매매)이 비집고 들어오기 시작했다. 자본을 소유한 일부 권력자들은 민중에게 판매하기 위해 직접 생산하거나 혹은 민중들에게서 다종다양한 물자를 사들여 이를 다시 민중에게 팔기 시작했고, 이에 따라 민중의 세계에도 물자의 매매가 침투하기 시작했다. 그럼에도 불구하고 원시공산제부터 고대농업왕국 시대에 걸쳐 농경민의 지배적인 물자 교환양식은 여전히 호혜였다.

4) 고대농업왕국 시대

1

큰 단위로 전개되는 원시공산제(공동생산과 공동분배), 즉 관료가 통제하는 대규모 원시공산제는 비효율투성이다. 이는 마오쩌둥(毛澤東)이 '인민공사·대약진운동'으로 수많은 사람들을 굶겨 죽인 사실에서 증명된다. 쉽게 말해, 내 아이에게 먹이기 위해서라면 모두가 열심히 일하지만 내 아이에게 먹일 수 있을지 없을지 모를 때는 열심히 일하지 않는 것이 보통이다. 이를 일반화시켜 표현하면, 분배가 인간에게서 멀어지면 멀어질수록 생산은 비효율적이 되고, 분배가 인간에게서 가까우면 가까워질수록 생산은 효율적이 된다.

왕국의 규모가 커짐에 따라 원시공산제(공동생산과 공동분배)가 왕국에서 혈족으로, 또 혈족에서 가족으로 하강해갔던 이유가 여기에 있다. 그리고 그 결과로서 왕국 전체의 생산성은 크게 개선·향상되어 갔다. 하지만 동시에 빈부격차도 확대되었다. 그리고 이와는 대조적으로 부유해진 구성원들의 왕국에 대한 자유 또한 확대되었다. 한마디로 생산성의 개선과 향상이 빈부격차를 확대시켰고, 이에 따라 왕국에 대한 부자들의 자유도 확대되었다.

2

왕권은 왕국의 구성원들에게 조세와 병역을 부과하고, 왕국이 소유한 노예를 부리며, 왕국에 속한 직장에서 생산된 우수한 생산물을 다른 왕국과 교역(매매)하고, 왕국을 구성하는 혈족과 물자를 교환(매매)하는 등등을 통해 경제적으로 크게 번영해갔다. 왕권은 왕국의 구성원 위에 군림했고, 경제적으로도 크게 번영해갔다.

3

이 시대에 왕국의 구성원은 자기가 속한 혈족·가족 단위로 공동생산하고, 혈족·가족으로부터 물자를 분배받으며, 필요한 경우 개별적으로 재분배(호혜)해 생활했다. 하지만 앞서 말한 것처럼 이 시대에 들어 빈부격차가 확대되면서 경제적으로 파산해 노예(상대적 노예)로 전락하는 사람도 생겨나기 시작했다. 사람들은 점차 선의를 전할(답례할) 경제적 정신적 여유를 잃어갔고, 선물을 받고도 답례를 하지 못하는 사람이 늘어났다. 한마디로 개별적인 재분배로서의 호혜는 점점 어려워지게 되었다.

호혜가 어려운 상황에서는 사회가 유지되지 못한다. 때문에 선물을 받고도 답례하지 않는 것이 점차 커다란 사회문제로 터부시되었고, 그 결과로 "선물을 받고도 답례하지 않는 인간은 신으로부터 저주를 받아라!"는 말까지 생겨나게 되었다. 한마디로 이 시대에 들어 호혜는 따듯하고 부드러운 인간의 연대에서 사회적 금기(터부)에 의해 지탱되는 딱딱하고 빈약한 호혜로 변모해갔다.

하지만 동시에 이 시대에 들어 호혜는 행상이나 장[市]이라는 형식을 얻으면서 민중들 세계에서 역동적으로 펼쳐졌다. 이 시대에서도 호혜는 여전히 사회적으로 압도적이고 지배적인 물자의 교환양식이었다.

④

원시공산제 시대에 물자의 매매는 공동체와 공동체 사이에서 먼저 태동했고, 나중에 들어서야 공동체와 혈족, 혈족과 혈족 사이로 확대되었다. 그리고 이렇게 확대되어가는 와중에도 민중들 사이에서의 개별적인 물자의 재분배는 여전히 호혜를 통해 이루어졌다. 그리고 이런 호혜는 고대농업왕국 시대로 접어들면서 행상이나 장이라는 형식을 얻어 역동적으로 펼쳐졌다.

이렇게 역동적이던 호혜에 변화가 생겼다. 사회적 생산력의 향상에 따라 빈부격차가 발생하면서 인간의 연대에 기초한 호혜에 균열이 생기기 시작했다. 그리고 이런 균열의 틈새를, 이익을 매개로 하는 물자교환(매매)이 비집고 들어오기 시작했다. 자본을 소유한 일부 권력자들은 민중에게 팔 목적으로 직접 생산하거나 다종다양한 물자를 사들여 이를 다시 민중에게 팔기 시작했다. 그들이 준비한 물자는 다양하고 또 우수했기 때문에, 호혜를 대신하는 새로운 물자의 교환양식(매매)이 민중에게로 확대되었다.

물론 이렇게 이익을 매개로 하는 물자의 매매가 민중 세계로 침투했다고 해서 호혜가 아예 사라진 것은 아니었다. 앞서 본 것처럼 호혜는 행상이나 장의 형식을 얻으면서, 민중의 세계에서는 여전히 사회적으로 압도적이고 지배적인 물자의 교환양식이었다.

✚ 보충 시인 김지하는, 재해 지역으로 달려가 이재민들에게 필요한 물자를 공짜로 혹은 싼값으로 나눠 주었던 행상들은 이듬해 이재민들로부터 그들이 지불할 수 있는 만큼의 대가를 받아 전년도의 손실을 메웠다고 말한다.

우리는 여기서 교환과 결제의 분화, 즉 원초적 의미에서 신용의 탄생을 확인할 수 있다. 그리고 이렇게 태동한 원초적 의미의 신용이야말로 후세에 이슬람권에서 유럽으로 수입된 신용의 연원이라 할 수 있다. 유목민의 경우는 수시로 이동해야 하기 때문에 교환과 결제를 분화시킬 수 없다. 즉, 교환과 결제가 시간적으로 동시적인 유목민의 매매행위에서는 결코 신용이 생길 수 없다. 따라서 물자의 매매(유목민)가 구축한 호혜의 세계(농경민)로부터, 신용은 격세유전(隔世遺傳)처럼 유럽으로 전승되었다 할 수 있다.

또 김지하는, 재해 지역에 필요한 물자를 공짜로 혹은 싼값으로 나눠준 행상들이 그 손실을 보충할 수 없을 경우, 공동체(나라)가 이것을 재정적으로 보전했다고 말한다. 이는 공동체(나라)가 제도로서의 호혜(인간의 연대)를 재정적으로 원조하고 지원했다는 것이다. 그리고 이런 재정적 보전의 옳고 그름과 합당한 정도를 '당상(堂上)'과 '당하(堂下)'를 오가며 토의하고 결정했다고 한다. 이는 원시공산제부터 고대농업왕국에 걸쳐 사회적으로 압도적이고 지배적인 물자교환양식이 호혜였음을 말해준다.

고대농업왕국은 한마디로 원시공산제의 단순한 연장이었다 할 수 있다. 고대농업왕국 시대에 펼쳐진 광경은 모두 원시공산제 시대에 볼 수 있기 때문이다.

돌이켜보면 인간이 숲에서 나와 수렵과 채집 가운데 어느 한쪽을 주로 영위하게 된 이후, 다시 말해 수렵이 목축으로 또 채집이 농업으로 진화하기 시작한 이후, 인간의 자의식이 대자·대타화되고 입체화되면서 인간의 자의식에 '나'(개체적 인간)가 형성되었다.

그리고 이런 '나'가 농경민의 경우는 그 자의식에 형성된 '나로서의 나'·'가족으로서의 나'·'공동체로서의 나'·'우주로서의 나'의 네 가지로 나누어졌다. 물론 이 네 가지 '나' 가운데 압도적으로 농경민을 지배한 것은 '공동체로서의 나'였다. 다시 말해, 원시공산제로부터 고대농업왕국에 걸쳐 살았던 인간 주체는 '공동체로서의 나'에 의해 압도적으로 지배받는 '나'였다고 할 수 있다. 이런 '나'는 마르크스가 좋아하는 '유(類)적 인간'과 같은 의미다. 이런 점에서 볼 때 원시공산제와 고대농업왕국은 '유적 인간'의 왕국이었고, 여기서는 언제나 공동체(왕국)가 주인공이었다고 할 수 있다.

반면에 유목민의 자의식으로 형성된 '나'에는 '공동체로서의 나'가 존재하지 않았다. 왜냐하면 유목민은 공동체를 소유하지 않았기 때문이다. 따라서 유목민의 경우 '나'는 '나로서의 나'·'가족으로서의 나'·'우주로서의 나'가 경합·병립해 있었다. 한마디로 농경민의 '나'가 '유적 인간'이었던 데 비해, 유목민인 '나'는 '개체적 인간'이었다.

농경민이 구축한 고대농업왕국은 이런 유목민이 세계의 새로운 지배자로 등장하면서 해체의 길로 접어들었다. 그리고 이를 계기로 인류의 역사는 농경민에 의해 형성된 '유적 인간'과 유목민에 의해 형성된 '개체적 인간'이 갈등하고 싸우면서 전개되기 시작했다. 이때부터 갈등하고 싸우는 '유적 인간'과 '개체적 인간'은 전자가 인간의 생존을 대표하고 후자가 인간의 자기표현을 대표하는 주체를 의미하게 되었다.

5) 고대목축왕국 시대

①

유목민은 끊임없이 이동한다. 때문에 그들은 수시로 농경민과 접촉했다. 그들은 농경민이 대규모 공동체를 소유하고 공동체 공간 안에서 정보를 교환·공유·종합하면서 풍요롭게 살아가는 광경을 목격했다. 이렇게 목격한 광경이 3천 년의 시간 동안 유목민의 자의식에 침전·퇴적되었고, 이런 자의식이 '공동체에 대한 갈망'을 낳았다. 그리고 마침내 농업혁명이 있은 지 대략 3천 년이 지났을 무렵, 유목민의 '공동체에 대한 갈망'은 중앙아시아 부근에서 최초의 고대목축공동체를 건설하기에 이르렀다.

유목민은 이동하는 데 비해, 농경민은 이동하지 않는다. 이동하는 유목민을 통과하는 시간은 다양하고 농후하고 빠른 반면에, 이동하지 않는 농경민을 통과하는 시간은 단조롭고 담백하고 느리다. 통과한 시간 면에서 볼 때, 유(類)적·역사적으로 축적·내화된 유목민의 시간은 농경민의 그것보다 압도적으로 다양하고 농후하며 대량이다. 하지만 유목민이 아직 공동체를 보유하지 않았던 시기에 유적·역사적으로 축적·내화된 그들의 시간(정보)은 교환·가공·종합화되지 못한 채 소집단으로 분단되어 있었고, 따라서 사회적 생산력으로 등장하는 일도 없었다.

하지만 유목민이 고대목축공동체를 건설하는 데 성공하면서 상황은 급변했다. 고대목축공동체는 유목민의 소집단(가족·혈족·부족)에 축적·내화되어 있는 시간(정보)을 매우 빠른 속도로 교환시켰다. 이렇게 교환된 정보는 공동체를 매개로 급속히 가공·종합되어 각 소집단으로 재분배되었고, 각 소집단으로 재분배된 정보는 다시 각 소집단에서 가공·종합되어 재차 공동체로 종합되어갔다. 이런 운동의 결과로 고대목축공동체는 순식간에 에너지의 도가니로 변모했고, 이는 고대목축공동체로 하여금 순식간에 목축혁명을 일으키게 했다.

고대목축공동체의 에너지는 흘러넘치듯 충만했고, 따라서 자연스럽게 분출해 사방으로 팽창하기 시작했다. 이들은 인근의 고대농업왕국을 차례로 유린·해체해갔고, 고대농업왕국에 살던 농경민을 노예 (절대적 노예)로 만들었다. 농업을 비롯한 농경민의 모든 산업기술은 이 제 유목민의 소유가 되었고, 절대적 노예제를 경제적 기반으로 하는 고 대목축왕국이 유라시아 대륙을 석권하게 되었다.

✚ 보충　상대적 노예는 신분으로서의 노예를 의미하고, 그 실체는 (여전히) 인간 이다. 하지만 유목민이 발명한 절대적 노예는 노예 그 자체를 의미하고, 이는 가축 과 동일한 존재다.

2️⃣

유목민은 이동한다. 그리고 그 이동은 반드시 유목민의 재산(상 대적 부) 즉 가축을 동반한다. 이는 아주 오래전부터의 일이다. 고대목 축공동체가 건설되기 훨씬 전부터 유목민은 자신이 소유한 재산(상대 적 부)을 데리고 이동했다. 이는 아주 오래전부터 유목민이 재산(상대적 부)을 발명했음을 의미한다. 다시 말해, 유목민은 태곳적부터 각자가 소유하는 가축을 상대적 부(재산), 즉 무엇이든 살 수 있는 일반적 대가 (상대적 부)로 취급해왔던 것이다.

유목민에게 가축은 노동생산물로서 소비할 수 있는 것이면서 동시에 상대적 상품으로서 팔(대가를 손에 넣을) 수 있는 것이고, 나아가 일반적 대가(상대적 부)로서 무엇이든 살 수 있는 것임을 서로 인정했던 셈이다. 만약 이 세 가지를 서로 인정하지 않았다면 유목민들은 아마 도 이동할 때마다 생업의 파탄을 맞이했을 것이다. 태곳적부터 유목민 은 이동과 함께 부(일반적 등가물)를 발명했던 것이다.

✚ 보충 1   노동생산물로서의 가축은 상대방이 대가로 받아주지 않으면 소진할 수밖에 없다. 또 상대적 상품으로서의 가축은 그것을 사주는 사람이 나타나지 않으면 결국 소진할 수밖에 없다. 하지만 유목민에게 가축은 노동생산물이면서 상대적 상품일 뿐만 아니라, 무엇이든 살 수 있는 일반적 대가(상대적 부)이기도 했다. 덕분에 유목민은 가축을 소유하기만 하면 생활에 쪼들리는 일이 없었다. 아마도 공동체를 소유할 수 없었던 보상으로서 소유하게 된 유목민 간의 강한 '유대'가 이를 가능하게 했을 것이다.

물론 농경민의 경우도 뭔가를 사들일 때 그 대가로 노동생산물을 주고받았다. 하지만 농경민의 경우, 유목민의 가축처럼 일반적 대가(상대적 부)로 일반화·보편화된 노동생산물은 존재하지 않았다. 즉, 농경민의 경우 대가로서 나타나는 노동생산물의 '표시서열'은 "언제까지나 끝나지 않았던"(마르크스) 것이다. 이에 비해 유목민의 경우는 대가(상대적 부)로서 등장하는 노동생산물의 '표시서열'이 명확했고, 그 첫 번째가 항상 가축이었다.

✚ 보충 2   농업이 생산하는 생산물의 다양성이 아마도 농경민에게 대가의 일반화·보편화를 허용하지 않았을 것이다. 가령 쌀이 대가로서 일반화·보편화되면 무는 대가로서 수취를 거절당할지도 모른다. 이렇게 되면 쌀의 가격이 오르고 무는 생산되지 않게 된다. 이렇게 일반적 대가가 존재하기 어려운 상황에서도 농경민의 경우는 쌀과 밀이 가장 편리하게 활용되었을 것이다. 그리고 이런 기반 위에서 무 역시도 대가로 취급받을 수 있었을 것이다.

이에 비해 유목민은 이동해야만 했기 때문에 대가(상대적 부)를 일반화·보편화하지 않을 수 없었다. 가축이 대가로서 일반화·보편화되지 않으면, 다시 말해 가축이 노동생산물 또는 상대적 상품으로만 그치면, 유목민은 매번 이동할 때마다 모든 것을 잃게 되기 때문이다. 유목민이 목축을 계속하려면 가축은 필요한 경우 언제라도 무엇이든 살 수 있는 일반적 대가(상대적 부)가 되어야 했다.

③

　　앞서 말한 것처럼 대가(상대적 부)의 일반화·보편화는 유목민의 세계에서만 행해지던 것이었다. 하지만 유목민이 목축혁명에 성공하고 고대목축왕국이 인근의 고대농업왕국을 유린해 유라시아 대륙의 패권을 획득하면서부터, 세계의 모습은 아래와 같이 일변했다.

(1)유(類)적 인간을 대신해 개체(個)적 인간이 사회의 주인공으로 등장했다.

(2)"언제까지나 끝나지 않을" 대가로서 나타나는 노동생산물 '표시서열'의 가장 위에 가축이 사회적으로 등장했다.

(3)그 결과로 인간의 생산과 교환활동 즉 경제가 순식간에 고속·광역·대중화되면서 인간사회의 생산성 또한 비약적으로 개선·향상되어갔다.

(4)그 후 가축을 대신해 인간(노예)이, 나아가 인간(노예)을 대신해 아마포가 일반적 대가(일반적 부)로서 사회에 등장하게 되었다.

(5)그러던 어느 날 고대목축왕권이 그 권위와 신용을 배경(담보)으로, '예컨대 아마포'를 '모든 대가의 왕' 즉 일반적 가격물(보편적 부)로 추대했다. 그리고 이 추대에 백성들이 빠짐없이 찬동한 결과, '예컨대 아마포'는 부동(不動)의 부(보편적 부)로 상승·승화되었다.

(6)이에 따라 고대목축왕권은 사실상의 화폐발행권(seigniorage)을 획득해 순식간에 재정적으로 강력해졌다.

(7)이에 따라 고대목축왕국은 고대국가로 상승하기 시작했다.

(8)또 이 과정에서 일반적 가격물(보편적 부)은 아마포에서 금·은

으로 모습을 바꿔갔다.

한마디로 고대목축왕국의 태동과 이에 따른 고대농업왕국의
유린은 경제(생산과 교환)를 순식간에 고속·광역·대중화시켜 인간사회
의 생산성을 비약적으로 개선·향상시켰다 할 수 있다.

✚ **보충 1**　호혜는 농경민 고유의 물자교환양식이다. 그리고 호혜의 최대 특징
가운데 하나는 교환(물자 입수)과 결제(대가 지불)가 시간적으로 분리되어 있다
는 것이다. 이는 항상 이동하고 분산돼 생활하는 유목민에게 호혜가 선택 불가능
한 물자교환양식이었음을 의미한다. 왜냐하면 유목민은 이동해야 하고, 따라서
교환과 결제가 반드시 동시에 이루어져야 했기 때문이다. 이런 이유로 인해 유목
민이 유라시아 대륙을 석권함에 따라 호혜라는 물자교환양식은 사회의 상층에서
밀려나 하층으로 주변화되어갔다. 호혜는 옛날에는 고대농업왕국의 구성원이었
지만 지금은 노예가 된 이들의 세계에서만 살아남은 물자교환양식이 되었고, 권
력의 주변에서만 존재하는 물자교환양식이 되었으며, 차츰 사회적으로 존재하기
어려운 물자교환양식이 되었다.

✚ **보충 2**　마르크스는 "상품은 가치에 있어서 등가로 교환된다"고 하면서 이런
'등가교환'의 매개물로서 '예컨대 아마포'를 '일반적 등가물'이라 명명했다. 그에게
'일반적 등가물'은 실제로는 화폐를 의미한다. 하지만 앞서 이야기한 것처럼 마르
크스가 말하는 의미에서의 '등가교환'은 역사상 한 번도 있어본 적이 없다. 따라서
나는, 왕명에 의해 '모든 대가의 왕'이 된 '예컨대 아마포'를 '일반적 가격물'이라 명
명하고자 한다. 고대목축왕국 시대에 왕명에 의해 교환(매매)의 절대적 매개자가
된 일반적 가격물('아마포')은 화폐의 전조라 할 만한 것이지만 아직 화폐를 의미
하지는 않는다.

④

이상의 내용을 요약하면 다음과 같다.

유목민은 농경민의 공동성(共同性) 즉 공동체를 소유함으로써

목축혁명에 성공했다. 개체적·가족적으로 입체화되어 있던 유목민이 농경민 고유의 것이었던 공동성 즉 공동체를 소유함으로써 세계의 패자(覇者)가 되었던 것이다. 이는 농경세계의 주체인 유적 인간과 목축세계의 주체인 개체적 인간이 본격적으로 만나 갈등·격투하기 시작했음을 의미한다. 한마디로 고대목축왕국이 태동하면서 인류의 역사는 생존의 조건을 관장하는 공동성과 자기표현을 관장하는 개성, 즉 농경민으로 표상되는 '유적 인간'과 유목민으로 표상되는 '개체적 인간'이 갈등·격투하는 새로운 인간의 역사로 전개되기 시작한 것이다.

6) 고대국가 시대

①

고대목축왕국은 이제 서서히 고대국가로 상승·승화해갔다. 그리고 이런 고대국가가 일반적 가격물로서 금·은을 주조해 그 본질이 '권력의 언어'인 화폐를 태동시켰다.

국가는 그 영토 내 모든 사람과 물자를 지배·동원할 수 있는 기구다. 약 1만 년 전 농업혁명을 계기로 탄생한 공동체(나라)는 고대국가에 이르러 비로소 피라미드처럼 단단하고 높이 쌓아 올린 구조물 즉 국가로 진화했다. 그리고 이렇게 인간 위에 우뚝 솟은 구조물이 된 국가의 권위와 위신을 배경(담보)으로 고대국가권력은 일반적 가격물로서 금·은을 주조했고, 여기에 "이 금화는 1파운드의 금의 가치가 있다"는 (국가권력의) '언어'를 그 액면에 새겨 넣었다. 그러자 마치 마법에라도 걸린 것처럼 사람들은 그 '언어'를 믿고 금화 1파운드의 중량이 설사 절반밖에 안 되더라도 '1파운드의 금'과 동등한 것으로 유통시키기 시작했다. 이렇게 고대국가 시대에 '권력의 언어'를 본질로 하는 화폐가 국가권력의 권위와 위신을 배경으로 발생하고 유통되기 시작했다. 원시공산제 시대에 발생한 대가(교환가치)는 화폐에 도달해서야 비로소 사물에서 언어로 승화되었다.

2

그리고 이렇게 화폐가 물자교환(매매)의 절대적 매개자로 사회에서 유통됨에 따라 상품(절대적 상품)이 발생하게 되었다. 화폐(권력의 언어)가 상품(절대적 상품)을 낳은 것이다. 뿐만 아니라 화폐의 이런 강력한 상품화 능력은 인간의 노동력을 상품으로 바꾸었다. 즉, 이 시대에 이르러 임노동이 처음으로 발생한 것이다.

7) 자본주의가 태동한 르네상스 시대

1

이런 와중에 14세기 말 이탈리아 북부 도시국가들을 중심으로 르네상스가 발발했다. 물론 이런 르네상스를 중심에서 추동한 것은 휴머니즘(인간중심주의)이었다. 이 시대에 들어 유대민족이 발견한 유일신이 기독교권과 이슬람권으로 퍼졌고, 유럽 사람들에게도 널리 공유되었다. 이렇게 공유된 유일신은 유럽인들에게 '신 앞에 평등한 나'라는 자의식(내면세계)을 뚜렷하게 형성시켰다. 그리고 이 '신 앞에 평등한 나'라는 자의식이, 약 1만 년 전 농업혁명 시대부터 형성되어온 '공동체 일원으로서의 나'라는 자의식을 몰아내고 인간의 내면세계를 지배하게 되었다. 인간의 내면세계는 이제 '신 앞에 평등한 나'가 지배하게 되었고, 자연으로부터도 왕국(공동체)으로부터도 자립한 이런 '나'의 탄생을 기뻐하고 찬미한 것이 바로 르네상스였던 것이다.

한마디로 르네상스를 계기로 인간의 자의식에 '신 앞에 평등한 나'가 선명하게 형성되었고, 이에 따라 약 1만 년 전 고대농업왕국 시대부터 인간의 자의식에 형성되어온 '공동체 일원으로서의 나'가 인간의 내면세계에서 쫓겨나고, 그 자리를 '신 앞에 평등한 나'가 서식하게 되었던 것이다.

②

이 시기의 또 한 가지 특징은 국가가 국가와 사회로 분화했다는 것이다. 국가란 본래 '공동체 일원으로서의 나'라는 인간의 자의식과 함께 인간의 내면세계에 형성된 것 이상이 아니다. 하지만 르네상스를 통해 인간이 자연과 왕국으로부터 자립하게 되면서 '공동체 일원으로서의 나'를 사회로 포섭하고 동시에 이런 '나' 위에 군림해오던 국가가 인간의 내면세계에서 멀어지기 시작했다. 즉, 인간의 내면세계에서 '공동체 일원으로서의 나'가 쫓겨나고 그 자리를 '신 앞에 평등한 나'가 대신하면서 '신 앞에 평등한 나'라는 자의식은 국가에 대해 통렬한 적대감을 낳았고, 따라서 국가는 이전처럼 '나'라는 인간을 포섭하고 지배할 수 없게 되었던 것이다.

'신 앞에 평등한 나'의 국가에 대한 적대감은 예리하고 뼈아픈 것이었다. 때문에 국가는 인간 내면세계에서 인간으로부터 한 걸음 멀어질 수밖에 없었다. 그리고 이렇게 생긴 틈새에 '자유롭고 평등한 사회'가 서서히 자리 잡으면서 국가는 국가와 사회로 분화해갔다. 인간의 내면세계에서 국가와 사회가 이처럼 분화하면서 자유롭고 평등한 '사회'가 신 앞에 평등한 '나'를 포섭하고 그 바깥에서 '국가'가 사회와 인간 위에 군림하는, 국가와 사회와 인간의 구조가 형성되었다.

르네상스 이전에는 국가와 사회가 미분화되어 있었고 따라서 국가가 곧 사회로서 인간을 포섭하고 인간 위에 군림하는, 국가와 인간의 2층 구조였다. 그러던 것이 르네상스 이후부터는 사회가 인간을 포섭하고 그 바깥에서 국가가 사회와 인간 위에 군림하는, 3층 구조로 세계가 크게 개편되었다. 그리고 이에 따라 국가는 권력이, 사회는 자본이 지배하게 되었다. 한마디로 르네상스 시대에 들어 '신 앞에 평등한 나'라는 인간의 자의식(내면세계)이 형성되면서 국가가 국가와 사회로 분화되었고, 이에 따라 국가·사회·인간이라는 3층 구조의 체제가 탄생한 것이다.

③

시간은 인간을 유적이고 역사적으로 통과해간다. 동시에 시간은 인간을 개체적이고 시대적으로도 통과해간다. 인간을 유적·역사적으로 통과한 시간이 사회적 생산력의 본질이고, 인간을 개체적·시대적으로 통과한 시간이 노동의 본질이다.

태곳적에 인간의 사회적 생산력인 '인간을 유적·역사적으로 통과한 시간'은 공동체(나라)로 공간화되어 있었다. 즉, 공동체(나라)는 인간의 사회적 생산력 그 자체로서 태동한 것이었다. 하지만 이렇게 태동한 공동체(나라)가 인간의 사회적 생산력으로서 기능하기 위해서는 자본(필요한 일정량의 식량)이 있어야만 했다. 다시 말해, 사회적 생산력으로서 공동체(나라)가 존재하고 기능하기 위해서는 자본(상대적 자본) 즉 '공동체에 비축된 필요한 일정량의 식량'을 필요로 했다. 그리고 인간은 이렇게 '필요한 일정량의 식량'을 공동체에 비축함으로써 마침내 공동체를 사회적 생산력으로서 의미하고 기능하게 했다. 약 1만 년 전에 농업혁명이 일어나고 원시공산제 사회에서 원시공산제 경제가 전개될 수 있었던 것은 이 때문이었다.

그 후 공동체 자신이 소유하던 공동체와 자본은 공동체의 수장과 유력자가 소유하는 것으로 변해갔다. 공동체 수장이 소유하는 자본은 공동체를 국가로 고도화시켰고, 공동체의 유력자들이 소유하는 자본은 유력자들의 공동체를 국가로서의 공동체(국가 공간) 안에 태동시켰다. 즉, 자본은 국가로서의 공동체(국가 공간) 안에 다양한 공동체를 낳았고, 사회적 생산력으로서의 공동체(국가)를 풍요롭게 만들었다. 이렇게 사회적 생산력으로서의 의미와 기능이 풍부해진 공동체(국가 공간)는 다시 국가 내의 각 층에 다양하게 자본을 형성시켰다. 이렇게 형성된 자본이 이번에는 공동체(국가 공간) 안에 다양한 경제주체를 낳았고, 사회적 생산력으로서의 공동체(국가)를 더욱 풍요롭게 만들었다. 자본과 공동체(국가 공간)는 이렇게 상호 매개적으로 사회적 생산력으로서의 공동체(국가 공간)를 더욱 풍요롭게 해갔다.

그 후 사회적 생산력으로서의 공동체(나라)는 고대농업왕국→고대목축왕국→고대국가→고대제국이라는 형태로 진화해갔다. 또 사회적 생산력으로서의 자본(상대적 자본)은 '공동체에 비축된 필요한 일정량의 식량'이라는 형태에서 집적된 대가→집적된 일반적 대가→집적된 일반적 가격물→집적된 화폐라는 형태로 진화해갔다. 이런 사회적 생산력으로서의 공동체(나라)와 자본의 진화에 따라 인간의 사회적 생산력은 크게 향상되었다. 하지만 자본이 국가에 일체화되고 종속되어 있는 한, 인간의 사회적 생산력은 산술급수적으로밖에 향상되지 못했다. 국가를 중심으로 하는 역동성이 결여된 어둡고 비좁은 우주 안에서, 인간의 사회적 생산력은 조금씩 밖에는 향상되지 못했다.

그러다 14세기 말에 르네상스가 시작되면서 국가와 사회가 분화되었다. 그리고 이런 분화는 이제까지 국가에 일체화되고 종속되었던 자본(상대적 자본)을 국가의 멍에로부터 해방시켰다. 이제까지 사회적 생산력을 의미했던 국가는 햇빛이나 대지나 물처럼 하늘로부터 주어진 천부(天賦)의 혜택으로 변화했고, 이를 대신해 국가로부터 해방된 자본이 그 강력한 매개력을 통해 사회적 생산력으로서의 의미와 기능을 담당하면서 사회적 생산력 자체가 되었다. 한마디로 자본을 중심으로 하는 역동적이고 밝고 광대한 우주 즉 자본주의 세계가 탄생한 것이고, 그 안에서 인간의 사회적 생산력 또한 단숨에 비약적으로 향상되기 시작한 것이다. 르네상스 시대에 국가와 사회가 분화한 것은 자본을 중심으로 하는 우주 즉 자본주의 세계의 탄생에서 '빅뱅'과도 같은 것이었다.

④

이어서 르네상스 시대에 이슬람권으로부터 유럽에 신용이 수입되었다. 그리고 이렇게 수입된 신용이 새로이 탄생한 '자본을 중심으로 하는 우주' 즉 자본주의 세계를 급팽창시켰다.

신용은 자본(화폐집적)을 지렛대로 하면서 자본을 급팽창시켰다.

동시에 이에 따라 신용은 새로이 탄생한 '자본을 중심으로 하는 우주' 즉 자본주의 세계를 급팽창시켰다. 요컨대 유럽에 수입된 신용은 '빅뱅 직후의 급팽창'을 낳았다. 마치 우리 우주가 138억 년 전에 '빅뱅'과 '급팽창'으로 탄생한 것처럼, 우리가 사는 자본주의 세계 또한 국가가 국가와 사회로 분화하고 여기에 이슬람권에서 유럽에 수입된 신용이 지렛대 역할을 하면서 탄생한 것이다.

⑤

　　나아가 신용은 자본(화폐집적)을 매개하고, 또 신용과 자본이 상호 매개적으로 전개하는 자본의 자기증식운동 즉 자본주의를 탄생시켰다. 자본주의는 이렇게, 급팽창한 '자본을 중심으로 하는 우주' 속에서 신용을 매개로 하는 자본(화폐집적)의 자기증식운동으로서 전개되기 시작했다. 그리고 그 결과로 자본(화폐집적)은 이미 천부의 것이 된 국가를 포함해 사회적 생산력을 의미·기능하는 전지전능한 신이 되었고, 이는 다시 자본을 상대적 자본에서 절대적 자본으로 전이·승화시켰다. 이렇게 해서 자본을 중심으로 하는 우주인 자본주의 세계와 신용을 매개로 하는 자본의 자기증식운동인 자본주의가 발생했고, 이후 인간의 사회적 생산력은 기하급수적으로 개선·향상되기 시작했다.

6

자본을 중심으로 하는 새로운 우주가 발생하기 이전까지 국가
는 전지전능한 신이었다. 그리고 이런 전지전능한 신인 국가를 지배하
는 것은 '신분'(혈통의 존귀함)이었다. 따라서 '신분'이 인간에게는 가치를
의미하는 것이었다.

하지만 르네상스 시대에 들어 국가와 사회가 분화하고 자본을
중심으로 하는 새로운 우주 즉 자본주의 세계가 태동하면서, 자본(화
폐집적)이 전지전능한 신을 의미하게 되었다. 이에 따라 '신분'을 대신해
'자본'(화폐집적)이 인간에게 새로운 가치를 의미하게 되었다.

나아가 르네상스 시대 이후 인간은 마치 돈을 벌기 위해 태어나
고 돈을 벌기 위해 살아가는 것 같은 광경이 펼쳐지게 되었다. '베니스
의 상인'은 이런 가치의 대전환 속에서 탄생한 새로운 인격의 전형이라
할 수 있다. 자본을 중심으로 하는 새로운 우주 즉 자본주의 세계와,
신용을 매개로 하는 자본(화폐집적)의 자기증식운동 즉 자본주의가 탄
생하면서, 수전노와 같은 인간이 생겨난 것이다.

✚ 보충 1 '신분'(혈통의 존귀함)은 그 가치를 유지·증식하기 위해 자본(화폐집
적)과의 혼인을 갈망한다. 한편 자본도 그 권위를 높이기 위해 '신분'과의 결혼을
바란다. 그 결과 '신분'과 '자본'은 혼인을 거듭해 규벌(閨閥)⁴을 형성해왔다. 한마
디로 현대사회는 자본과 신분이 엮어낸 규벌이 지배하는 시대라 할 수 있다.

4   정략결혼에 의한 가족관계. 좁은 의미로는 처가 세력을 중심으로 묶인 관계를 말하지만, 넓
      은 의미로는 정치/경제/관료 집단이나 나아가 왕실/귀족 집단이 자신의 영향력을 유지 확대
      하기 위해 혈연관계를 맺는 것.

✚ 보충 2　요즘 일본에 '초식계(草食系)'[5]라 불리는 청년들이 새로이 등장하고 있다. 그들은 이제까지 인간을 움직였던 물욕·금전욕·권력욕으로부터 한 걸음 떨어져 있는 듯 보인다. 그들은 사는 것 자체의 의미에 가치를 두고 살아가려는 듯하다. 이런 점에서 볼 때 현대 일본의 청년들은 자본주의를 한 걸음 넘어서기 시작했다고 할 수 있다.

7

약 1만 년 전 농경민이 농업혁명에 성공한 이래로 인간의 자의식(내면세계)을 지배해온 것은 '공동체 일원으로서의 나'였다. 그런데 14세기 말 유럽에서 '신 앞에 평등한 나'가 인간의 자의식에서 분리되고 이것이 '공동체 일원으로서의 나'를 몰아내면서, 인간은 그 자의식 세계에서 자연과 왕국(공동체)으로부터 해방된 자유로운 존재가 되었다. 그리고 그 결과로 유럽은 '공동체 일원으로서의 나'가 지배하는 세계에서 탈출해 새로운 '다른 세계', 즉 국가와 사회가 분화하고 자본주의가 전개되는 세계로 옮겨가게 되었다.

유럽이 만든 '다른 세계'는 한편에서는 근대 시민혁명에 성공해 제도로서의 노예를 해방시킨 세계였다. 하지만 다른 한편에서 그 세계는, 산업혁명에 성공해 자본제 유럽제국주의를 태동시키면서 '공동체

5　일반적인 초식동물에서 보이는 성격과 행동양식을 가진 사람의 유형. 성격 면에서는 온화하고 부드럽고 섬세하며, 행동양식 면에서는 직장을 찾거나 성공을 위해 매진하기보다는 현실에 만족해하고, 연애·성(性)이나 결혼에 무관심한 반면에 옷과 화장품 등 패션에 여성 못지않은 관심을 둠.

일원으로서의 '나'가 지배하는 나라와 지역을 식민지화하고 그 위에 군림하는 세계였다. 즉, 오늘날 우리가 '남'이라 부르는 세계는 '공동체 일원으로서의 나'가 지배하는 나라와 지역을 의미하고, '북'이라 부르는 세계는 '신 앞에 평등한 나'가 지배하는 나라와 지역을 의미한다. 이런 점에서 볼 때 지금의 '북'은, 남성 호르몬의 세례를 받아 '여자'에서 '남자'가 소외되었듯이, 르네상스 인간중심주의의 세례를 받아 '남'에서 소외되어 발생한 것이라 할 수 있다.

✚ 보충　유대민족이 발견한 유일신은 태양과 별은 물론이고 우주 자체를 창조한 절대자이다. 따라서 인간이 그 절대성 앞에 섰을 때, 인간의 신분적인 차이 따위는 순식간에 사라진다. 그 결과로 '신 앞에 평등한 나'라는 자의식이 유럽에서 탄생했고, 국가는 국가와 사회로 분화되었으며, 자본을 중심으로 하는 새로운 우주와 신용을 매개로 하는 자본의 자기증식운동이 탄생했다.

일본 정토종(淨土宗)을 세운 이들로 호넨(法然)과 신란(親鸞)[6]이 있다. 이들은 "아미타여래가 모든 중생들을 정토로 이끌겠다는 서원(誓願)을 세우셨다. 아미타여래의 이 서원에 의지해 인간은 모두 정토에 갈 수 있다"는 교의(敎義) 세웠고, 이 교의가 일본인의 신앙세계에 널리 침투했다. 이 정토종—정토진종 포함—의 교의에 제시된 아미타여래의 절대성은, 유대민족이 발견한 유일신의 절대성과 마찬가지로, 인간의 신분적 차이를 무용지물로 만드는 작용을 했다. 정토종의 이런 가르침은 일본인의 내면세계에 "아미타여래 앞에 설 때 사람은 모두 평등하다"는 관념을 형성시켰다. 그 결과 잇코잇키(一向一揆)[7]는 언제나 차별적인 신분제도를 부정하는 '공화제'를 지향하게 되었다.

6　호넨(法然, 1133~1212년): 가마쿠라 시대에 활동한 승려이자 일본 정토종의 창시자. 신란(親鸞, 1173~1262년): 정토진종의 원조.

7　15~16세기의 약 100년 간 정토진종과 그 일파인 일향종의 승려/무사/농민/상공인 등의 신자들이 지배계급에 저항해 궐기한 일련의 폭동

실제로 지금도 일향종이 깊이 뿌리내린 기슈(와카야마현) 등지에서는 경어(敬語)가 쇠퇴하고, '오레(俺)'나 '오마에(お前)'[8]를 주어로 하는 대화가 여전히 지배적이다. 한마디로 정토종이 발견한 이런 아미타여래의 절대성은 일본인이 비교적 쉽게 유럽적 근대화에 성공해 유럽 제국주의를 계승할 수 있게 했던 큰 내면적 요소라 할 수 있다.

8) 근대 시민혁명과 산업혁명 시대

1

앞서 말한 것처럼, 르네상스는 인간의 내면세계 즉 자의식 안에서 '공동체 일원으로서의 나'를 쫓아내고 그 자리를 '신 앞에 평등한 나'로 채웠다. 또 르네상스는 국가를 국가와 사회로 분화시키면서 '자유롭고 평등한 사회'가 인간을 포섭하는 시대를 낳았다.

하지만 이는 인간의 내면세계에 펼쳐진 풍경일 뿐, 현실의 세계는 여전히 인간 위에 왕권이 군림하고, 혈통의 존귀함(신분)을 따지는 차별적 신분제도가 인간을 지배하며, 또 이를 지탱하는 지역질서가 강고히 유지되는 상황이었다. 한마디로 사회적으로는 여전히 노예제도가 견고했다는 것이다. 이런 상황에서 인간의 투쟁은 내면세계 바깥의 비

8　오레(俺): 손아래 사람에게 '나'를 지칭할 때 쓰는 거친 말. 오마에(お前): 손아래인 대화 상대방을 가리키는 2인칭의 거친 말. '자네'.

인간적 현실을 인간의 내면세계에 합치시키는, 즉 왕권을 타도하고 차별적인 신분제도를 해체하며 기성의 지역질서를 해체함으로써 '제도로서의 노예'를 해방하는 방향으로 나아갔다. 그 결과로 인간은 역사상 처음으로 프랑스혁명으로 대표되는 근대 시민혁명을 성공시켰다. 인간은 역사상 처음으로 '제도로서의 노예'를 해방시키는 데 성공했고, 노예의 존재를 전제로 하는 왕국과 그 신분제도를 해체시키는 데 성공했다.

2

하지만 '제도로서의 노예'를 해방시키는 데 성공한 근대 시민혁명은 이번에는 인간을 노예에서 임노동자로 바꾸었다. 즉, 프랑스혁명으로 대표되는 근대 시민혁명은 인간을 유기(有機)적인 노예에서 해방시켜 무기적인 임노동자로, '경제적 범주의 인격화'(마르크스)된 존재인 '노동력상품(물건)'으로 바꾸었다. 그리고 그 결과로 물건화된 인간 즉 무기(無機)적인 인간이 엮어가는 무기적인 사회가 역사상 최초로 지구상에 출현하게 되었다.

이런 무기적인 인간사회의 한복판에서 근대적인 과학 식견을 손에 넣은 '신용에 매개된 자본(화폐집적)의 자기증식운동' 즉 자본주의가 전개되면서 인간사회는 기계를 돌리는 대형공장처럼 움직이기 시작했는데, 이것이 바로 산업혁명의 발발이다. 산업혁명은 인간사회의 생산성을 비약적으로 향상시켰고, 이런 '생산성의 비약적인 향상'이 유럽에 목축혁명 이래 가장 강력한 제국주의를 낳게 했다. 한마디로 무기적인 인간사회의 태동이 산업혁명을 불러왔고, 이 산업혁명은 다시 목축혁명 이래 가장 강력한 제국주의를 유럽에 태동시킨 것이다.

✚ **보충**　인간이 노동력상품(물건)화되고 사회가 무기(無機)화되지 않으면, 즉 유기적인 노예제가 지배적인 사회에서는, 인간 상호 간의 마찰계수가 너무 커져서 사회가 대형공장의 기계처럼 돌아가지 못한다. 산업혁명은 근대 시민혁명을 경과해야만 일어날 수 있었던 것이다.

9) 현대: 금융자본주의와 글로벌리즘 시대

①

산업혁명의 성공을 경제적 밑천[原資]으로 해서 유럽에 목축혁명 이래로 가장 강력한 제국주의가 태동했다. 그리고 이렇게 태동한 자본주의적 제국주의는 지구상의 거의 모든 나라와 지역을 유럽의 식민지로 만들고, 두 차례에 걸쳐 제국주의 간 세계전쟁을 일으켰다. 전쟁은 너무도 많은 인명을 살육했고, 이로 인해 제국주의는 그 사나움을 크게 도려냈다. 하지만 인간의 탐욕은 아직 결코 죽지 않았다.

②

하지만 또 다른 한편에서 산업혁명의 성공과 이에 따른 경제적 밑천은 구(舊)제국주의 국가(유럽·미국·일본 등)와 그 주변 국가(한국·대만 등)에서 이제까지 임노동자와 그 가족에 불과했던 사람들을 시민으로 사회에 드러내기 시작했다.

오늘날 임노동자(프롤레타리아)로 바뀔 수밖에 없게 된 인간은 자신의 상품성을 임노동자로, 또 자신의 인간성을 시민(개인)으로 사회적으로 드러내고 있다. 인간이 자신의 인간성을 시민으로 드러낼 수 있게 된 것은 바로 산업혁명의 성공 때문이었다. 인간사회의 생산성이 이를 가능하게 할 정도로 높아졌기 때문이다. 그리고 이 시민의 사회적 등장이야말로 인간이 자본주의를 극복할 주체적 가능성이다. 산업혁명의 성공은 이를 경제적 밑천으로 서구제국주의와 동시에 시민을 나란히 태동시켰다.

③

세계경제는 개벽 이래로, 정확히는 인간이 화폐를 낳은 이래로 오랫동안 국가단위로 분단되어왔었다. 국경을 횡단할 수 있는 화폐(권력의 언어)가 존재하지 않았기 때문에 세계경제는 국경으로 분단되어 있었다. 국경을 넘나드는 교역은 화폐(국가권력의 언어)로 결제할 수 없었고, 따라서 결제는 일반적 가격물인 금이 담보해왔다.

하지만 두 차례에 걸친 제국주의 세계전쟁 이후 패권을 거머쥔 미국은 자국 통화인 달러(화폐)를 세계의 결제통화로 추대했다. 이런 미국의 전횡에 대해 세계는 동의(굴복)하지 않을 수 없었다. 그만큼 제2차 세계대전으로 유럽과 일본이 폐허가 되어 있었던 것이다. 그리고 그 결과로, 정도의 차이는 있지만. 세계는 점차 미국 중심의 단일 경제권으로 변모했다.

이를 기반으로 미국은 세계를 글로벌리즘—자본의 쏠림[遍在]을 무시하는 자유무역주의—으로 묶었다. '남'을 제멋대로 착취·수탈함으로써 미국을 중심으로 하는 '북'과 그 자본을 최대한 살찌우기는 했지만, 동시에 채무를 무제한 팽창시켜 신용을 죽음의 늪에 밀어 넣고 있는 현실이다. 이런 상황이 다른 한편에서는 세계를 바꿀 또 하나의 주체로서 '남'의 민중을 사회적으로 드러내고 있는 것이다.

10) 정리 요약

①
이상에서 언급한 인간의 역사를 정리·요약하면 다음과 같다.

(1) 약 1만 년 전에 인간의 자의식이 입체화되면서 농경민의 자의식에서 가장 멀리 있는 유적 인간이 공동체로 입체화되었고, 인간이 농업혁명에 성공하게 되었다. 인간은 이제 '자연의 일원'에서 '공동체의 일원'으로 옮겨갔고, 농업혁명을 매개로 인간으로서의 행보를 걷기에 이르렀다. 인류 역사의 첫걸음을 내딛은 이런 인간은 생존의 조건을 관장하는 유적이고 농업적인 인간이었다.

(2) 그 후 대략 3천 년이 지난 지금으로부터 7천 년 전, 유목민의

세계에서 목축혁명이 발발했고, 인간은 부족·혈족·가족에 포섭되면서 인간의 자의식에 가장 근접한 개체적이고 유목적인 인간이 역사의 새로운 주체로 등장하게 되었다. 이런 유목민이 유적이고 농업적인 농경민 위에 군림해 유라시아 대륙을 석권한 결과, 목축혁명 이후의 인간 역사는 생존의 조건을 관장하는 유적·농업적 인간과 자기표현으로 살아가는 개체적·유목적 인간이 갈등·격투하는 역사로 펼쳐지게 되었다.

(3)그 후 지금으로부터 약 650년 전 르네상스 시대에 접어들면서, 인간의 자의식에 자연으로부터도 왕국(공동체)으로부터도 자립한 '신 앞에 평등한 나'가 형성되었다. 이렇게 형성된 '신 앞에 평등한 나'는 국가(공동체로서의 자의식)를 자기 안에서 밀어냈고, 그 틈새로 '자유롭고 평등한 사회'가 서서히 들어앉았다. 그 결과 국가는 국가와 사회로 분화했고, 이런 분화에 따라 국가와 일체화되고 종속돼 있던 자본이 국가로부터 해방되었다. 자본을 중심으로 하는 새로운 우주 즉 자본주의 세계가 탄생한 것이고, 이런 자본주의 세계를 이슬람권에서 유럽으로 수입된 신용이 다시 급팽창시켰다. 나아가 신용은 신용을 매개로 하는 자본의 자기증식운동 즉 자본주의를 발생시켰고, 그 결과 자본을 중심으로 하는 우주 속에 신용이 매개하는 자본의 자기증식운동이 전개되는 새로운 자본주의 시대가 시작되었다.

⑷인간의 자의식에 형성된 '신 앞에 평등한 나'에 자극받아, 인간은 프랑스혁명으로 대표되는 근대 시민혁명을 성공시켰다. 근대 시민혁명은 산업혁명으로 이어졌고, 산업혁명의 성공은 제국주의와 함께 시민을 유럽에 태동시켰다. 이렇게 태동한 강력한 제국주의가 두 차례에 걸친 제국주의 간의 세계전쟁을 불러왔다.

⑸두 차례에 걸친 세계대전 이후 세계의 패권을 장악한 미국은, 정도의 차이는 있지만, 전 세계를 미국 중심의 단일 경제권으로 변모시켰다. 나아가 미국은 세계를 글로벌리즘—자본의 쏠림을 무시하는 자유무역주의—으로 묶고 '남'을 잔혹히 착취·수탈해 미국을 중심으로 하는 '북'과 그들의 자본을 최대한 살찌웠다. 하지만 지금 미국은 채무를 무한히 팽창시켜 신용을 죽음의 수렁에 빠뜨리고 있다. 한마디로 세계경제는 지금 붕괴 직전에 와 있다.

2

인류 역사에 대한 이런 개괄적 정리를 바탕으로, 세계의 미래를 예측해보면 다음과 같다.

⑴ 서구에서 자란 개체적 인간은 앞으로 아시아의 공동성(共同性)에 의해 구원받게 될 것이다. 그리고 그 아시아의 공동성은 아마도 한국과 일본의 연대가 주도할 것이다.

(2) 인간은 결국 언젠가 개체적 인간이 유적 인간을 내포하면서 모든 의미에서 국가와 사회의 주체로 등장함으로써 해방될 것이다. 왜냐하면 예를 들어 악무한(惡無限)인 채무의 팽창에 놀아나는 금융시스템의 타락을 미연에 방지할 수 있는 유일한 길은 시민이 금융시스템의 주체로 등장하는 것뿐이기 때문이다. 시민이 만약에 금융시스템의 주체라면, 악무한으로 채무를 팽창시켜 신용 자체를 자살하게 만드는 일은 없을 것이기 때문이다. 또 국가권력의 타락을 방지할 수 있는 유일한 길도 시민이 국가의 진정한 주체로 등장하는 것뿐이다. 이런 점에서 나는 전기 생산이나 금융 사업에도 시민이 적극적으로 참여해야 한다고 생각한다.

(3) 글로벌리즘은 '남'을 잔혹하게 착취·수탈함으로써 오히려 '남'의 민중의 자립을 야기하고 있다. 따라서 '북'의 시민과 '남'의 민중의 연대야말로, 글로벌리즘을 타파하고 와해돼가는 세계를 구할 유일한 주체인 셈이다.

2.
노동생산물과 가치의 역사

위에서 제시한 시대 구분에 따라 각 시대별 노동생산물 또는 상품의 운동과 그 안에서 펼치는 인간의 경제활동을 좀 더 꼼꼼히 분석해보면 다음과 같다.

1) 전(前)원시공산제 시대

①

이 시대에 원시공산제 경제는 아직 시작되지 않았다. 따라서 이 시대의 농업은 여전히 채집의 연장에 불과했다. 그리고 이렇게 채집된 식량—전(前)노동생산물—은 아직 사용가치밖에 보유하지 않았고, 가치는 아직 그 사용가치 안에 잠재돼 있었다.

②

인간의 자의식이 대자·대타화되고 입체화되면서 인간은 공간을 이동할 뿐 아니라 시간을 이동하는 주체로 변화했다. 다시 말해, 이 시대에 인간은 원시공산제 경제를 시작하는 '가을'을 향해 '봄'에 씨를 뿌리는 일, 즉 원시공산제 경제를 시작하기 위해 '필요한 일정량의 식량'을 공동체에 비축하는 것이 가능하게 되었다. 인간은 공동체가 자연으로부터 자립해감에 따라 '필요한 일정량의 식량'을 공동체에 비축해갔다. 그리고 인간은 '필요한 일정량의 식량'을 공동체에 비축할 수 있다는 것을 예측하면서 서서히 원시공산제 경제(공동노동·공동분배)를 일으키고 원시공산제 사회를 구축해갔다.

이런 점에서 볼 때, 이 시기에 비축된 '필요한 일정량의 식량'이야말로 가장 원초적인 의미에서의 자본(상대적 자본)이라 할 수 있다. 자본은 본래 인간이 시간을 이동하는 데 필요한 밑천을 의미했다.

2) 원시공산제 시대

①

이 시대에는 공동체가 모든 생산활동을 총괄했고, 그 생산물을 공동체로 집약시켰으며, 공동체에 남겨둔 나머지 생산물은 그 구성원에게 다시 분배되었다. 하지만 각 구성원에게 분배된 생산물이 반드시 그들의 개별적 필요에 합치하는 것은 아니었다. 때문에 각 구성원은 자신의 개별적 필요를 충족하기 위해 호혜라는 양식으로 공동체로부터 분배받은 물자를 개별적으로 재분배했다.

물론 공동체로부터 분배받은 물자든 개별적으로 재분배(호혜)한 물자든, 그것은 사용가치로서 소진될 뿐이었다. 노동생산물은 사용가치만을 보유할 뿐, 아직 가치를 보유하지 않았다. 이 시대에 공동생산·공동분배 그리고 호혜를 통해 확보된 노동생산물은 아직 사용가치밖에 보유하지 않았다. 이런 의미에서 나는 이 단계의 노동생산물을 '전(前)노동생산물'이라 부르고자 한다.

2

원시공산제와 그 뒤를 이은 고대농업왕국 시대, 즉 농경민이 유목민에 대해 상대적 우위와 번영을 향유하던 시대에 호혜는 일관되게 사회적으로 지배적인 물자교환양식이었다.

앞에서 이미 언급했듯이, 호혜는 이동하지 않는 농경민에 고유한 물자교환양식이었다. 호혜의 최대 특징은 그 본질이 인간연대(상호부조)라는 것이고, 또 물자의 교환과 결제(지불)가 분화되어 있다는 것이다. 즉, 호혜가 가장 원초적인 '개별적 물자교환'양식으로 나타날 경우, 답례(필요한 물자)가 돌아오기 전에 선물이라는 형태의 지불(결제)이 먼저 실행되었다.

또 호혜가 행상(行商)이라는 형식으로 나타날 경우도 먼저 필요한 물자가 공짜나 혹은 매우 싼값으로 필요한 사람에게 제공되고 이에 대한 결제(대가 지불)는 나중에 실행되었다. 나아가 호혜가 장[市]이라는 형식으로 등장하는 경우도 그 물자를 필요로 하는 이의 필요성이 결제(대가 지불)보다도 우선했다. 그리고 이렇게 교환과 결제가 분화한 결과로 나타나는 불충분한 대가의 지불이라는 호혜의 경제적 난처함은 공동체(나라)에 의해 재정적으로 보전·지원되었다. 한마디로 호혜는 이동하지 않는 농경민에 고유한 것이었고, 공동체(국가)의 재정까지 동원해서 지지해야 할 인간연대(상호부조)로서의 물자교환양식이었다. 바꿔 말해 호혜는, 항상 이동하기 때문에 교환과 결제를 분리할 수 없는 유목민은 절대로 채택할 수 없는 물자교환양식이었다.

③

원시공산제의 전간기에 공동체와 공동체 사이에서 물자교환(대자적 교통)이 시작되었다. 그리고 이런 공동체 간의 물자교환은 처음에는 호혜를 모방했다. 어느 한 공동체가 자신이 필요로 하는 물자를 보유하고 있는 다른 공동체에게 먼저 선물을 보내고, 그 답례로 자신이 필요로 하는 물자를 손에 넣는 방식으로 시작되었다. 하지만 사람과 사람 사이에 성립하는 연대가 공동체 간에는 본질적으로 성립하지 않는다. 따라서 공동체 간의 물자교환은 서서히 이익을 매개로 하는 물자교환 즉 물자의 매매로 바뀌었다.

그 구체적인 진행과정을 살펴보면 다음과 같다.

(1)먼저, 공동체와 공동체 경계 부근에서 공동체 간 물자교환에 임하면서 사용가치를 보유했던 전노동생산물이 자기 안에 잠 재되어 있던 가치를 표면 위로 드러냈고, 이에 따라 사용가치 와 가치의 보유자인 노동생산물로 전이되었다. 나는 이렇게 해서 태동한 사용가치와 가치의 보유자를 '전(前)노동생산물' 과 구별한다는 취지에서 '노동생산물'이라 부르고자 한다.

(2)그리고 이렇게 태동한 노동생산물은 그 안에 보유된 가치를 근거로 다른 공동체가 갖고 있는 물자를 얻기 위해 치러야 하 는 희생(제물) 즉 대가로 외화되었다. 그리고 이런 노동생산물 의 외화와 동시에 노동생산물이 보유하고 있던 가치도 외화 되어 대가가 보유하는 교환가치로 변화했다. 한마디로 이때에 이르러 노동생산물은 외화된 가치(교환가치)를 보유하는 대가 (제2차적 노동생산물)로 바뀌었다. 나는 이렇게 노동생산물로 부터 외화된 것을 '노동생산물'과 구별한다는 취지에서 '대 가'(제2차적 노동생산물)라 부르고자 한다.

✚ **보충** 훗날 고대왕국은 금·은을 주조해 화폐를 발명한다. 그 결과 노동생산물 안에 포함되어 있던 가치는 교환가치(대가)로 외화되었고, 다시 화폐(절대적 교환 가치)로 소외되었다.

(3)이런 대가(제2차적 노동생산물)의 발생에 따라 다른 공동체가 소유하고 있던 노동생산물은 상품(사는 물건)으로 소외되었 다. 즉, 상대방 공동체가 소유하고 있던 노동생산물은 대가

(제2차적 노동생산물)의 발생에 촉발되어 상품(제3차적 노동생산물)으로 소외되었다. 나는 이렇게 해서 생겨난 것(사는 물건)을 '노동생산물' 또는 '대가'(제2차적 노동생산물)와 구별하는 취지에서 '상품'(제3차적 노동생산물)이라 부르고자 한다.

⑷정리하면, 원시공산제의 전간기에 공동체 간에 물자교환이 시작되면서 공동체 경계 부근에서 '전노동생산물'이 사용가치와 가치의 보유자인 '노동생산물'로 바뀌었다. 그리고 이렇게 발생한 '노동생산물'은 공동체 간 물자교환을 계기로 '대가'로 외화되고, 다시 '상품'(사는 물건)으로 소외되었다.

✚ **보충 1** 상품이 '사는 물건'에 그치는 한, 이는 정확히는 '소외'라기보다 '외화'라고 해야 할 것이다. 고대목축왕국 시대에 들어 상품이 '파는 물건'으로 바뀌는데, 이렇게 상품이 '사는 물건'에서 '파는 물건'으로 바뀌는 시점부터 소외되었다고 해야 할 것이다.

✚ **보충 2** 앞에서 본 것처럼 공동체 간 물자교환은 대체로 이익을 매개로 하는 물자 매매로 바뀌었다. 하지만 그렇다고 해서 호혜적인 공동체 간 물자교환이 모두 사라진 것은 아니었다. 호혜적인 공동체 간 물자교환은 예를 들어 '조공(朝貢)무역'이라는 형식으로 그 후로도 오랫동안 살아남았다.

✚ **보충 3** 화폐는 그 강력한 상품화 능력에 의해 인간의 노동력과 인간의 관계(공제[共濟])까지도 상품으로 바꾼다. 이는 화폐의 원초적 형태인 대가(제2차적 노동생산물)에도 당연히 물자를 상품으로 바꾸는 능력이 있음을 의미한다. 즉, 대가를 매개로 다른 공동체가 소유하고 있는 물자(노동생산물)는 상품(사는 물건)으로 바뀐다는 것이다. 이런 점에서 볼 때 노동생산물은 대가(제2차적 노동생산물)로 외화되고 상품(제3차적 노동생산물)으로 소외되는 것이다. 대가(제2차적 노동생산물)와 상품(제3차적 노동생산물)은 이런 과정을 통해 발생한 것이다.

✚ **보충 4** 앞서 본 것처럼, 상품은 대가의 발생에 따라 공동체의 경계 부근에

서 '사는 물건'으로 발생했다. 그리고 유목민이 세계의 패권자로 인류사에 등장했을 때, 즉 고대목축왕국 시대가 되었을 때, 호혜는 노예들(옛 고대농업왕국의 구성원들)의 사회에서 그 사회의 고유한 물자교환양식으로 하층화되었고, 권력의 변방(주변)에서나 잔존하는 물자교환형식이 되어갔다. 그리고 이와는 대조적으로, 유목민이 발명한 일반적 대가를 매개로 상품은 '사는 물건'에서 '파는 물건'으로 바뀌었다. 나아가 이 상품이 '파는 물건'으로 바뀌는 순간, 상품은 그 안에 실질적으로 보유하고 있던 가치에 더해 장식으로 치장된 가치를 보유하게 되었다. 이런 치장된 가치를 매개로 상품(일반적 상품)은 가격의 자기증식운동을 시작했고, 호혜는 하층화되고 주변화됨에 따라 장[市]도 서서히 호혜적 기능을 잃고 이익을 매개로 하는 상품매매의 장으로 순화(純化)되어간다. 역설적이게도 호혜적인 요소를 짙게 간직하고 있던 장[市]은 권력의 변방 즉 주변부에서나 살아남게 되었다.

✚ **보충 5**　앞서 본 것처럼, 대가(제2차적 노동생산물)의 발생은 논리적으로나 시간적으로나 상품(사는 물건)의 발생보다 앞선다. 다시 말해, 공동체의 경계 부근에서 상품(사는 물건)이 발생하기 이전에 상품을 사기 위한 희생(제물) 즉 대가(제2차적 노동생산물)가 발생했다. 상품을 사는 측이 파는 측에게 상품을 사기 위한 희생(대가)으로서 바친 것이야말로 노동생산물이 보유한 가치였다. 상품을 사기 위한 희생(대가)으로서 바쳐진 노동생산물의 가치, 그것이 바로 교환가치였다. 이런 점에서 교환가치는 노동생산물이 보유한 가치로부터 외화된 가치라고 할 수 있다.

✚ **보충 6**　그런데 마르크스는 '제1상품'이든 '제2상품'(정확히는 대가)이든, 상품은 교환가치를 보유한다고 주장한다. 하지만 앞서 밝힌 것처럼, '제1상품'은 치장된 가치의 보유자이며, 그것은 이미 가치도 교환가치도 보유하지 않는다. 교환가치를 보유하는 것은 대가(마르크스가 '제2상품'이라 부른 것)이다. 그런 의미에서 마르크스는 대가(제2차적 노동생산물)와 상품(제3차적 노동생산물)을 혼동·동일시하는 오류를 범하고 있다.

✚ **보충 7**　대가(제2차적 노동생산물)가 보유하는 교환가치는 '파는 물건'(상품)을 사려는 자의, 파는 물건이 보유하고 있는 치장된 가치가 표시하는 가치(사용가치)에 대한 필요도에 반비례해서 그 크기를 증감시킨다. 즉, 사려는 측의 필요도

가 크면 제시된 대가가 보유하는 교환가치는 상대적으로 작아지고, 더 많은 대가를 제시해서라도 그 상품을 매입하려 한다. 반대로 사려는 측의 필요도가 작으면 교환가치는 상대적으로 커지고, 더 적은 대가가 아니면 사는 것 자체를 그만둔다. 이런 점에서 볼 때, 교환가치는 인간(사려는 이)에게 속하고, 그 크기는 사려는 이의 필요도에 반비례한다. 한편, 이렇게 해서 산 상품의 가치에는 치장이 더해진다.

✚ **보충 8**　주지하듯이, 상품의 실상을 의미하는 노동생산물의 가치와 그 상품의 가격은 확률관계에 있다. 즉, 상품의 실상을 의미하는 노동생산물이 큰 가치를 가진 경우 상품의 가격도 비싸질 확률이 높다. 따라서 가격과 확률관계인 가치의 크기는 아마도 복소수(複素数)로 표현될 것이다. 더욱이 상품이 보유하는 '치장된 가치'의 '치장'과 교환가치가 낳은 "그 크기는 구매자의 필요도에 반비례한다"는 두 가지 성격이 가치와 가격의 확률관계에 영향을 미치고 있다. 따라서 가치와 가격의 확률관계는 '치장'과 '구매자의 필요도'를 변수로 하면서 더욱이 복소수로 표현되는 확률방정식일 가능성이 크다.

4

앞서 말한 것처럼 공동체(나라)의 본질은 '인간에게 유적이고 역사적으로 통과한 시간'이 공간화된 것이고, 이는 인간의 사회적 생산력을 의미한다. 그리고 이렇게 인간의 사회적 생산력으로서의 공동체(나라)를 공간화한 것이 자본이다.

원시공산제가 태동했을 당시, 원시공산제 경제의 주체는 공동체 자체였다. 즉, 원시공산제 경제를 일으킨 자본(상대적 자본)의 소유자는 공동체 자신이었다. 하지만 수많은 전쟁을 거치면서 공동체 간에 물자교환(매매)이 시작된 원시공산제의 전간기에 원시공산제 경제의 주체는 공동체 자체에서 공동체의 권력(수장·유력자 등)으로 바뀌었다. 따라서 자본(상대적 자본)의 소유자도 공동체 자체에서 공동체의 권력(수장·유력자 등)으로 옮겨갔다. 그리고 수장이 소유한 자본은 공동체(나라)를 국가로 상승시켰고, 유력자들이 소유한 자본은 공동체(나라) 안에 유력자들을 중심으로 하는 공동체를 낳았다. 자본은 공간으로서의 공동체(나라)를 풍요롭게 치장했고, 원시공산제(공동생산·공동분배)는 공동체(국가) 안의 혈족이나 가족으로 하강해갔다. 한마디로 원시공산제 경제가 복수의 경제주체들로 구성된 경제 즉 복합적인 경제로 진화해간 것이다.

이렇게 자본에 의해 풍요롭게 치장된 공동체(나라)가 이번에는 공동체의 각 층에 자본을 다양하게 형성시켜갔다. 그리고 이렇게 다양하게 형성된 자본이 이번에는 또 공동체의 각 층에 다양한 경제주체를 낳으면서 공동체(나라)를 더욱 다양하고 풍요롭게 만들었다. 그리고 이에 따라 자본의 소유자도 복수화·다수화되어갔다.

요약해 말하면, 공동체(나라) 공간과 자본은 상호 매개하면서 사회적 생산력으로서의 공동체(나라)를 더욱 풍요롭게 했다. 그리고 이에 따라 공동체와 공동체 사이에서 발생한 이익을 매개로 하는 물자교환(매매)도 시간이 지나면서 공동체 내에 존재하는 복수화·다수화된 경제주체 간에 이익을 매개로 하는 물자교환(매매)의 형태로 공동체의 상층부에 내화되어갔다.

5

공동체와 공동체 사이에서 이루어지는 물자교환(매매)의 본질은 어떤 물자를 필요로 하는 공동체가 그 물자를 보유하고 있는 다른 공동체에게서 이를 사들이는 행위를 말한다. 즉, 어떤 물자를 필요로 하는 공동체가 상대방 공동체가 요구하는 물자를 대가로 내줌으로써 사들이는 행위를 의미한다. 따라서 파는 측이 먼저 대가를 결정하고 사는 측이 이에 동의하지 않는 한, 교환(매매)은 성립되지 않는다. 물자교환(매매)은 어떤 물자를 사들이고자 하는 자에게 그 대가가 너무 비싸면 사들이는 것 자체를 단념함으로써 균형을 맞춘다. 따라서 매매(교환)가 성립됐다는 것은 그 사이에 다음과 같은 두 가지 수식이 성립됐음을 의미한다.

- 팔아넘긴 상대적 상품A의 상대적 가격
  = 상대방이 대가로 내민 노동생산물B의 가치
- (팔아넘긴 상대적 상품A의 실상을 의미하는) 노동생산물A의 가치
  〈 상대방이 대가로 내놓은 노동생산물B의 가치

그리고 우리는 이로부터 다음의 두 가지 수식을 도출할 수 있게 된다.

- 노동생산물A의 가치 〈 노동생산물B의 가치
- 노동생산물A의 가치 〈 상대적 상품A의 상대적 가격 = 노동생산물B의 가치

즉, 공동체 간의 물자교환(매매)은 팔아넘기는 측(의 공동체)에게 이익이 되는 형태로, 요컨대 가치 면에서 부등가로 이루어졌다. 따라서 마르크스가 『자본론』에서 일관되게 주장하는 '등가교환'—교환은 가치에 있어서 등가로 이루어진다—은 공동체 간의 물자교환(매매)에서 성립하지 않는다. 그리고 이후 '공동체 간 물자교환(매매)'은 공동체 상층부로 내화되어간다. 이에 따라 공동체의 상층부에 내화된 '물자교환(매매)'도 당연히 파는 측에 이익을 남기는 형태로, 즉 가치에 있어서 부등가로 이루어졌다. 더 나아가 고대목축왕국 시대에는 호혜가 하층화·주변화되고 물자의 매매가 일반화·사회화되지만, 이 경우에도 당연히 파는 측에 이익이 남는 형태로, 즉 가치 면에서 부등가로 물자의 매매(교환)가 이루어졌다. 따라서 마르크스가 『자본론』에서 일관되게 주장하고 또 자기 이론의 전제로 삼고 있는 '등가교환'은 역사상 한 번도 이루어진 적이 없었다.

3) 고대농업왕국 시대

①

앞서 말한 것처럼 이 시대에 원시공산제(공동생산·공동분배)는 왕국을 구성하는 혈족(귀족)으로 하강했고 왕권은 원시공산제(공동생산·공동분배)를 벗어나 원시공산제로부터 해방되었다. 그리고 이런 조건

하에서 왕권과 유력한 혈족(귀족), 유력한 혈족과 유력한 혈족 사이라는 왕국의 상층부에서, 공동체(왕국)와 공동체(왕국) 사이에 행해졌던 것과 같은 방식으로 물자교환(매매)이 전개되었다. 왕권은 자기 창고에 (1)조세로 거둬들인 물자, (2)노예(상대적 노예)를 호되게 부려 생산한 물자, (3)왕권의 주변에 설치된 직장에서 생산한 우수한 물자, (4)왕국(공동체) 간의 교환(매매)으로 취득한 물자 등을 쌓아놓았다. 한편 유력한 혈족(귀족)들도 자기 혈족에 속한 구성원이 생산한 물자나 자기 혈족에 속하는 직장에서 생산된 물자 등을 창고에 쌓아놓았다.

왕권이 유력한 혈족으로부터 물자를 사들일 필요는 그다지 많지 않았지만, 유력한 혈족은 왕권과 물자를 교환할 필요가 있었다. 왜냐하면 왕권은 대개 유력한 혈족이 보유한 물자보다도 양질의 물자를 대량으로 또 다양하게 보유하고 있었기 때문이다. 따라서 왕권은 일반적으로 '파는 이'의 역할을 했고, 유력한 혈족은 일반적으로 '사는 이'의 역할을 했다. 그리고 앞서 말한 것처럼 '파는 이'는 자신이 바라는 대가(물자)를 '사는 이'에게 내놓지 않는 한, 매매 자체를 성사시키지 못했다. 따라서 일반적으로 이런 교환(매매)을 통해 이익을 얻고 부를 축적했던 것은 왕권이었고, 혈족들 간의 물자교환(매매)에서도 풍요로운 혈족이 가난한 혈족으로부터 이익을 얻고 부를 축적하는 것이 일반적이었다.

이렇게 원시공산제(공동생산·공동분배)가 혈족에서 다시 가족으로 하강함에 따라, 왕권과 혈족(귀족), 혈족과 혈족 사이에 행해졌던 물자교환(매매)에 이번에는 유복한 가족의 일부도 참여하게 되었다. 하지만 어떤 물자교환(매매)에서도 항상 유리한 쪽은 물자를 풍부하게 소유한 자들이었다. 다시 말해, 물자교환(매매)은 항상 그 가치 면에서 부등가로 행해졌던 것이다.

2

왕국의 구성원들(민중) 간에 이루어진 물자의 개별적 교환(재분배)은 원시공산제 시대에서와 마찬가지로 고대농업왕국에서도 여전히 호혜가 압도적이었다. 하지만 시간이 지나면서 빈부격차가 확대되고, 이런 빈부격차의 확대가 호혜를 지탱하는 인간연대(상호부조)에 균열을 발생시키면서, 균열의 틈새를 왕국의 유력자(자본 소유자)들이 비집고 들어오기 시작했다. 그들은 왕국의 구성원들(민중)에게 판매할 목적으로 스스로 생산하거나 왕국의 구성원들에게서 다종다양한 물자를 매입해 집적했고, 이를 다시 왕국의 구성원들에게 파는 과정에서 부유해지고 또 번영해졌다. 빈부격차의 확대가 호혜를 지탱하는 인간의 연대에 균열을 발생시켰고, 그 균열의 틈새를 유력자(자본의 소유자)들이 비집고 들어와 다양한 물자를 집적하고 파는 과정에서 많은 이익과 재산을 축적했던 것이다.

물론 이 시대에도 여전히 호혜는 사회적으로 압도적이고 지배적인 물자교환양식이었다. 호혜는 개별적인 물자교환양식에만 머물지 않고, 행상이나 장이라는 형식을 획득하면서 사회적으로 활발히 전개되었다.

4) 고대목축왕국 시대

①

유목민은 목축혁명이 발발하기 오래전부터 가축을 대가(상대적 부)로 일반화하고 있었다. 이동하는 유목민은 교환과 결제를 일체화시킨 물자의 매매를 통해 필요한 물자를 입수하고 있었다. 그리고 이런 유목민이 목축혁명을 통해 유라시아 대륙의 패권을 쥐었을 때, 가축은 일반적 대가로서 일반화·사회화되었고, 매매는 호혜를 대신하는 물자교환양식으로서 일반화·사회화되었다.

앞서 말한 것처럼 목축혁명의 성공(고대목축공동체의 탄생)은 유라시아 대륙에 강력한 제국주의를 가져왔다. 고대목축공동체는 농경민이 건설한 고대농업왕국을 모조리 유린·해체하고 그 구성원을 노예(절대적 노예)로 삼으면서 고대목축왕국으로 상승해갔다. 그 결과 농경민이 발명한 원시공산제(공동생산·공동분배)는 사회적으로 해체·폐기되었고, 농경민 고유의 물자교환양식이었던 호혜도 노예들—옛 고대농업왕국의 구성원들—에 고유한 물자교환양식으로 하층화·주변화되어갔다.

고대목축왕국의 생산활동은 왕국의 권력자들이 다수의 노예(절대적 노예)를 부려 영위하는 생산활동과, 왕국의 평민들이 가족 단위로 영위하는 생산활동으로 구성되었다. 그리고 그 교환활동은 일반적 대가(일반적 부)인 가축을 매개로 대중적이고 사회적으로 빠르게 확산되었다. 그 결과로 고대목축왕국의 경제(생산과 교환)는 빨라졌고, 사회의 생산성은 비약적으로 향상되었다.

②

앞서 말한 것처럼 태곳적 유목민들 사이에서는 가축이 일반적 대가로 유통되고 있었다. 이런 가축이 목축혁명(고대목축공동체의 탄생)을 계기로 유목민이 세계의 패권자가 되면서 '유목민들 사이'라는 한계를 넘어 일반적 부(일반적 대가)로 상승했다. 교환의 절대적 매개자가 된 가축에 대한 수요는 크게 늘었고, 가축 가격은 믿기 힘들 정도로 폭등했다. 급속히 팽창하는 가축의 사회적 수요를 생산과 공급이 따라갈 수 없게 되었다.

그 결과로 가축과 마찬가지로 취급되었던 인간(노예)이 동원되었고, 이에 따라 인간(노예)이 가축과 더불어 일반적 부(일반적 대가)로서 공급·사용되기 시작했다. 인간이 가축과 마찬가지로 일반적 부(일반적 대가), 즉 물자교환의 절대적 매개자로서 유통될 수 있었던 이유는 스스로 이동이 가능했기 때문이었다. 인간은 가축과 마찬가지로 휴대하기 편리한 것이었고, 이런 이유로 해서 인간(노예)에 대한 수요가 급팽창하면서 그 가격 또한 급상승했다.

하지만 인간(노예)에게는 동시에 몇 가지 약점이 있었다. 인간(노예)은 가축과 마찬가지로 먹이를 주지 않으면 안 됐고, 또 병에 걸리기도 했다. 이런 점이 교환의 절대적 매개자로서의 인간(노예)이 지니는 곤란함이었다. 그래서 가볍고 잘 썩지 않고, 또 누구나 갖고 싶어 하는 물건이라는 점에서 아마포가 일반적 부(일반적 대가)로 애용되었다. 일반적 부(일반적 대가)의 빙의(憑依)가 가축에서 인간(노예)으로, 또 인간에서 아마포로 바뀌어간 것이다.

③

고대농업왕국 시대에는 행상이나 장도 호혜의 한 형식이었다. 하지만 고대목축공동체가 고대농업왕국을 해체시키면서 호혜는 노예가 된 옛 고대농업왕국 구성원들의 고유한 물자교환양식으로 하층화·주변화되어갔고, 이에 따라 행상과 장도 호혜의 한 형식에서 물자의 사회적 매매의 장으로 바뀌었다.

이렇게 유목민은 교환의 절대적 매개자 즉 일반적 부(일반적 대가)로서 가축·인간(노예)·아마포 등을 사회로 소외시켰다. 그리고 이렇게 일반적 대가(가축·노예·아마포 등)가 사회적으로 등장함에 따라 모든 노동생산물은 진정한 의미에서의 상품 즉 파는 물건으로 변해갔다. 이 시대에 들어 모든 노동생산물은 상품으로 운동할 능력을 부여받았고, 왕국의 구성원들이 생산·소유한 모든 노동생산물이 상품으로 운동하게 되었다.

그리고 그 결과로 왕국의 구성원이 주체가 되고 또 사회적으로 물자가 매매되는 공간으로서 장시(場市)가 대중적으로 생겨났고, 이런 장시의 성립은 경제를 사회화·대중화시키는 데 크게 기여했다.

➕ 보충 물론 그럼에도 불구하고 고대목축왕국의 주변이나 변경에서는 여전히

행상이나 장[市]이 호혜의 한 형식으로서 살아남아 있었다. 그리고 중심과 주변은 반드시 서로 침투하는 법이기 때문에, 중심의 장시(場市)에 호혜적인 요소가 침투하기도 하고, 주변의 행상이나 장에 매매적인 요소가 침투하기도 했다. 하지만 매매는 호혜에 대해 사회적으로 우세하기 때문에, 중심은 물론 주변도 서서히 매매가 지배적인 지위를 획득하게 되었다.

④

왕국의 구성원들에게 상품유통(매매)이 대중화되었다고 해서 그들이 주류였다고는 볼 수 없다. 상품유통의 주류는 어디까지나 귀족이나 교단(敎團) 같은 자본(상대적 자본)의 소유자들이었다. 자본소유자들은 왕국의 구성원들(민중)에게 팔기 위해 상품을 직접 생산하거나 혹은 매입하여 다종다양한 상품을 쌓아놓았고, 이를 다시 민중에게 팔아 이익을 얻고 재산을 축적했다. 왕국의 구성원들은 자신의 생산물을 자본소유자에게 팔아넘기고, 또 자신이 필요로 하는 물자를 자본소유자로부터 사들여 생활했다. 왕국의 구성원들을 주체로 하는 장시는 자본소유자들이 행하는 상품유통의 틈새를 메우는 데에 불과했다.

⑤

돌이켜보면, 가축·인간(노예)·아마포 순으로 일반적 부(일반적 대가)가 발생한 것은 하나의 자연과정이라 할 수 있다. 그리고 이를 통해 고대목축왕국은 그 국토를 확대하고 왕권을 강화해갔다. 이렇게 고대목축왕권이 강화되어가던 어느 날, 고대목축왕권은 그 권위와 백성으로부터의 신임을 배경(담보)으로, 이미 민간에서 일반적 부(일반적 대가)로 유통되고 있던 아마포를 '모든 대가의 왕' 즉 공인된 일반적 부(일반적 가격물)로 추대했다. 즉, 왕권이 아마포에 도장을 찍어 공인된 일반적 부(일반적 가격물)로서 권위를 부여한 것이다. 그 결과 '예컨대 아마포'는 일반적 가격물(보편적 부)로서 확고부동한 지위를 갖게 되었고, 동시에 모든 노동생산물은 아마포의 일정 수량으로 표시되는 일반적 가격을 부여받아 일반적 상품으로 변해갔으며, 왕국의 구성원을 주체로 하는 장시 또한 한층 더 번성해갔다.

6

고대목축왕국은 당연히 자신이 추대한 '모든 대가의 왕' 즉 일반적 가격물('예컨대 아마포')의 생산과 유통을 전적으로 관리했다. 이는 왕권이 사실상의 '화폐발행권'(시뇨리지[Seigniorage])을 획득했다는 것을 의미한다. 화폐발행권을 획득한 고대목축왕국은 순식간에 재정적으로 강대해졌고, 이 과정을 통해 고대목축왕국은 고대국가로 상승해갔다.

7

고대농업왕국 시대에 직장은 권력의 주변에 설치돼 있었다. 그리고 여기서 생산된 농기구와 직물과 토기 등은 왕국의 구성원들이 손에 넣기는커녕 보기조차 힘든 '그림의 떡'이었다. 하지만 고대목축왕국 시대에 들어 가축·인간(노예)·아마포 등의 일반적 부(일반적 대가)를 매개로 물자교환(매매)이 일반화·사회화되면서 사회의 생산성도 크게 개선·향상되었고, 그 결과로 직장에서 생산된 물자도 이익을 찾아 떠나는 상품으로서 사회에 널리 유통되기 시작했다.

직장에서 생산된 물자는 지역에서 생산된 물자와 비교해 당연히 상품으로서 압도적으로 높은 가격에 매매(거래)되었다. 왜냐하면 '모든 대가의 왕'인 아마포는 직장에서 생산된 농기구나 직물이나 토기 가운데 하나인데, 그런 아마포가 '모든 대가의 왕'이라면 직장 아닌 곳에서 생산된 농기구나 직물이나 토기 등은 "'모든 대가의 왕'에 단지 준하는 것"이기 때문이다. '예컨대 아마포'가 일반적 가격물로 추대되었다는 것은 이렇게 지역에 대한 직장의 우위성이 일반화·사회화되었음을 의미한다. 그리고 이런 지역에 대한 직장의 우위성은 이후 더욱 강화되었고, 직장은 마침내 지역 위에 군림해 지역을 본격적으로 착취·수탈하게 되었다.

한마디로 자본(상대적 자본)이 넉넉히 투하된 직장에서 생산된 물자가 상품으로 사회에 유통되기 시작하면서 지역에서 생산된 물자와 비교해 확고한 상품(파는 물건)으로서의 우위성을 사회적으로 확립했고, 이는 지역에 대한 직장의 군림과 착취로 이어지게 되었다.

✚ 보충 위에서 말한 직장과 지역의 관계는 오늘날 국내 경제적으로는 3차 산업·2차 산업의 1차 산업에 대한 우위성으로, 국제 경제적으로는 '북'의 '남'에 대한 우위성으로 계속해서 남아 있다. '남'의 '1차 산업'이 가장 어려운 상황에 놓여 있는 것 또한 이 때문이다. 그리고 이런 직장에 의한 지역의 지배 관계의 근간에는 바로 자본의 쏠림이 있다. 따라서 '북'이 시민자본을 강화하고, 이렇게 강화된 시

민자본이 국내적으로는 '북'의 '1차 산업'에, 또 국제적으로는 '남'의 '1차 산업'에 투하되는 것, 그럼으로써 인간과 인간, 인간과 먹을거리의 관계를 근본적으로 재편해가는 것, 그것이 지금 역사적으로 또 국제적으로 요구된다고 할 수 있다. 인간은 이를 통해 비로소 지배와 착취·수탈에서 해방돼 인간으로서 살아갈 수 있게 될 것이다.

⑧

요약하면, 고대목축왕국 시대에 들어 인간 경제활동의 기본적 형태가 거의 완성되었다고 볼 수 있다. 오늘날과 비교해 이 시대에 없던 것은 오직 화폐와 신용뿐이었다. 특히 일반적 가격물이 태동히면서 교환(매매)이 일반화·사회화·대중화되어갔고, 이에 따라 생산도 현저히 사회화·대중화·고속화되어갔다. 그리고 그 결과로 인간사회의 생산성이 비약적으로 개선·향상되었고, 특히 생산과 교환(매매)을 매개하는 유력자(자본소유자)들은 더욱 부유해졌다.

5) 고대국가 시대

①

앞서 말한 것처럼 '예컨대 아마포'를 일반적 가격물로 추대한 고대목축왕국은 사실상의 '화폐발행권'을 획득해 재정적으로 순식간에 강대해져 고대국가로 상승해갔다. 그리고 이렇게 해서 태동한 국가는 그 영토 내에 사는 모든 사람과 물자를 지배하고 동원할 수 있는 기구를 의미하게 되었다. 이전의 왕국이 흙으로 쌓아 올린 작은 동산이었다면, 국가는 이제 벽돌로 높고 단단하게 쌓아 올린 피라미드 같은 구조물이 되었다. 이런 국가가 흔들림 없이 인간 위에 치솟아 군림하게 되면서 그 확고부동한 권위와 신임을 배경(담보)으로 금·은을 주조해 화폐를 탄생시킨 것이다.

국가는 이렇게 주조한 화폐의 표면에 "이것은 중량 1파운드의 금에 상당한다"는 권력의 언어를 각인시켰다. 그러자 사람들은 마치 마법에라도 걸린 것처럼 화폐(주조화폐)를 중량으로서가 아니라 액면―권력의 언어―으로서 유통시키기 시작했다. 주조화폐의 중량이 절반밖에 안 돼도 그 액면가(언어)가 1파운드라면 사람들은 1파운드의 금화로서 이를 수령하고 또 지불하게 되었다. "이것은 중량 1파운드의 금에 상당한다"는 국가권력의 언어는 이처럼 사람들로부터 두터운 신임을 받았다.

국가권력이 일반적 가격물인 금·은을 주조해 주조화폐를 태동시켰고, 그 결과로 주조화폐에 각인된 '권력의 언어'가 교환(매매)의 절대적 매개자로서 사회적으로 유통되기 시작한 것이다.

②

화폐는 액면―권력의 언어―으로 유통된다. 따라서 발행·유통되는 화폐의 '액면가'에서 그 '재료 가격'과 '주조 경비'를 뺀 나머지가 화폐발행권을 지닌 국가권력에 남고, 국가권력은 이를 재원(밑천)으로서 자유롭게 소비할 수 있게 된다. 더욱이 발행·유통되는 화폐의 액면가가 그 나라의 국내총생산(GDP)를 크게 초과하지 않는 한, 화폐 발행으로 인한 인플레이션이 유발되지도 않는다. 아니, 만약 인플레이션을 각오할 것 같으면 국가권력은 화폐발행액을 무한대로 증대시킬 수도 있다. 이런 점에서 화폐발행은 국가권력의 재정적 기반을 비약적으로 강화시켰고, 이를 토대로 고대왕국은 고대제국으로 상승해갔다. 화폐발행을 계기로 고대국가 권력은 화폐발행권을 획득했고, 그 결과로 국가는 비약적으로 재정을 강화하면서 제국을 향해 간 것이다.

✚ 보충　물론 "국가권력이 인플레이션을 각오할 것 같으면 화폐발행액을 무한대로 증대시킬 수도 있다"고 해서 이것이 지속가능하다는 것을 의미하지는 않는다. 국가권력이 그런 짓을 하면 '권력의 언어'(화폐의 액면)는 신용을 잃고, 아무도 화폐를 대가로서 받아들이지 않게 된다. 이렇게 되면 사회는 초인플레이션에 휘말리고, 사람들은 화폐 대신에 과거에 유통했던 일반적 가격물(금·은)로 회귀하게 되어, 결국 국가는 재정이 파탄해 멸망할 것이다. 실제로 오랜 옛날부터 국가는 이런 식으로 흥망을 반복해왔다. 그리고 지금 세계통화(달러)의 발행권을 쥔 세계제국 아메리카도 이런 전철을 또다시 밟고 있다.

③

물자에 대한 화폐의 강력한 상품화 능력은 모든 것을 상품(절대적 상품)으로 바꿔갔다. 즉, 절대적 부(절대적 등가) 앞에서 모든 것은 파는 물건으로 변해갔다. 뿐만 아니라 이런 화폐의 강력한 상품화 능력은 인간의 노동력도 상품으로 바꾸어놓았다. 이 시대에 화폐가 탄생하면서 임노동이 발생하게 된 것이다.

하지만 이는 동시에 자유민이 주체인 장시를 크게 성장·발전시켰고, 이는 다시 행상과 장이라는 물자교환형식을 점포라는 형식으로 변화시켰다. 경제의 사회화·대중화는 대폭 진전되었고, 자유민의 자유도(自由度) 또한 현격히 확대되었던 것이다.

물론 이렇게 경제가 대중화되었다 해서 지역에 대한 직장의 우위성이 해소된 것은 결코 아니다. 아니, 오히려 화폐가 열어젖힌 사회의 대중화를 바탕으로 지역에 대한 직장의 지배와 착취·수탈은 더 일반화·사회화되어갔다.

④

원시공산제 시대부터 인간의 경제는 공동체 안의 경제와 공동체 사이의 경제로 나뉘어 있었다. 하지만 그렇다고 해서 그 결제 방식까지 다르지는 않았다. 원시공산제와 고대농업왕국 시대에는 대가로서 내놓은 노동생산물의 가치가 공동체 안과 공동체 사이를 횡단하는 공통의 언어로서 유통되고 있었다. 고대목축왕국 시대에는 대가로서 내놓은 일반적 부(가축 등)나 일반적 가격물(아마포·금·은)이 왕국 안과 왕국 사이를 횡단하는 공통의 언어였다. 즉, "대가로서 내놓아진 노동생산물의 가치"와 '일반적 부(가축 등)'와 '일반적 가격물'이 교환(매매)을 매개하는 공통 언어로서 공동체나 왕국을 횡단해 유통되고 있었다.

이에 비해 국가권력의 언어인 화폐는 국경을 넘어 유통될 수 없다. 때문에 화폐가 발생하면서 국가 안의 경제와 국가 사이의 경제(교역)가 선명하게 분화되었다. 국가 안의 경제에서는 화폐가, 국가 사이의 경제에서는 일반적 가격물로서 금·은이 그 결제에 이용되었다. 그리고 이런 국가 안의 경제와 국가 사이의 경제의 분화는 화폐가 태동한 이래로 1944년 7월에 브레턴우즈 체제[9]가 발족할 때까지—보다 정확히는 1933년에 미국이, 그리고 1936년에 프랑스가 금본위제에서 이탈하기 전까지— 변함없이 유지되었다.

6) 자본주의가 태동한 르네상스 시대

1

태곳적에 자본(상대적 자본)은 공동체에 비축된 '필요한 일정량의 식량'이라는 형태로 역사에 등장했다. 공동체에 비축된 '필요한 일정량의 식량'은 공동체가 원시공산제 경제를 시작하기 위한 밑천을 의미했고, 또 그렇게 기능했다. 다시 말해, 공동체에 비축된 '필요한 일정량의 식량', 즉 인간의 역사에 첫 등장한 원초적인 자본(상대적 자본)은 경작지를 개간하고 씨앗을 심고 길러 수확하기까지의 기간 동안 공동

---

9 1온스의 금=35달러의 고정비율로 미국이 금과 달러의 교환을 보증하는 것을 기초로 탄생한, 미국달러(지폐)를 세계의 결제통화로 하는 체제.

체의 구성원들을 굶기지 않도록 하기 위한 밑천을 의미했고, 또 그런 밑천으로서의 기능을 실제로 담당했다. 만약 이런 원초적 자본(밑천)이 없었다면 인간(공동체)은 원시공산제 경제를 시작하지 못했을 것이다. 이런 점에서 볼 때, 원시공산제 경제가 시작될 무렵에 "태초에 자본이 있었다"고 할 수 있다.

이후 인간의 경제(생산과 유통)에 꼭 필요한 자본(상대적 자본)은 대가의 집적→일반적 대가의 집적→일반적 가격물의 집적→화폐의 집적이라는 형태로 그 모습을 진화시켜왔다. 또 이와 동시에, 인간에게 역사적이고 유적으로 통과한 시간인 사회적 생산력으로서의 공동체는 고대농업왕국→고대목축왕국→고대국가→고대제국이라는 형태로 진화해왔다. 물론 사회적 생산력이라는 의미에서 볼 때 자본(상대적 자본)은 항상 국가에 종속되어 있었고 국가를 보조하는 데 불과했다. 농업혁명 이래로 약 1만 년 동안 국가가 인간의 사회적 생산력을 의미했고, 자본(상대적 자본)은 이를 보조하는 데 불과했다.

이런 상황이 르네상스를 계기로 급변했다. 르네상스는 국가를 국가와 사회로 분화시켰고, 이에 따라 국가와 하나 되어 그 종속하에 놓여 있던 자본(상대적 자본)이 국가로부터 해방되었다. 그러면서 사회적 생산력으로서의 국가는 햇빛이나 물이나 대지처럼 누구나 이용 가능한 천부의 것으로 변했고, 자본(화폐집적)은 그 강력한 매개력을 통해 사회적 생산력으로서의 국가를 포함해 인간의 사회적 생산력을 의미하고 기능하는 존재가 되었다. 인간 세상에 '자본(화폐집적)'을 중심으로 하는 우주' 즉 자본주의 세계가 공간화되어 탄생한 것이다.

요약하면, 르네상스를 통해 국가가 국가와 사회로 분화되었고, 이에 따라 국가와 일체·종속되어 있던 자본(화폐집적)이 국가로부터 해방되었다. 그 결과로 사회적 생산력으로서의 국가는 햇빛이나 물이나 대지처럼 주어진 천부의 것으로 변했고, 국가로부터 해방된 자본(화폐집적)은 그 강력한 매개력을 통해 국가를 포함해 인간의 사회적 생산력을 의미하고 기능하는 것으로 변했다. '자본(화폐집적)을 중심으로 하는 우주' 즉 자본주의 세계가 공간으로서 이 세상에 탄생하게 된 것이다. 이런 점에서 볼 때, 르네상스에 의한 국가의 국가와 사회로의 분화는 '자본(화폐집적)을 중심으로 하는 우주'가 태동하기 위한 '빅뱅'과도 같은 것이었다 할 수 있다.

②

국가로부터 해방돼 기존에 사회적 생산력으로서 국가가 가졌던 의미와 기능을 포함하며 명실상부하게 인간의 사회적 생산력을 의미·기능하게 된 자본(화폐집적)은 이후 이슬람권으로부터 수입된 신용의 도움을 받아 팽창해갔다. 그리고 그 결과로 '자본(화폐집적)을 중심으로 하는 우주' 즉 자본주의 세계(공간)도 신용의 도움을 받아 급속히 팽창해갔다. 국가로부터 해방된 자본(화폐집적)이 인간의 사회적 생산력으로서 운동하기 위해 필요한 자유롭고 광활한 공간을 획득할 수 있게 된 것이다.

한마디로 르네상스 시대에 이슬람권에서 유럽으로 신용이 수입되었고, 이런 신용이 '자본(화폐집적)을 중심으로 하는 우주'를 태동시키는 데 필요한 '빅뱅 직후의 대팽창'을 낳았다고 할 수 있다. 만약 신용에 의한 이런 대팽창이 없었다면, 국가로부터 해방된 자본(화폐집적)은 그 운동에 필요한 공간을 소유하지 못해 질식해버렸을 것이다. 르네상스 시대에 신용이 이슬람권으로부터 유럽으로 수입되면서, 자본을 지렛대로 해 새롭게 탄생한 '자본을 중심으로 하는 새로운 우주' 즉 자본주의 세계(공간)를 급속히 팽창시켰던 것이다.

③
태곳적 옛날, 수렵과 채집이 목축과 농업으로 진화함에 따라 즉 자적이고 평면적이던 인간의 자의식이 대자·대타화되고 입체화되면서 인간의 자의식 안에서 의식과 의식공간이 분화해갔다. 그리고 이렇게 분화한 의식과 의식공간 사이에, 의식이 의식공간에 다양한 색채를 부여하고, 다양한 색채를 부여받은 의식공간이 의식에 다양한 내용을 부여하는, 그런 관계가 형성되었다. 그리고 이에 따라 이제까지 평면적이고 비좁고 어둡고 단조로웠던 인간의 자의식이 입체적이고 광활하며 밝고 다채로운 세계로 순식간에 변모해갔다. 의식이 의식공간을 낳고 의식공간이 다시 의식을 낳는, 의식과 의식공간의 상호 매개를 통한 의식의 자기증식운동이 전개되는 과정이 시작된 것이고, 그 결과로 인간의 자의식 세계가 순식간에 풍요로워졌던 것이다. 아주 오랜 옛날, 인

간의 자의식 세계에서 일어난 현상이었다.

그리고 마찬가지 일이 이번에는 르네상스 시대에 일어났다. 이 시기에 국가가 국가와 사회로 분화했고, 이를 계기로 사회적 생산력으로서의 국가가 주어진 천부의 것으로 바뀌는 대신에 국가로부터 해방된 자본(화폐집적)을 중심으로 하는 우주(공간)가 태동했다. 그 우주(공간) 속에서 신용의 도움을 받아 자본의 자기증식운동(협의의 자본주의)이 펼쳐지게 되었고, 이렇게 신용에 매개된 자본의 자기증식운동이 '자본을 중심으로 하는 우주'(공간)를 확장시키면서 풍부한 색채를 부여해갔다. 그리고 이렇게 확장되고 풍부한 색채를 부여받은 '자본을 중심으로 하는 우주'(공간)가 이번에는 자본의 자기증식운동에 내용을 부여해갔다. 자본주의 공간 속에서 자본주의가 전개됨으로써 자본주의는 물론이고 자본주의 공간도 상호 매개적으로 풍부해지고 풍요로워진 것이다.

이슬람권에서 유럽으로 수입된 신용은 이렇게 자본(화폐집적)을 매개로 자본과 신용이 상호 매개적으로 전개하는 자본의 자기증식운동 즉 '협의의 자본주의'를 발생시켰다. 그리고 이런 신용의 도움을 받은 '자본을 중심으로 하는 새로운 우주'(공간) 속에서 신용에 매개된 자본의 자기증식운동이 전개되었다. 그리고 그 결과로 자본주의(협의의 자본주의)가 자본주의 공간을 풍요롭게 하고, 풍요로워진 자본주의 공간이 다시 자본주의('협의의 자본주의')를 풍요롭게 하는, 그런 자본주의의 자기증식운동(광의의 자본주의)이 발생한 것이다.

자본주의와 자본주의 공간이 상호 매개적으로 자본주의의 자기증식운동을 전개하면서 인간의 사회적 생산력은 순식간에 기하급수적으로 성장·발전하게 되었다. 이런 점 때문에 나는 자본주의와 자본주의 공간이 상호 매개적으로 전개하는 자본주의의 자기증식운동을 '광의의 자본주의'로 규정하는 것이다.

✚ 보충 1 국가로부터 해방된 자본(화폐집적)은 신용과 상호 매개하면서 자본주의 공간 속에서 자유자재로 자기증식운동을 전개하게 되었다. 더불어 이런 자본(화폐집적)이 근대 시민혁명을 통해 사회뿐 아니라 국가도 종속시키게 되었다. 그리고 그 결과로 자본(화폐집적)은 국가자본(재정)과 상호 매개하면서 자기증식운동을 전개하게 되었다. 나아가 20세기 들어 자본(화폐집적)은 국가로 하여금 중앙은행을 설립하게 함으로써 국가신용(중앙은행)과 상호 매개하면서 자기증식운동을 전개하게 되었다. 그리고 이렇게 진화해온 자본(화폐집적)이 지금은 국가 공간을 넘어 지구공간 속에서 자유자재로 자기증식운동을 전개하기에 이르렀다. 자본은 이제 전지전능한 신으로 군림해 있고, 서구 세계를 좌지우지하는 이런 거대자본 앞에 불가능이란 사실상 없어 보인다.

하지만 국가와 마찬가지로 자본 또한 본래 인간에게 귀속되어야 한다. 왜냐하면 자본은 본질적으로 인간에게 유적이고 역사적으로 내화된 시간이고, 또 그렇게 기능해왔으며, 따라서 자본은 본래 사적으로 점유될 수 있는 것이 아니기 때문이다. 인간은 결국 스스로를 '경제적 범주의 인격화'된 존재로부터 해방시켜 인간으로 회귀함으로써, 인간에게서 소외된 자본을 다시 인간에게로 내재화하고, 인간과 노동과 자본의 공생에 한 걸음 한 걸음 다가가게 될 것이다. 왜냐하면 인간과 노동과 자본의 공생을 매개하는 주체는 바로 인간 자신이기 때문이다.

✚ 보충 2 르네상스 시대에 신용이 이슬람권으로부터 유럽으로 수입되었다면, 이슬람권은 대체 어디서 그 신용을 수입했던 것일까? 앞에서 말했듯이 신용은 매매와 결제를 분화시킨다. 그리고 이동하는 유목민은 매매와 결제를 절대로 분리할 수 없다. 따라서 이슬람권이 유목민으로부터 신용을 전승받거나 수입하는 일은 없었을 것이다.

한편, 호혜는 교환과 결제를 분화시킨 농경민 고유의 물자교환양식이었다. 따라서 이슬람권이 신용을 어디서 수입·전승받았는지는 불분명하지만, 신용의 연원이 호혜에 있다는 것만은 분명하다. 따라서 아마도 농경민 고유의 물자교환양식이었던 호혜를 연원으로 하는 신용이 르네상스 시대에 격세유전처럼 이슬람권을 매개로 유럽에 전승·수입되었다고 보아야 할 것이다. 이런 신용의 재수입을 통해 유럽에 자본주의와 자본주의 공간이 태동했고, 자본주의가 자기증식하는 시대가 시작된 것이다.

④

앞서 말할 것처럼 자본주의는 채무를 팽창시킨다. 아니, 오히려 채무를 팽창시키는 것이 자본주의(협의의 자본주의)다. 그리고 이렇게 팽창된 채무는 반드시 그 맞은편에 자산을 발생시킨다. 즉, 채무와 자산은 '동시에' 발생하고, 이것이 '복식부기'가 생겨난 토대다.

팽창한 자산은 만약 채무가 이행되지 않으면 반드시 그만큼 소실된다. 요컨대 자본주의(협의의 자본주의)는 채무이행을 전제로 비로소 성립하는 시스템이고, 반대로 채무가 이행되지 않으면 자본주의(협의의 자본주의)는 사멸할 수밖에 없다. 그리고 자본주의가 사멸하면 자본주의 공간도 소멸하고, 광의의 자본주의도 사멸할 수밖에 없다. 그렇게 되면 인간은 자본주의 공간이 태동하기 이전의 세계로 되돌아갈 수밖에 없게 되고, 이런 사태가 바로 공황이다.

다시 말해, 채무가 불이행되면 그만큼 자산은 소실되고, 이렇게 소실된 자산은 또 그만큼의 채무불이행(디폴트)을 발생시키며, 이런 채무불이행이 다시 더 큰 자산소실을 불러온다. 채무불이행과 자산소실은 이렇게 구조적이고 악무한(惡無限)으로 연쇄 반응한다.

이런 채무불이행의 연쇄를 차단할 수 있는 유일한 것이 바로 자기자본이다. 채무불이행이 발생하더라도 그것이 자기자본의 범위 안에 서라면, 채무불이행의 연쇄는 거기서 차단된다. 하지만 자본주의는 반드시 자기자본의 범위를 크게 벗어나 채무를 팽창시킨다. 왜냐하면 채무를 팽창시키고 자산을 팽창시켜서 이익을 얻는 것이 자본주의의 생리이기 때문이다.

이런 채무불이행(디폴트)의 연쇄를 차단하고자 발명된 '최후의 대부자'가 중앙은행이다. 채무불이행의 연쇄를 차단하기 위해 국가가 자신의 신용을 총동원하는 것이다. 하지만 그럼에도 불구하고 채무와 자산은 중앙은행의 신용능력을 넘어서, 또 국가가 동원할 수 있는 신용의 규모를 벗어나 계속 팽창한다. 왜냐하면 그것이 자본주의이기 때문이다. 채무를 팽창시키고 자산을 팽창시켜서 자본(화폐집적)소유자들이 큰 돈벌이를 하는 자본(화폐집적)의 자기증식운동이 바로 (협의의) 자본주의이기 때문이다.

결국 국가채무는 천문학적으로 팽창할 것이고, 이렇게 팽창한 국가채무의 불이행이 채무불이행의 악무한적인 연쇄의 방아쇠가 될 것이다. 이런 예측을 하게 되는 이유는, 첫째로 (협의의) 자본주의 즉 신용을 매개로 하는 자본(화폐집적)의 자기증식운동이 국가신용을 다 먹어치울 때까지 그 운동을 멈추지 않을 것이고, 둘째로 정치가는 국가를 자본가는 사회를 반드시 사유화(私有化)할 것이기 때문이다. 바꿔 말해, 인간(시민)이 아직 국가와 사회의 진짜 주인공이 아니기 때문이다. 이런 점에서 볼 때 인간은 아직 자본주의를 극복하지 못했고, 따라서 자본주의의 자살이 불러올 공황에서 아직 해방되지 못했다.

한마디로 르네상스가 낳은 자본주의(협의의 자본주의)는 구조적으로 자산과 채무를 팽창시켜 채무불이행(디폴트)의 악순환을 불러올 가능성을 항상 내포하고 있다. 그리고 이런 악순환의 구조를 무력화시키고 자본주의를 건전하게 만들어가는 유일한 길은 시민이 사회와 국가의 참된 주인공으로 등장하는 것, 요컨대 진정한 주권재민이 실체적으로 실현되는 것밖에는 없다.

✚ **보충 1**　16세기 네덜란드에서 '튤립 투기'가 발생했을 때, 진귀한 튤립의 알뿌리 한 개가 삼두마차와 말 세 마리 그리고 마구(馬具)와 교환되었다. 채무를 악무한으로 팽창시킨 결과로 튤립 알뿌리(자산) 가격이 폭등한 것이다. 이런 상황에서 어느 날 갑자기 알뿌리(자산)가 폭락하자 채무불이행(디폴트)이 연쇄 반응을 일으켰다. 신용은 급사(急死)했고, 교환의 연쇄가 멈췄으며, 생산도 일회적인 것으로 돌아갔다. 그 결과로 사람들은 일자리를 잃고 거리를 헤매야 했고, 인간의 경제(생산과 교환)가 와해되면서 공황이 인간사회를 엄습해왔다. 신용의 강력한 채무팽창(레버리지) 능력은 이처럼 항상 공황을 내포하고 있는 것이다.

✚ **보충 2**　미국의 중앙은행이자 실질적으로 세계 중앙은행의 역할을 하고 있는 미연방준비제도(미국중앙은행)가 생겨난 데는 다음과 같은 비밀이 숨겨져 있다. 1910년에 J. P 모건은 자신이 소유한 조지아 주 지킬 섬에 다음과 같은 6명을 모아 비밀 회담을 개최했다. 당시 이들의 자산은 세계 총자산의 1/6을 차지하고 있었고, 이들은 회의를 비밀에 부치기 위해 동료들 간의 대화에서도 "지킬 섬에 간다"고 하지 않고 "자메이카에 간다"는 암호를 사용했다.

□ 넬슨 올드리치(Nelson Aldrich): 공화당 상원의원으로 원내간사, 전국통화위원회 위원장, J. P 모건의 투자파트너, 존. D. 록펠러 2세의 장인

□ 에이브라함 앤드류(Abraham Andrew): 연방재무차관, 통화위원회 특별보좌관
□ 프랭크 밴더립(Frank Arthur Vanderlip): 내셔널 시티뱅크 오브 뉴욕 은행장, 록펠러와 쿤·롭상회를 대표
□ 헨리 데이비슨(Henry Davison): J. P 모건 상회 공동경영자
□ 찰스 노턴(Charles Norton): J. P 모건의 퍼스트 내셔널뱅크 오브 뉴욕 은행장
□ 벤저민 스트롱(Benjamin Strong): Jr.J. P 모건의 뱅커즈 트러스트 컴퍼니 사장
□ 폴 워벅(Paul Warburg): 로스차일드의 대리인, 쿤·롭상회 공동경영자

1912년에 대통령 당선된 우드로 윌슨(Thomas Woodrow Wilson)은 그 취임식 직후에 이들의 요구를 받아 크리스마스 휴가로 대부분의 의원들이 귀성 중인 가운데 특별회기를 소집해 민주당이 제출한 글래스·오언법(Glass-Owen Federal Reserve Act)이라는 연방준비법을 가결시켰다. 죽음에 임박했을 무렵 윌슨 대통령은 "속아서 FRB법안에 서명했다", "나는 멍청하게도 이 나라를 멸망시켜버렸다"는 말을 남겼다. 미연방준비제도(FRB)가 태동한 이면에는 이렇게 J. P 모건과 록펠러, 로스차일드 등의 음모가 숨어 있었다.

5

르네상스 시대에 이슬람권으로부터 유럽으로 신용이 수입되었다. 물론 신용이 수입된 이유와 배경은 다양하겠지만, 인간에 대한 주체적인 평가라는 점에서 보면 자연과 왕국(공동체)으로부터 자립한 인간 존재가 신용할 만한 존재가 되었기 때문이다. 다시 말해, 이슬람권으로부터 유럽으로의 신용의 수입은 르네상스가 노래한 인간에 대한 찬양의 하나였다고 할 수 있다. 그리고 이렇게 신용이 태동하면서 일회적인 교환은 계속·반복되는 연쇄적인 교환으로, 이에 따라 일회적인

생산도 계속·반복되는 연쇄적인 생산으로 고도화되었다. 다시 말해, 신용의 등장으로 인간의 경제(생산과 교환)는 비약적으로 고도화되었고, 인간사회의 생산성도 비약적으로 향상되었으며, 이에 따라 인간의 생활도 크게 개선되었다.

신용이 이슬람권으로부터 수입되기 이전, 즉 자본주의 공간과 자본주의가 탄생하기 이전에, 교환은 현금으로만 결제되었다. 즉, 교환은 현금결제에 구속되어 그때그때 일회적으로 완결되었고, 따라서 생산도 교환이 실현될 때마다 일회적으로 재생산이 이루어졌다. 생산된 생산물이 교환을 통해 현금화되고, 이렇게 해서 손에 넣은 현금으로 다시 원재료를 매입해야 비로소 재생산이 이루어지는 구조였던 것이다.

이에 비해 신용은 채무로 상품을 매매할 수 있게 한다. 즉, 신용은 상품매매와 결제를 분리시켰고, 매매(교환)를 현금결제의 속박에서 해방시켰다. 이제 교환은 일회적인 것에서 계속·반복되는 연쇄적인 것으로 크게 변화했고, 이에 따라 생산도 일회적인 것에서 계속·반복되는 연쇄적인 것으로 변화했다. 그리고 그 결과 인간의 경제(생산과 교환)는 비약적으로 고도화되었고, 인간사회의 생산성은 극적으로 향상되어갔다. 이 점이야말로 신용의 발생에 따른 가장 큰 성과이고 공헌이라 할 수 있다.

신용의 본질은 결코 자본주의로 하여금 공황을 내포하게 하는 데에 있지 않다. 신용은 일회적인 교환을 연쇄적인 교환으로 고도화하고, 이를 통해 일회적인 생산을 연쇄적인 생산으로 고도화해 인간의 사회적 생산력을 비약적으로 개선·향상시켰다는 데 그 본질이 있다.

✚ **보충 1**　앞서 말한 것처럼, 이동하는 유목민이 분리할 수 없었던 물자교환과 결제를 이동하지 않는 농경민은 분화시켰다. 즉, 아주 먼 옛날 태곳적에 농경민은 원초적인 의미에서의 신용을 이미 낳았다. 그리고 르네상스 시대에 유럽은 이런 신용을 격세유전처럼 이슬람권으로부터 수입해 다시 손에 넣었다. 유럽이 유목민의 유산(화폐)과 농경민의 유산(신용)을 결합함으로써 자본주의를 손에 넣은 것이다. 그리고 이렇게 손에 넣은 유럽의 자본주의는 자본제 유럽 제국주의로 진화하면서 지구상의 모든 지역과 나라를 식민지화했다.

✚ **보충 2**　신용은 이슬람권으로부터 유럽, 구체적으로는 이탈리아 북부 도시국가들에 수입되었다. 메디치(Médicis) 가문으로 대표되는 화폐의 대소유자들은 서로 신용을 공여해 채무를 팽창시켰고, 이런 채무로 상품을 매매하기 시작했다. 즉, 화폐의 대소유자들은 자기자금(자본)을 소비 또는 고정화하지 않고 채무를 가지고 상품을 매매해 거액의 이익을 획득한 것이다.

자본(화폐집적)은 신용을 낳고, 그 신용은 다시 자본을 낳는다. 신용으로부터 산출된 자본은 다시 신용을 산출한다. 르네상스 시대에 생겨난 신용은, 자본(화폐집적)이 신용을 낳고 이렇게 해서 생겨난 신용이 다시 자본을 낳는 악무한적인 '자본의 자기증식운동'을 발생시켰다. 이런 점 때문에 자본주의는 먼저 '상업자본주의'로 출발했고, 화폐의 대소유자들이 서로 공여한 신용(어음 등)을 결제하는 어음교환소가 리옹 등 주요 상업지역에서 생겨났다. 이렇게 생겨난 어음교환소가 훗날 은행으로 진화해간 것이다.

⑥

이렇게 해서 태동한 신용은 한 걸음 더 나아가 화폐(주조화폐)를 금·은의 속박으로부터 해방시켜 화폐로 하여금 '언어'라는 자신의 본질을 따를 수 있게 했다. 한마디로 신용의 태동과 더불어 화폐는 지폐로 진화해갔다.

화폐는 고대국가 시대에 '권력의 언어'로 태동했다. 이런 화폐가 르네상스 시대에 들어 신용의 태동을 매개로 '권력의 언어'로 순화되어 갔다. 즉, 화폐는 '금 조각'에 새겨진 권력의 언어인 주조화폐에서 '종잇조각'에 쓰인 권력의 언어인 지폐로 순화돼갔다. 구체적으로 18세기 초 프랑스 왕립은행 총재에 취임한 존 로(John Law)에 의해 1720년 3월에 정화(正貨)는 폐지되고 왕립은행권(지폐)이 유일한 통화의 자리에 오르면서 지폐는 순식간에 일반화·사회화돼갔다. 이런 점에서 볼 때 존 로는 혁명가라 할 수 있다. 하지만 그의 정화 폐지는 이후 프랑스 경제를 거품에 빠지게 했고, 이는 훗날 프랑스혁명을 일으키는 경제적 요인이 되었다.

✚ **보충 1** 중국 송(宋·960~1279)나라 초기에 구리가 부족한 쓰촨(四川)성에서는 동전(銅錢) 대신에 철전(鐵錢) 사용을 강제한 적이 있었다. 하지만 철전은 무거워서 운반하는 데 많은 노력과 비용이 들었다. 이에 상인들은 교자포(交子鋪)라는 일종의 금융조합을 만들어, 철전을 맡아주는 대신에 그 예탁증서로 일종의 어음에 해당하는 교자를 발행하게 했다. 이런 교자의 발행을 송의 중앙정부도 인정한 덕에 교자는 세계 최초의 지폐로서 유통될 수 있었다. 유럽에서는 17세기 중반에 영국의 금속세공인이 금화의 예탁증서로서 '금장(金匠)어음'을 발행해 유통시켰는데, 이것을 유럽 최초의 지폐로 보는 것이 일반적인 견해다.

✚ **보충 2** 사람들은 마치 마법에라도 걸린 것처럼 종이에 쓰인 '1만원'이라는 '권력의 언어'를 대가로 받고 물건을 건네준다. 사람들의 자의식 속에는 자신이 "마법에 걸렸을지도 모른다"는 의심마저 없다. 왜냐하면 아무도 이를 의심하지 않기 때문이다. 더욱이 사람들은 앞으로도 영원히 이 '권력의 언어'가 이행될 것이라고 믿는다. 이는 마치 연금이나 퇴직금이 반드시 지불될 것이라고 믿는 것과 같다.

사람들이 '권력의 언어'를 믿는 것, 즉 화폐가 지폐로 진화했다는 것 자체는 아무런 문제가 되지 않는다. 아니, 오히려 화폐가 지폐로 진화하고 인간의 경제를 매개하는 금융이 금·은 등의 귀금속으로부터 해방되었다는 것은 인간사회의 커다란 체제적 진화를 의미한다. 문제는 이런 '언어'(약속)를 국가와 사회를 '사유화'한 자들—권력과 자본—이 태연히 휴지조각으로 만들어 자신의 호주머니를 불리는 데 쓰고 있는 현실이다. 이렇게 국가와 사회를 '사유화'하는 자들을 권력의 자리에서 몰아내고, 시민들이 국가와 사회의 주인공으로서 등장해야 한다.

7) 근대 시민혁명과 산업혁명 시대

①

18세기 근대 시민혁명은 왕권을 타도하고 제도로서의 노예를 해방시켰다. 동시에 국가권력으로부터 상대적 자립을 한 자본은 근대 시민혁명을 통해 왕권에서 벗어나 절대적 자유를 손에 넣었다. 근대 시민혁명을 통해 자본이 권력을 의미하는 시대가 시작된 것이다.

또 근대 시민혁명은 제도로서의 노예를 해방시킴으로써 산업혁명을 일으킬 수 있게 했다. 즉, 근대 시민혁명은 물건(노동력상품)이 된 인간이 엮어가는 무기(無機)적인 사회를 역사상 최초로 지구상에 출현시켰고, 이런 무기적인 사회의 출현이 산업혁명을 일으킨 필요충분조건이 되었다. 근대적인 과학지식을 손에 넣은 자본주의—신용을 매개로 하는 자본의 자기증식운동—가 무기적인 인간사회의 중심에서 작동하자, 인간사회는 기계에 의해 작동되는 대형공장처럼 유기(有機)적으로 움직이기 시작했다. 다시 말해, 산업혁명의 본질은 인간사회가 기계제

대공장처럼 유기적으로 움직이기 시작했다는 데 있다. 만약에 제도로서의 노예가 해방되지 않고 인간사회가 무기화되지 않은 채로 남아 있었다면, 인간들 사이의 마찰계수가 너무 커서 산업혁명—인간사회가 기계제 대공장처럼 유기적으로 움직이기 시작한 것—은 불가능했을 것이다.

✚ **보충** 아마도 인류는 기계제 대공장처럼 작동하는 인간사회의 높은 생산성을 포기하지 못할 것이다. 이는 우리가 사회의 무기성을 해체하고 이 모두를 유기적인 것으로 바꾸는 길을 선택하지 못할 것임을 의미한다. 그렇다면 우리에게 남은 선택은 무기적인 관계 속에 유기적인 인간성이 풍부하게 드러나고 크게 성장하는, 따라서 무기성은 외피로서만 남게 하는 길이 될 것이다. 만약에 우리가 외피로서만 남아야 하는 무기성을 이상주의적으로 모두 없애려 할 때 국가와 사회는 큰 혼란과 붕괴에 빠지게 될 것이다. 우리는 임노동과 국가를 외형적으로는 완전히 없애지 못할 것임을 각오해야 한다. 그리고 그 너머에 유기적인 관계 속에서 살아가는 '남'의 사람들이 있음을 생각해야 한다. 따라서 무기적인 외피를 두른 유기성으로서 '북'의 우리들과, 유기성 자체로서의 '남'의 사람들이 공생하는 관계를 모색해야 한다. 인류는 이런 '남'과 '북'의 공생이 결실을 맺어가는 만큼, 자연과의 공생도 실현시키게 될 것이다.

2️⃣

산업혁명의 성공은 인간의 경제(교환과 생산)를 더욱 비약적으로 고속화시켰다. 즉, 산업혁명은 인간의 사회적 생산력을 획기적이고 비약적으로 향상시켰고, 목축혁명에 필적할 만한 이런 비약적인 사회적 생산력의 향상이 강력한 제국주의를 유럽에 태동시켰다. 그리고 그 결과로 유럽 제국주의는 지구상의 거의 모든 나라와 지역을 정복하고 식민지화했다. 이렇게 태동한 제국주의는 두 번에 걸쳐 제국주의 간 세계

전쟁을 일으켰고, 이에 따라 자본주의는 상업자본주의에서 공업자본
주의로, 다시 금융자본주의로 진화해갔다.

✚ 보충　교환의 장(상업)에서 태동해 급속히 상품유통을 고속화시킨 자본주의
는 이 시대에 들어 은행제도의 발달을 토대로 생산현장(직장)에까지 진출했다.
한마디로 자본주의가 공업자본주의로 진화한 것이다. 이렇게 자본주의는 국내적
으로는 직장에 본격 진출해 지역을 착취·수탈하기 시작했고, 국제적으로는 '남'을
식민지화해 두 차례에 걸친 제국주의 세계전쟁을 일으켰다. 상업자본주의에서
공업자본주의로 진화한 자본주의는 이제 한 걸음 더 나아가 은행제도를 진화시
켜 금융자본주의를 낳게 했다. 이렇게 해서 생겨난 금융자본주의가 오늘날 '금융
버블'을 연달아 초래하면서 마지막 절정기를 맞고 있다.

8) 현대: 금융자본주의와 글로벌리즘 시대

①

　　1944년 7월, 미국은 '금 1온스=35달러'라는 고정비율로 달러(지
폐)를 금과 교환하겠다고 약속했고, 이런 약속을 토대로 달러(지폐)는
세계통화의 지위에 올랐다. 그리고 그 결과로, 정도의 차이는 있지만,
전 세계가 미국이 지배하는 단일 경제권으로 변모했다.

　　하지만 1961년 8월에 미국은 기존의 약속을 손바닥 뒤집듯 뒤집
어 '금과 달러의 교환'을 일방적으로 정지시켰다. 달러의 가치는 동요·
급락했고, 두 번에 걸친 석유파동이 세계를 엄습했다. 이런 세계경제의
위기에 대응하기 위해 1975년 11월에 미국·영국·일본·프랑스·서독·이
탈리아 등 6개국 수뇌가 프랑스 랑뷔에에 모여 제1차 선진국 수뇌회담

(서미트)을 개최했다. 처음에 유럽은 프랑스를 선두로 미국의 약속 위반을 강력히 항의했지만, 세계경제를 인질로 삼고 강경 자세를 풀지 않는 미국에 결국 굴복할 수밖에 없었다. 미국과 유럽은 달러 가치를 공동으로 유지·회복하기로 합의했고, 이때부터 달러(지폐)는 일반적 가격물인 금의 속박에서 완전히 해방되었다.

✚ 보충 당시 미국은 "달러는 미국의 통화이지만, 달러 약세는 유럽의 문제다"라는 강경한 어조였다. 미국은 '달러 약세·유럽통화 강세'로 인해 유럽의 수출이 감소하고 유럽이 경제적인 어려움에 직면하는 것은 미국의 문제가 아니라 유럽의 문제라고 큰소리쳤다. 나아가 미국은 '달러 약세'로 유럽이 곤란한 지경에 처하면 유럽이 달러를 사서 시세를 떠받치면 될 것 아니냐고 주장했다. 유럽은 이 '날 강도' 같은 미국의 주장과 태도에 결국 굴복할 수밖에 없었고, 달러를 매입해 시세를 유지하기로 결정했다. 이런 굴욕이 유럽으로 하여금 유럽단일통화 유로를 준비하게 했던 것이다.

어쨌든 유럽의 굴복은 크게 동요하던 달러 가치를 서서히 안정·회복시켜갔다. 나아가 미국달러와 세계의 주요 통화가 '변동환율제'를 채택함으로써 세계통화 달러의 가치는 더더욱 안정·회복되어갔다.

같은 일이 1985년에 또 일어났다. 그해 9월에 미국 뉴욕의 플라자호텔에서 개최된 선진5개국 재무장관·중앙은행총재 회담(G5)에서는 성장이 두드러진 일본에게 엔화 절상을 압박했다. 일본은 이런 압박에 동의·굴복할 수밖에 없었고, 그 결과로 세계의 모든 돈이 일본으로 쇄도했으며, 일본은 '거품'에 춤추게 되었다. 1990년 초에 들어서야 일본경제에서는 이런 '거품'이 꺼졌고, 이어 곧 '디플레이션'에 빠지게 되었다.

한마디로 일본은 '거품'에 춤추다 무너졌다. 그리고 그 결과로 1995년을 전후해 세계의 경제와 신용은 확대에서 전면적인 수축으로 돌아서게 되었다.

세계경제와 신용이 수축으로 돌아섰을 때, 인간은 조수간만처럼 이를 자연스럽게 받아들여 다시 만조가 되기를 기다리는, 즉 세계경제가 다시 자연스럽게 성장과 확대의 길로 돌아설 날을 기다려야 했다. 하지만 미국은 이런 경제와 신용의 수축을 자연스러운 것으로 받아들이지 않았고, 신용의 팽창력을 이용해서 세계경제를 인위적으로 재팽창시키려는 길을 선택했다.

1995년에 미국은 대규모 증권회사 골드만삭스의 최고경영자였던 루빈을 재무장관으로 발탁해 '달러 강세' 정책을 추진했다. 세계의 돈은 미국으로 빨려 들어갔고, 이런 미국의 돈이 다시 세계 각지에 뿌려져 세계경제와 신용을 강제로 팽창시켰다. 미국은 겉으로나 속으로나 세계를 글로벌리즘—자본의 쏠림을 무시한 자유무역주의—으로 묶어 '남'에 대한 착취와 수탈을 한층 강화하는 길을 선택했다.

돌이켜보면, 제2차 세계대전 후 세계경제는 유럽과 일본을 중심으로 부흥하기 시작했다. 그리고 이런 세계경제의 부흥에 따라 신용이 회복되고 성장하기 시작했다. 즉, 경제와 신용은 상호 매개적으로 성장·발전했고, 공급(생산)이 수요를 낳는 시대가 계속되었다. 이 시대에 발생한 '인플레이션'은 공급(생산)이 신용을 매개로 수요와 만나는 데서 발생하는 마찰열(비용)을 의미했고, 따라서 본질적으로 건전한 것이었다.

하지만 일본이 1980년대 후반에 '거품'에 춤추고 이 '거품'이 1990년대에 꺼져 '디플레이션'에 빠지면서 세계경제는 성장과 확대에서 수축과 축소로 급변했다. 즉, 공급이 수요를 낳는 것이 아니라 수요가 공급을 낳는 시대가 시작되었고, 이에 따라 신용 또한 수축되기 시작했다. 돌이켜보건대, 이 시점에서 인간은 경제와 신용의 수축과 축소를 자연스럽게 받아들이고, 이제까지의 신용 팽창에 따른 불량자산(불량금융자산)을 정리하면서 다음번 경제 성장기가 도래하기를 기다려야 했다.

③

하지만 미국은 경제와 신용의 수축을 썰물처럼 자연스런 것으로 받아들이고 밀물이 다시 오길 기다리지 않았다. 아니, 오히려 인위적으로 돈을 뿌려 신용을 팽창시킴으로써 경제의 수축을 제지하고 재확대를 꾀하는 어리석은 길을 선택했다.

미국은 '금융거품'을 의도적으로 팽창시키고, 무너지는 '거품'을 다시 새로운 '거품'으로 헤쳐 나가려는 파도타기(서핑)를 즐기기 시작했다. 1995년 5월에 3,300달러 전후였던 다우평균주가는 '달러 강세' 정책으로 세계에서 돈이 몰려든 덕분에 단 5년 만에 세 배나 늘어난 1만 달러를 돌파했다. 이렇게 미국으로 몰려든 돈이 미국에서 아시아로 흘러들어갔다. 아시아는 미국에서 흘러들어온 이런 돈으로 고도경제성장을 구가했지만, 반면에 태국·인도네시아·한국 등 아시아 국가의 대외채무는 변제할 수 없을 정도로 급팽창했다. 하지만 돈은 본래 대외채무의 급팽창을 좋아하지 않는다. 아시아로 흘러들어온 돈은 어느 날 갑자기 썰물 빠지듯 도망치기 시작했다. 1997년에 아시아 통화위기가 발생한 것이다.

2000년 '뉴 이코노미'―자본주의는 불황을 극복했다고 하는 어리석은 이론―의 도래에 한껏 들뜬 미국에서 'IT거품'이 무너진 것도 같은 이유에서다. 1만 달러를 돌파한 다우평균주가가 폭락할 수밖에 없는 상황(위기)에서 미국은 주가폭락을 막기 위해 1조500억 달러의 감세정책을 발표했고, 동시에 일본과 유럽까지 동원해 미·일·유럽 중앙은행이 초(超)금융완화정책에 보조를 맞추도록 했다. 뿐만 아니라 미국은 매년 8천억 달러 규모의 경상수지 적자를 발생시켜가면서 전 세계에 돈을 계속 뿌려댔다. 이는 마치 생나무에 휘발유를 부어 억지로 타게 하려는 것과 같았다. 한마디로 미국은, 노예제가 사실상 아직 남아 있고 그 사회가 무기화되지 않은 나라와 지역을 향해 무지막지한 돈을 뿌려가며 산업혁명을 무리하게 일으키고자 했던 것이다.

하지만 돈의 위력은 참으로 무시무시하다. 돈은 휘발유처럼 생나무도 불타게 한다. 건곤일척(乾坤一擲)이라 할 만한 미국의 이런 폭거로, 2002년 무렵부터 중국을 포함한 전 세계가 불을 내뿜듯 고도성장을 이루기 시작했다. 세계는 평균 4%라는 미증유의 성장을 달성했고,

이에 따라 미국을 중심으로 한 서구의 금융기관들은 손에 물 한 방울 안 묻히고 큰 부자가 될 수 있었다. 세계는 글로벌리즘―자본의 쏠림을 무시하는 자유무역주의―에 묶여 국경이 사라졌고, 자본이 세계 전역에서 부를 빨아들이는 상황이 연출되었다.

4

2007년 8월 9일, 유럽의 단기금융시장(인터뱅크시장)에서 자금이 한순간에 증발해버리는 대사건이 발생했다. 이 사건의 배경을 간단히 설명하면 다음과 같다.

(1)16세기에 하루가 다르게 가격이 오르는 튤립 알뿌리를 사들였던 네덜란드의 투자가들처럼, 서브프라임론(비우량 주택담보 대출) 담보증권을 무절제하게 매입해 보유했던 서구 대형은행의 자회사들이 서브프라임론 담보증권의 시세가 하락하면서 자금순환이 막히기 시작했다.

(2)자회사들은 일제히 모기업 은행에 융자를 신청했고, 모기업 은행은 자회사를 파산시킬 수 없어서 자금을 조달하기 위해 일제히 유럽 단기금융시장에 출동했다.

(3)그 결과로 유럽 단기금융시장에서 자금이 순간적으로 증발해버리는 사태가 발생했다. 이에 깜짝 놀란 유럽중앙은행(ECB)은 "단기금융시장에 무제한으로 자금을 공급하겠다"는 긴급성명을 발표했고, 실제로 대량의 자금을 단기금융시장에

공급했다.

⑷하지만 서브프라임론 담보증권의 가격은 폭락한 채 꿈쩍도 하지 않았다. 그 결과로 자산(서브프라임론 담보증권)담보 기업어음(Commercial Paper)시장이 동결됐고, '세계금융거품'이 무너져 내렸다.

⑸그리고 이 '금융거품' 파열에 떠밀려 미국의 '주택거품'도 무너져 내렸다. 마침내 2008년 3월에 미국의 대형증권회사 가운데 하나인 베어스턴스(Bear Stearns)가 파산했고, 2008년 9월에는 이보다 더 큰 리먼브러더스(Lehman Brothers Holdings, Inc.)가 파산하면서 '세계금융위기'가 전 세계를 덮쳤다.

5

미국은 AIG손해보험에 거액의 공적자금을 투입했고, 골드만삭스 등 미국의 대형증권회사에 은행면허를 부여해 역시 공적자금을 투입하는 등의 조치를 취했다. 나아가 미국은 이런 조치를 통해 가까스로 '세계금융위기'를 진정시킨 후, 2009년 4월에 G20 런던서미트를 통해 세계 각국 정부가 5조 달러의 재정을 출연한다는 합의를 이끌어냈고, 미국·유럽·일본의 중앙은행으로 하여금 재차 초금융완화책을 발동하게 했다. 이런 노력의 결과로 2010년에 들면서 세계경제는 서서히 회복의 조짐을 보이는 듯했다.

하지만 이런 재정출연이 곧이어 재앙으로 돌아왔다. 그리스·아일랜드·포르투갈·스페인 등 남유럽국가의 재정위기가 현재화하면서 국채이율이 급등했고, 유럽 공통통화인 유로가 해체 위기에 놓이게 되었다. 여기에 더해 리먼쇼크 때 4조 위안의 재정을 출연해 세계경제를 견인했던 중국도 마침내 그 힘을 다해 경제성장이 둔화되기 시작했고, 브라질·인도 등의 신흥국 경제도 성장 둔화를 피할 수 없게 되었다. 한때 회복의 조짐을 보였던 세계경제는 유로 위기가 현재화하고 중국을 비롯한 신흥국 경제가 둔화하는 속에서 다시 동요와 침체를 겪게 되었다.

생각다 못해 유럽중앙은행은 2012년 9월 6일에 "스페인 등의 요청이 있으면 3년 이내 중단기 국채를 시장에서 무제한 매입하겠다"는 방침을 발표했다. 9월 13일에는 미연방준비제도이사회(FRB)도 "기한이나 조건을 두지 않고 주택론 담보증권(MBS)과 국채를 매월 850억 달러 기준으로 매입하겠다"는 방침을 발표했다. 이어 2013년 4월 4일에는 일본은행까지 나서 "양과 질 모든 면에서 지금까지와는 차원이 다른 금융완화를 실시하겠다"는 방침을 발표했다. 유럽·미국·일본의 중앙은행들이 보조를 맞춰 차원이 다른 금융완화에 착수한 것이다.

당시 세계경제가 안고 있는 문제는 국채·주택론 담보증권·주식 등과 같은 금융자산의 가치가 떨어져 휴지조각이 되고 있다는 것이었다. 이에 따라 채무불이행(디폴트)이 연속해서 발생할지 모르고, 또 이런 상황이 피할 수 없을 것이라는 점이었다. 그 결과로 자본이 경제에 투하되지 않고, 인간의 사회적 생산력은 살해당할지 모른다는 것이었다. 한마디로 경제가 그 건전성을 잃고, 자본주의가 기능을 상실하게되리라는 것이었다. 따라서 자산과 경제를 건전화해 자본주의를 기능상실로부터 구해낼 필요가 있었다.

6

중앙은행은 역시 위대했다. 유럽중앙은행이 "국채를 시장에서무제한 매입하겠다"고 하자, 급등한 남유럽국가의 국채이율이 급락했다. 또 미연방준비제도이사회가 "기한이나 조건을 두지 않고 주택론 담보증권을 계속 매입하겠다"고 하자, 가격이 매겨지지 않았던 주택론 담보증권에 가격이 매겨지면서 금융자산으로서의 가치가 부활했다. 그결과로 경영파탄에 빠졌던 전미부동산2공사와 대형금융기관의 경영이 대폭 개선되었고, 폭락했던 미국 부동산가격과 주가로 대표되는 금융자산가격도 상승했다. 결과적으로 미국의 금융자산가격이 전체적인상승국면으로 바뀌면서 미국경제가 크게 개선되었고, 디플레이션에 빠졌던 일본경제도 수면 근처까지 개선되었으며, 유럽은 국가채무위기에서 일시적으로 해방되었다.

아울러 중국을 비롯한 신흥국 경제의 성장 둔화에 따른 강력한디플레이션 압력이 미국·일본·유럽의 금융완화에 따른 인플레이션압력을 상쇄하면서 선진국이 초인플레이션에 빠지는 것도 막아주었다. 중국을 비롯한 신흥국 경제의 성장 둔화는 세계경제에 심각한 디플레이션 압력을 가했다. 반면에 선진국(유럽·미국·일본)의 중앙은행들이 발동한 '차원이 다른 금융완화'는 세계경제에 강력한 인플레이션 압력을 가했다. 하지만 신흥국의 디플레이션 압력이 선진국의 인플레이션 압력을 상쇄하면서, 선진국이 초인플레이션에 빠지는 것을 막아주었다. 디플레이션과 인플레이션 압력의 이런 미묘한 균형 속에서, 지금 선진국은 금융자산가격 상승에 따른 호황을 즐기고 있고, 신흥국은 경제하락이 멈추는 데서 겨우 희망을 찾고 있다. 그리고 선진국의 이런 만만세의 즐거운 상황은 아마도 2018년 전후까지 계속될 가능성이 높고, 그 후에는 우리 앞에 나락이 기다리고 있을 것이다.

각국의 중앙은행들이 아무리 종잇조각에 돈의 값어치를 매겨 뿌려대도 그 효과는 일시적일 뿐이다. 종잇조각은 종잇조각일 뿐이다. 종잇조각은 언젠가 반드시 종잇조각으로 회귀할 것이고, 금융자산가격은 반드시 폭락할 것이다. 그러면 채무불이행(디폴트)이 연쇄적으로 일어날 것이고, 이런 채무불이행을 더 이상 막을 수 없는 사태가 반드시 초래될 것이다. 그리고 이는 아마도 2018년 전후가 될 것이다.

✚ **보충**　2010년 말 현재 전 세계의 금융자산총액은 212조 달러에 달한다. 반면에 2010년 전 세계의 국내총산생(GDP)은 63조 달러에 불과하다. 더욱이 아직 밝혀지지 않았지만, 212조 달러라는 금융자산의 이면에는 틀림없이 이에 상응하는 금융부채가 숨어 있을 것이다. 왜냐하면 자산과 부채는 '동시에' 발생·계상되기 때문이다. 따라서 212조 달러의 금융자산을 훼손시키지 않기 위해서는 212조 달러의 금융부채가 변제되어야 한다. 하지만 212조 달러의 금융부채를 변제할 자금은 63조 달러의 국내총생산(GDP)밖에 없다. 이는 전 세계 사람들이 3년 이상 아무것도 먹지 않고 아무런 투자도 하지 않은 채로 국내총생산 전부를 부채상각(변제)에 충당해야만 하는 금액이다. 하지만 두 말 할 필요도 없이 그런 일은 불가능

하다. 한마디로 세계의 금융부채는 이미 변제 불가능한 규모로 팽창해 있고, 따라서 일단 '파산' 처리 하는 것 외에는 세계경제가 재생할 길이 남아 있지 않다.

3.
정리

이상의 내용을 다시 한번 정리하면서, 『자본론』「제1권 자본의 생산과정」「제1장 상품」「제1절 상품의 두 요소: 사용가치와 가치」의 오류를 지적하면 다음과 같다.

1) 상품과 가치의 역사적 변천

원시공산제의 전간기에 사용가치밖에 보유하지 않았던 '전노동생산물'이 그 안에 잠재되어 있던 가치를 표층으로 드러내 사용가치와 가치를 보유하는 '노동생산물'로 전화했다. 그리고 이렇게 태동한 노동생산물이 다시 '대가'(제2차적 노동생산물)로 외화되었고, 나아가 '상품'(제3차적 노동생산물)으로 소외되었다. 이 과정을 다시 한번 정리하면 다음과 같다.

(1)먼저, 공동체와 공동체의 경계 부근에서, 이제까지 사용가치 밖에 보유하지 않았던 '전노동생산물'이 공동체 간 물자교환의 장에 나오게 되면서 그 안에 잠재돼 있던 가치를 표층에 드러내 사용가치와 가치를 보유한 '노동생산물'로 전화했다.

✚ **보충**　여기서 나는 노동생산물이 사용가치와 가치를 보유한다고 가정했다. 하지만 사실 사용가치는 가치가 개개의 인간에게 즉 개별적·속인(屬人)적으로 나타난 것이고 가치는 가치가 일반적·비속인적으로 나타난 것이기 때문에, 즉 사용가치와 가치는 동일한 것이기 때문에, 노동생산물은 가치를 보유하고 있다고 간단히 규정해야 된다고 생각한다.

(2)다음으로, 이렇게 발생한 노동생산물은 그 안에 보유한 가치를 근거로, 상대방 공동체가 보유한 물자(노동생산물)를 사기 위한 희생(제물) 즉 '대가'(제2차적 노동생산물)로 외화되었다.

(3)이어서, 상대방 공동체가 보유한 물자(노동생산물)는 사기 위한 희생(제물)으로서의 대가(제2차적 노동생산물)의 출현을 매개로, 제3차적 노동생산물 즉 '상품'(구매되는 물건)으로 전이(소외)되었다. 다만 이 시점에서 발생한 상품은 아직 '파는 물건'이 아니라 '사는 물건'에 그쳤다.

✚ **보충**　상품이 '사는 물건'에 그치는 한, 이는 아직 소외가 아니라 외화에 머무른다. 다시 말해, 이 시대(원시공산제의 전간기)에는 아직 상품(상대적 상품)이 등장하지 않았다. 그 후 고대목축왕국 시대에 들어 일반적 대가(일반적 부)가 출현하고, 그 결과로 '사는 물건'으로서의 상품이 '파는 물건'으로 바뀌었다. 즉, 상품(상대적 상품)은 고대목축왕국 시대에 출현했고, 이렇게 '파는 물건'으로 바뀐 시점에서 상품은 노동생산물로부터 '소외된 것'으로 전화했다.

나아가 이렇게 '파는 물건'으로 바뀐 상품은 자신이 보유한 가치에 치장을 더해 치장된 가치의 보유자로 전화했다. 그리고 이와 동시에 '파는 물건'으로서의 상품은 치장된 가치를 매개로 가격의 자기증식운동을 전개하기 시작했다. 즉, 상품운동(가격의 자기증식운동)을 전개하는 상품(상대적 상품), 상품이라는 의미에서의 상품(상대적 상품)은 이때부터 역사에 등장했다.

그리고 고대왕국 시대에 화폐가 발명되었다. 그리고 이때에 탄생한 화폐를 매개로 상품(상대적 상품)은 상품(절대적 상품)으로 전화했다. 즉, 진정한 의미에서의 상품(절대적 상품)은 바로 이 고대왕국 시대에 역사에 처음 등장했다.

(4) '노동생산물' 또는 '상품'이라 불리는 것들은 사용가치밖에 보유하지 않은 '전노동생산물', 사용가치와 가치의 보유자(또는 가치의 보유자)인 '노동생산물', 상품을 사기 위한 희생 즉 '대가'(제2차적 노동생산물), 치장된 가치의 보유자인 '상품'(제3차적 노동생산물)이라는 네 종류로 분류할 수 있다. 노동생산물로부터 외화된 것이 대가이고, 소외된 것이 상품이다. 따라서 대가(제2차적 노동생산물)는 외화된 가치 즉 교환가치를 보유하고, 상품(제3차적 노동생산물)은 소외된 가치 즉 치장된 가치를 보유한다.

✚ 보충 고대국가 시대에 화폐가 발명되었고, 그 결과로 가치는 교환가치(대가)로 외화되고 화폐(절대적 교환가치)로 소외되었다.

2) 마르크스의 오류

그런데 마르크스는 '노동생산물' 또는 '상품'이라 불리는 것들이 이렇게 네 종류로 분류 혹은 구성되어 있다는 것을 전혀 대상화하지 못한다. 즉, 마르크스는 노동생산물과 상품이 무엇인가를 전혀 이해하지 못했다.

그 결과로 마르크스는 다음과 같은 오류를 범했다.

첫째로, 마르크스는 노동생산물과 상품(제3차적 노동생산물)을 혼동·동일시했고, 이런 상품이 사용가치와 가치를 보유한다고 규정하는 오류를 범했다. 사용가치와 가치를 보유하는 것은 상품이 아니라 노동생산물이다. 상품은 사용가치도 가치도 보유하지 않는다. 따라서 만약에 『자본론』의 첫 시작을 「제1절 상품의 두 요소: 사용가치와 가치」라 한다면, 이는 '노동생산물의 두 요소'라고 해야 한다. 굳이 '상품의 두 요소'라고 할 것 같으면, '치장된 가치와 가격'이라고 해야 한다.

나아가 둘째로, 마르크스는 대가(제2차적 노동생산물)와 상품(제3차적 노동생산물)을 혼동·동일시하는 오류를 범했다. 마르크스는 대가를 '제2의 상품'이라고 부르는 오류를 범했다.

✚ 보충   상품이 진짜로 보유하는 것은 치장된 가치다. 좀 더 정확히 말해, 상품은 가격을 보유하지 않는다. 상품이 가격을 보유하고 있는 것처럼 보이지만, 실은 대가가 상품에 투영한 그림자가 가격이고, 이런 점에서 상품은 가격을 보유하지

않는다.

한마디로 마르크스의 『자본론』 「제1권 자본의 생산과정」 「제1 편 상품과 화폐」 「제1장 상품」 「제1절 상품의 두 요소: 사용가치와 가 치」는 치명적인 오류를 갖고 있다. 그 시작부터가 오류에서 출발했기 때문에, 마르크스의 『자본론』은 필연적으로 방대한 오류의 집적을 의 미하게 되었다.

✚ 보충 　그린코프는 설립 이후부터 지금까지 상품을 '먹을거리'로 되돌리는 운 동 즉 '먹을거리운동'을 한결같이 전개해왔다. 다시 말해, 그린코프는 치장된 가치 를 매개로 가격의 자기증식운동을 전개하는 제3차적 노동생산물인 상품을 노동 생산물인 먹을거리로 회귀시키는 운동을 한결같이 전개해왔다. 이는 상품(제3차 적 노동생산물)으로서의 고기가 100g에 500엔으로 가격이 떨어지는 것이 두려 워 방부제·살균제·발색제가 잔뜩 든 수영장에 아무렇지도 않게 뛰어들기 때문이 었다. 또는 100g에 500엔으로 가격을 올리기 위해 수입산인데도 유명한 국내산 인 것처럼 태연히 위장하기 때문이었다. 그 결과로 상품으로서의 고기는 오늘날 우리 아이들의 생명을 해치게 되었다. 아이들의 생명을 지키기 위해 인간(조합원) 이 서로 연대해 고기를 '상품'(제3차적 노동생산물)이 아니라 '먹을거리'(노동생산 물)로 되돌리지 않으면 안 되었기 때문이다. 안타깝게도 가치와 가격을 혼동·동일 시한 마르크스는 이런 그린코프의 힘겨운 싸움의 의미를 조금도 이해하지 못할 것이다.

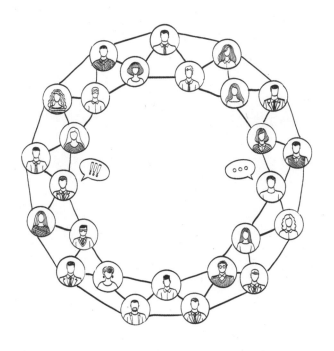

제2부

『자본론』해체 노트 I

제1판 서문

"자본가와 토지소유자를 나는 결코 장밋빛으로 아름답게 그리지는 않는다. 그러나 여기서 개인들이 문제로 되는 것은 오직 그들이 경제적 범주의 인격화, 일정한 계급관계와 이익의 담지자인 한에서다. 경제적 사회구성의 발전을 자연사적 과정으로 보는 나의 입장에서는, 다른 입장과는 달리, 개인이 이러한 관계들에 책임이 있다고 생각하지 않는다. 또한 개인은 주관적으로는 아무리 이러한 관계들을 초월하고 있다고 하더라도, 사회적으로는 여전히 그것들의 산물이다." (6쪽)[1]

인간은 그 빈약한 언어에 규제받고, 생명으로서의 본질로부터

---

1   이하의 인용은 "칼 마르크스 『자본론』, 김수행 역, 제2개역판 Ⅰ[상], 비봉출판사, 2001"의 쪽수만 표기한다.

벗어난 차원에서 개인으로서 혹은 집단이나 계급으로서 타인과 싸우고 서로 상처 주고 때로는 서로 죽이며 산다. 이런 현실에 비춰볼 때, 인간해방의 참된 의미는 인간의 빈약한 언어를 해체하고, 인간을 언어의 규제로부터 해방시키며, 인간이 생명으로서의 자신에게 충실히 살아가도록 하는 것이다. 즉, 인간해방은 인간을 '경제적 범주의 인격화'된 존재로부터 해방시키고, 생명으로서의 자기 모습에 충실히 살아갈 수 있도록 하는 것이다. 하지만 이런 인간해방의 참된 의미를 마르크스는 전혀 이해하지 못하고 있다.

첫째로, 마르크스는 빈약한 언어의 충실한 하인으로서 인간이 '경제적 범주의 인격화'된 존재로 폄훼되고 있는 현실을 적극적으로 긍정·지지하고 또 이에 가담한다. 인간의 빈약한 언어는 인간을 노동력상품—'경제적 범주의 인격화'된 존재—으로 만들고, 생명으로서 그 자신에게 충실히 살아가도록 허락하지 않는다. 하지만 마르크스는 오히려 이를 적극적으로 긍정하고 지지하고 나아가 이에 가담한다.

둘째로, 근대 이후 노동력상품으로 변화한 인간은 자신의 상품성을 임노동자로, 자신의 인간성을 시민 또는 개인으로, 사회로 드러내고(소외) 있다. 그런데 마르크스는 여기서 사회로 드러난 인간의 상품성(임노동자성)을 인간해방의 주체로 규정하고 있다. 즉, 마르크스는 "자본주의적 생산양식의 변혁과 모든 계급의 최종적 철폐를 자기의 역사적 사명으로 하는 계급"을 '프롤레타리아계급'으로 규정하고 있다. 하지만 인간의 상품성(임노동자성)은 인간해방의 객체이지 주체일 수 없다. 다시 말해, 인간의 상품성(임노동자성)은 해방의 대상(객체)이지 해방의 주체일 수 없다.

셋째로, 따라서 마르크스는 인간해방의 주체가 누구인지도 모른 채 인간의 해방을 논하고 있다. 마르크스는 노동력상품으로 변화한 인간이 사회로 드러나는 인간성 즉 시민 또는 개인이야말로 인간해방의 주체라는 것을 알지 못하고 있다. 마르크스는 시민 또는 개인이 인간해방을 위해 어떤 "책임이 있다고 생각하지 않는다."

요약하면, 마르크스는 인간해방의 참된 의미—언어 규제로부터의 인간해방—도 알지 못하고, 인간해방의 주체가 누구인지도 모르며, 해방의 대상(임노동자)을 해방의 주체로 규정하는 오류 위에서 인간해방을 논하고 있다. 다시 말해, 마르크스는 '경제적 범주의 인격화'된 존재 즉 '계급이해의 담지자'인 '자본가로서의 자본가'·'토지소유자로서의 토지소유자'·'임노동자로서의 임노동자' 간의 싸움, 요컨대 계급투쟁 속에서 인간해방의 희망을 찾아야 한다는 입장이다. 마르크스는 폭력혁명이라는 비인간적인 방법 속에서 인간해방의 희망을 발견해야 한다고 주장한다.

하지만 내 주장은 다르다. 나는 인간에 내재하는 '자본가로서의 자본가'와 '인간(개인)으로서의 자본가'의 모순과 대립, '토지소유자로서의 토지소유자'와 '인간(개인)으로서의 토지소유자'의 모순과 대립, '임노동자로서의 임노동자'와 '인간(개인·시민)으로서의 임노동자'의 모순과 대립, 그리고 그 사이에서 전개되는 인간의 투쟁 속에서 인간해방의 희망을 발견해야 한다는 입장이다.

　'자본가로서의 자본가'로부터 '인간(개인)으로서의 자본가'가 해방되고, '토지소유자로서의 토지소유자'로부터 '인간(개인)으로서의 토지소유자'가 해방되고, '임노동자로서의 임노동자'로부터 '인간(개인·시민)으로서의 임노동자'가 해방되어, 자본가·토지소유자·임노동자 사이에 존재하는 모순·대립이 인간적으로 해결되는 속에서 인간해방의 희망을 발견해야 한다는 것이 내 입장이다. 인간으로부터 외재화된 모순과 대립을 인간에 내재화하고 인간화하지 않는 한, 계급 간의 모순과 대립을 인간적으로 해결할―폭력적인 해결을 지양할― 수 없다는 것이 내 입장이다.

　이런 나의 입장을 생협운동에 적용하면, '법적 범주의 인격화된 존재로서의 이사(理事)'로부터 '인간으로서의 이사' 즉 '한 사람의 어머니, 한 사람의 여성, 한 사람의 인간으로서의 이사'가 해방되고, 이렇게 해방된 '인간으로서의 이사'를 주체로 하는 생협운동 즉 그린코프 운동이 되어야 한다는 것이다.

제2판 후기

"자본주의적 생산양식의 타도와 모든 계급의 최종적 철폐를 자기의 역사적 사명으로 하고 있는 계급—프롤레타리아"(14쪽)

앞서 말한 것처럼 '프롤레타리아계급'은 해방의 대상(객체)이지 해방의 주체가 아니다. 인간해방의 진정한 주체는 노동력상품화된 인간의 [상품성이 아닌] 인간성이 사회적으로 표출(소외)된 시민이고 개인이다. 따라서 마르크스의 "자본주의적 생산양식의 타도와 모든 계급의 최종적 철폐를 자기의 역사적 사명으로 하고 있는 계급—프롤레타리아"라는 규정은 그 자체가 오류다.

"헤겔에게는 [그가 이념(Idea)이라는 명칭 하에 자립적인 주체로까지 전환시키고 있는] 사고과정이 현실세계의 창조자이고, 현실세계는 이념의 외부 현상에 지나지 않는다. 반대로 나에게는 관념적인 것

은 물질적인 것이 인간의 두뇌에 반영되어 사고의 형태로 변형된 것에 지나지 않는다." (19쪽)

인간이 직면하는 모든 현실은 언어를 매개해야, 즉 언어로 번역되어야 비로소 인간의 두뇌에 수용 가능해진다. 그리고 이렇게 언어로 번역된 모든 현실은 언어세계에서 다시 언어를 매개로 규제되고 처리·가공·인식된다. 요컨대 인간의 사유과정은 마치 언어의 자기운동과도 같다. 다시 말해, 인간의 사유과정에서 "현실세계는 이념의 외부 현상에 불과한 것"처럼 전개된다. 그런 의미에서 언어(개념 또는 이념이라고 해도 좋다)는 사유과정으로부터 상대적으로 자립해서 스스로 운동한다. 이런 점에서 볼 때, "현실세계는 이념의 외부 현상에 불과한 것"이라는 헤겔(F. Hegel)의 전제는 긍정되어야 한다. 헤겔은 마르크스가 요약하는 의미로 부정되어서는 안 된다. 그보다 오히려 "관념적인 것은 물질적인 것이 인간의 두뇌에 반영되어 사고의 형태로 변형된 것에 불과하다"는 마르크스의 전제야말로 부정되어야 한다.

✚ **보충 1** 마르크스가 말하는 '물질적인 것'은 아마도 신경전달물질이나 전기신호 등을 가리킬 것이다. 하지만 인간의 사유과정은 무엇보다도 먼저, 마르크스가 말하는 '물질적인 것'이 매개하기 이전에 언어(소프트)를 매개로 처리·가공·인식된다. 그리고 이렇게 처리·가공·인식된 결과가 신경전달물질이나 전기신호 등의 '물질적인 것'을 매개로 물질(하드)화된다. 따라서 인간의 사유과정은 언어를 매개로 그 자체로서 전개·처리·가공·인식되는 과정이다. 그럼에도 인간의 사유과정을 관장하는 인간의 언어는 너무도 빈약하고 즉자(即自)적이다. 실은 바로 여기에 인간의 불행과 슬픔의 원인이 숨겨져 있다. 따라서 자본주의의 빈곤으로부터 인

간을 해방하는 투쟁은 인간의 언어를 대자(對自)화하는 투쟁과 나란히 전개되어야 한다.

✚ 보충 2　헤겔은 개념에 대해 "개념의 발생 및 형성에 관하여 오성적 논리학에서 흔히 이루어지는 설명에 대해 더욱 주의해야 할 것은, 개념은 결코 우리가 형성하는 것이 아니며 또 일반으로 발생한 것도 전혀 아니라는 점이다. 개념은 단순한 존재 또는 직접적인 것이 아니라 매개도 포함하고 있는데, 하지만 이 매개는 개념 자신 속에 있는 것이며, 개념은 자기 자신에 의해 자기 자신과 매개된 것이다…… 오히려 개념은 진정한 최초의 것이고, 다양한 사물은 그것들에 내재하며, 그것들 내에 자기를 계시하는 개념의 활동에 의해 그것들이 존재하는 것처럼 존재하는 것이다…… 개념은 무한의 형식 즉 자유로운 창조적인 활동이고, 자기를 실현하는 데에 자기 바깥에 존재하는 재료를 필요로 하지 않는다는 것이다"라고 말한다.

이와 관련해서 어느 수학자는, 수학이 수학자에게 이 우주 어딘가에 실재하는 플라토닉한 세계로부터 오는 것처럼 느껴진다는 취지의 말을 한 적이 있다. 헤겔도 같은 취지의 말을, 개념은 철학자에게 플라토닉한 세계로부터 다가오는 것처럼 느껴진다고 말한다. 나 역시도 개념은 헤겔이 말한 그대로라고 생각한다.

"자본주의 사회의 운동이 모순들로 꽉 차있다는 사실은 산업 활동의 주기적 순환(이것의 봉우리가 일반적 공황general crisis이다)을 통해 실무적인 부르주아지에게 매우 분명히 알려져 있다." (20쪽)

경기는 시계추처럼 호황과 불황 사이를 오르내린다. 그리고 공황은 이런 경기의 진폭(주기적인 경기순환) 자체가 단절 즉 죽었음을 의미한다. 그리고 경기 진폭 자체의 단절은 개념적으로 경기의 진폭에 포함되지 않는다. 따라서 공황은 절대로 '주기적인 경기순환'의 '정점'을 의미하지 않는다. 그럼에도 마르크스는 '공황은 주기적인 경기순환의 정점'이라고 말한다. 마르크스는 공황이 무엇인지를 전혀 이해하지 못하고 있다. 자세한 것은 뒤에서 다시 말하겠다.

영어판 서문 (엥겔스)

"생산력은 기하급수적으로 증대하고 있는데 시장은 기껏해야 산술급수적으로 확대되고 있다. 1825년부터 1867년에 이르기까지 끊임없이 반복되어온 정체·번영·과잉생산·공황이라는 10년 주기의 순환은 사실상 끝난 것같이 보이고, 우리는 영속적이고 만성적인 불황이라는 절망의 진흙탕 속에 빠지고 말 것 같다. 그처럼 열렬히 기다리는 번영기는 좀처럼 오지 않을 것이다." (31쪽)

공황에 관한 엥겔스의 이처럼 단순하고 천박한 이해는 어이없어 웃음이 절로 나올 지경이다. 자세한 내용은 뒤에서 서술하겠다.

제1편 상품과 화폐
제1장 상품
제1절 상품의 두 요소: 사용가치와 가치 (가치의 실체, 가치의 크기)

"자본주의적 생산양식이 지배적인 사회의 부(富)는 '상품의 방대한 집적(集積)'으로 나타나며, 개개의 상품은 이러한 부의 기본 형태로 나타난다. 그러므로 우리의 연구는 상품의 분석으로부터 시작된다." (43쪽)

마르크스가 말하는 '사회의 부'에 대해, 우리는 인류사의 측면에서 다음과 같이 개괄할 수 있다.

(1)약 1만 년 전 농경민이 농업혁명에 성공했다. 그리고 이런 농업혁명을 성공시킨 것은 바로 농업혁명보다 논리적·시간적으로 선행해서 발생한 공동체에 비축된 '필요한 일정량의 식량'이었다. 공동체에 비축된 '필요한 일정량의 식량'이야말로 원시공산제 경제를 시동하게 한 가장 원초적인 의미에서의 자본(상대적 자본)이었다. 공동체에 비축된 일정량의 식량이야말

로 가장 원초적인 의미에서 '사회의 부'였다.

(2) 지금으로부터 약 1만 년 전 유목민이 숲에서 나와 수렵을 목축으로 진화시키고 또 목축이 생업으로 성립되었을 무렵, 공동체를 소유할 수 없었던 보상으로 그들은 강력한 '유대'를 소유했고, 비록 유목민의 범위로 한정하기는 했지만 가축을 일반적 대가(상대적 부)로 만들었다. 유목민에게 가축은 소비되는 노동생산물인 동시에 팔려고 내놓은 상품일 뿐만 아니라, 무엇이든 구입할 수 있는 일반적 대가(상대적 부)였다. 가축이 일반적 대가(상대적 부)로 존재하지 않았다면, 이동을 수반하는 목축은 아마도 생업으로서 성립하지 못했을 것이다.

(3) 한마디로 약 1만 년 전에 농경민은 '공동체에 비축된 일정량의 식량'이라는 형태로 '사회의 부'를 소유했고, 이는 원초적 의미에서 자본(상대적 자본)을 의미하고 또 자본(상대적 자본)으로서 기능했다. 이에 비해 유목민은 '가축'이라는 형태로 일반적 대가(상대적 부)를 사회적으로 소외시켰지만, 공동체를 소유하지 않았기 때문에 아직 '사회의 부'도 자본(상대적 자본)도 소유하지 않았다.

✚ **보충 1** 농경민은 유목민처럼 일반적 대가를 갖지 못했다. 하지만 누구나 필요로 하고 누구나 그것을 대가로 받아주기를 바라는 물자는 당연히 존재했다. 쌀이나 밀 등의 곡물은 누구나 필요로 하고 대가로 받아주길 바라는 물자였다. 그리고 공동체가 내부 유보한 노동생산물의 집적과 공동체 간 물자교환을 통해서 받은 대가(쌀이나 밀)의 집적은 '사회의 부'를 의미했고 자본(상대적 자본)을 의미

했으며 또 자본으로 기능했다. 이에 비해 유목민은 일반적 대가(상대적 부)를 사회적으로 소외시켰지만 공동체를 소유하지 않았기 때문에, '사회의 부'도 자본(상대적 자본)도 아직은 소유하지 못했다. 그 결과로 목축은 농업처럼 자연을 개조하고 착취·수탈하는 행위에 이르지 못했다.

✚ 보충 2 유목민이 비록 공동체를 소유하지 못하기는 했지만, 그 보상으로 그들은 '유대(絆)'를 소유했다. 유목민이 소유한 '유대'는 그들에게 사회를 의미했고 또 사회로서 기능했다. 따라서 유목민은 '유대'라는 형태로 사회를 소유했고, '사회의 부'로서 가축을 소유했다고 볼 수 있다. 유목민에 대해서는 아마도 그렇게 생각하는 것이 진실에 가까울 것이다.

(4) 농업혁명으로부터 대략 3천 년쯤 지났을 무렵, 유목민에 의해 고대목축공동체가 성립하고 목축혁명이 발발했다. 목축혁명을 통해 고대목축공동체는 인근의 고대농업왕국을 모조리 유린·해체해 그 구성원을 모조리 노예로 삼으면서 세계를 석권해 고대목축왕국으로 상승해갔다. 그리고 이에 따라 유목민이 발명한 일반적 대가(상대적 부)는 세계로 일반화되고 일반적 부로 상승해갔다. 이렇게 세계로 일반화된 일반적 대가(일반적 부)는 가축에서 인간(노예)으로, 인간(노예)에서 아마포로, 그리고 다시 아마포에서 금·은으로 그 모습을 바꿔갔다.

(5) 이후 고대목축왕국은 다시 고대왕국으로 상승해갔다. 그리고 이런 고대국가가 일반적 가격물(보편적 부)로서 금·은을 주조해 권력의 언어인 화폐를 발명하게 되었다. 즉, 이때에 절대적 대가(절대적 부)로서 화폐가 태동한 것이다. 그리고 그 결과로 고대국가의 경제주체(왕·귀족·교단 등)가 보유한 상품의 집적·

일반적 대가의 집적·일반적 가격물의 집적, 그리고 무엇보다
도 화폐의 집적이 '사회의 부'를 의미하게 되었고, 이런 '사회
의 부'가 언제라도 필요할 경우 자본(상대적 자본)으로서 기능
하게 되었다.

✚ 보충　가치와 화폐의 관계를 언어화하면, 가치는 교환가치로 외화되고 화폐
로 소외된다고 표현할 수 있다.

(6)14세기 말에 시작된 르네상스는 국가를 국가와 사회로 분화
시켰고, 이에 따라 국가와 일체화되고 종속되었던 자본(화폐
집적)이 국가로부터 해방되었다. 같은 시기에 신용이 이슬람권
으로부터 유럽으로 수입되었고, 그 결과로 국가로부터 해방
된 자본(화폐집적)은 신용을 매개로 국가공간 속에서 자유자
재로 자기증식운동을 전개하게 되었다. 즉, 국가로부터의 해
방(빅뱅)과 신용의 탄생(빅뱅 직후의 인플레이션)에 의해 자본주
의 세계(자본을 중심으로 하는 새로운 우주)가 발생했고, 이에 따
라 자본(상대적 자본)은 자본(절대적 자본)으로 전화되어 명실상
부하게 자본(화폐집적)이 글자 그대로 '사회의 부'를 의미하게
되었던 것이다.

(7)하지만 다른 한편에서 신용의 탄생은 채권과 채무를 발생시
켰다. 즉, 신용이 상품을 '부의 기본 형태'에서 '채무의 기본
형태'로 바꿔놓았고, 이에 따라 '상품의 집적'은 '채무의 집적'
으로 전화되었다. 다시 말해, 신용의 등장으로 '채권의 집적'

이 '화폐의 집적'과 마찬가지로 '사회의 부'가 된 것이다. 한 마디로 르네상스 시대 이후부터 '사회의 부'는 '화폐의 집적' 이면서 동시에 '채권의 집적'으로 나타나게 되었다. 르네상스 를 거친 이후 '자본주의적 생산양식이 지배적인 사회'가 탄생 했는데, 이때의 '사회의 부'는 '화폐의 집적'과 '채권의 집적' 으로서 나타나게 된 것이다. 따라서 마르크스의 "자본주의적 생산양식이 지배적인 사회의 부는 '상품의 방대한 집적'으로 나타나며, 개개의 상품은 이러한 부의 기본 형태로 나타난다. 그러므로 우리의 연구는 상품의 분석으로부터 시작된다"는 주장은 완전히 과녁을 빗나갔다고 하지 않을 수 없다.

✚ **보충** "자본주의적 생산양식이 지배적이지 않은 사회의 부" 가운데는 '거대 한 상품집적'도 그 한 형태로 존재할 수 있다. 하지만 "자본주의적 생산양식이 지 배적이지 않은 사회"라 하더라도, 가장 큰 우위를 점하는 '사회의 부'는 상품의 집 적이 아니라 화폐 또는 일반적 가격물의 집적이었다. 즉, '거대한 상품집적'은 '사 회의 부'로서는 그 지위가 낮았다.

"상품은 먼저…… 그 속성들에 의해 인간의 온갖 종류의 욕망을 충 족시켜 주는 물건이다."(43쪽)

이미 논증한 것처럼, 노동생산물 또는 상품이라 불리는 것들 은 사용가치만을 보유한 '전(前)노동생산물', 사용가치와 가치를 보유 한 '노동생산물', 상품을 사기 위한 희생으로서의 '대가'(제2차적 노동생산물), 치장된 가치를 보유한 '상품'(제3차적 노동생산물)이라는 네 종류로 구분할 수 있다. 하지만 마르크스는 이 사실을 전혀 대상화하지 못했다. 이런 점에서 볼 때, 주어가 '상품'인 이 문장은 정확히는 "상품은 우선…… 그 속성에 의해 인간의 온갖 종류의 욕망을 충족시키리라고 치장한 하나의 물건이다"라고 기술해야 할 것이다.

> **"한 물건의 유용(有用)성은 그 물건으로 하여금 사용가치(使用價値· use-value)가 되게 한다."** (44쪽)

마르크스가 말하는 '한 물건'은 무엇을 가리키는가? 마르크스는 먼저, 그 '한 물건'이 '전(前)노동생산물'인지 '노동생산물'인지 '대가'(제2차적 노동생산물)인지 아니면 '상품'(제3차적 노동생산물)인지를 밝혀야 한다. 만약 그 '한 물건'이 '전노동생산물'을 가리킨다면 그 '유용성'은 사용가치를 의미하고 사용가치만을 의미할 것이다. 하지만 만약 그것이 '노동생산물'을 가리킨다면 그 '유용성'은 사용가치와 가치를 의미할 것이다. 또 그것이 만약 '대가'(제2차적 노동생산물)를 가리킨다면 그 '유용성'은 교환가치를 의미할 것이다. 나아가 그것이 만약 '상품'(제3차적 노동생산물)을 가리킨다면 그 '유용성'은 치장된 가치를 의미할 것이다. 따라서 "한 물건의 유용성은 그 물건으로 하여금 사용가치가 되게 한다"는 마르크스의 주장은 만약 그 '한 물건'이 '전노동생산물'을 가리키는 것이 아니라면 완전히 틀린 주장이다.

"사용가치는 부의 사회적 형태가 어떠하건 부의 소재적 내용(素材的 內容·material content)을 형성한다. 우리가 고찰하는 사회형태에서 사용가치는 동시에 교환가치(交換價値·exchange value)의 물적 담지자다." (45쪽)

사용가치는 그것을 소유한 자에게 속하며, 개별적·구체적·즉자적인 가치를 의미한다. 그리고 사용가치는 그 사람의 생활에 사용되면 생활에 풍요로움을, 생산에 사용되면 생산성 향상을 가져다준다. 한편, 부(금괴나 현찰, 채권 등)는 일반적·매개적·관계적인 가치를 의미한다. 다시 말해, 부는 생활의 풍요나 생산성 향상을 그 사람에게 매개할 뿐, 그 자체가 직접 생활의 풍요와 생산성 향상을 가져다주지 않는다. 이런 의미에서 사용가치와 부는 그 본질이 완전히 다르다. 따라서 사용가치는 결코 '부의 소재적 내용'을 의미하지 않는다.

✚ 보충 금괴를 껴안고 잔다 한들 배만 차가워질 뿐이다. 그런 의미에서 부(금괴나 지폐, 채권 등의 집적)는 매개할 뿐이지, 그 자체가 사람에게 풍요를 가져다주는 것은 아니다. 하지만 사용가치는 그 자체가 즉각적으로 사람에게 풍요를 가져다주는 것이다.

또 교환가치는 앞서 말할 것처럼, 상품을 사기 위한 희생으로서 바쳐진 대가(제2차적 노동생산물)가 보유한 것이었다. 그리고 대가로서 상대방에게 바쳐진 가치 즉 교환가치는 최종적으로는 사용가치로 환원되어 소비된다. 따라서 마르크스가 말하는 "사용가치는…… 교환가치의 물적 담지자다"라는 주장은 정당하고 타당하다 할 수 있다.

"교환가치는…… 어떤 종류의 사용가치가 다른 종류의 사용가치와 교환되는 비율로 나타난다. 교환가치는…… 순전히 상대적인 것처럼 보이고, 따라서 상품 자체에 고유한 내재적 교환가치라는 것은 일종의 형용모순인 것처럼 보인다."(45쪽)

상품의 매매는 역사상 한 번도 "어떤 종류의 사용가치가 다른 종류의 사용가치와 교환되는" 행위였던 적이 없다. 따라서 "어떤 종류의 사용가치가 다른 종류의 사용가치와 교환되는 비율"로서 교환가치가 나타난다는 것도 논리적으로나 현실적으로나 있을 수 없는 일이다. 또 교환가치는 대가로서의 노동생산물이 보유한 가치이고, 따라서 상품으로서의 노동생산물이 교환가치를 보유한다는 것도 있을 수 없다. "상품 자체에 고유한 내재적 교환가치" 따위의 주장도 논리적으로나 현실적으로나 성립하지 않는다.

✚ 보충 사용가치는 사람에 속하고, 가치는 물건에 속한다. 그리고 대가로서의 노동생산물의 가치 즉 교환가치는 사람에 속하고, 그 사람(구매자)의 팔 물건(상품)에 대한 필요도의 크기에 반비례해서 그 크기를 증감시킨다.

"일정한 상품(예컨대 1쿼터의 밀)은 X량의 구두약, Y량의 명주, Z량의 금 등등, 요컨대 상이한 상품과 다양한 비율로 교환된다.…… 따라서 X량의 구두약, Y량의 명주, Z량의 금 등은 모두 밀 1쿼터의 교환가치를 표현한다. 따라서 X량의 구두약, Y량의 명주, Z량의 금 등은 교환가치로서는 서로 대체할 수 있는 동일한 크기임에 틀림없다.…… 밀의 주어진 양이 철의 일정한 양과 등치되는 하나의 등식, 예컨대 1쿼터의 밀=X킬로그램의 철로 표시할 수 있다. 이 등식은 무엇을 의미하는가? 두 개의 서로 다른 물건—즉 1쿼터의 밀과 X킬로그램의 철—에는 양자에 공통된 것의 동일양이 들어 있다는 것을 의미한다.” (45-46쪽)

앞에서 논증한 것처럼, 무릇 '상품 자체에 고유한 내재적 교환가치'라는 것은 존재하지 않는다. 즉, 교환가치는 대가가 보유하는 것이지, 상품은 교환가치를 보유하지 않는다. 그럼에도 마르크스는 여기서 'X·Y·Z' 등의 변수나 'a·b·c' 등의 정수를 이용해 수학적으로 '상품 자체에 고유한 내재적 교환가치'가 존재함을 증명하겠다고 한다. 마르크스의 수학적 논증이 성립 가능한지를, 이제 검증하고자 한다.

(1) 초등수학에서 가르치는 '변수 X·Y·Z'는 모든 수, 즉 무한소나 무한대는 물론이고 음수나 허수도 해당된다. 이런 변수에 관한 초보적인 이해가 전제되면 우리는 다음과 같이 말할 수 있다.

(2) 'X량의 구두약'이 만약 어떤 '일정량의 구두약'을 의미한다면, 'X량의 구두약'은 마르크스가 말하는 대로 '같은 크기의 교환가치'를 의미할지도 모른다. 하지만 X는 변수이고, 따라서 앞서 전제한 것처럼 'X량의 구두약'은 '어떠한 양도 될 수 있

는 구두약'을 의미하고, '어떤 양도 될 수 있는 구두약'은 '일정량의 구두약'을 의미하지 않는다. 따라서 'X량의 구두약'은 결코 '같은 크기의 교환가치'를 의미하지 않는다. 다시 말해, "X량의 구두약, Y량의 명주, Z량의 금 등은 모두 밀 1쿼터의 교환가치이기 때문에 X량의 구두약, Y량의 명주, Z량의 금 등은 서로 치환할 수 있는 교환가치, 또는 서로 같은 크기의 교환가치임에 틀림없다"는 마르크스의 주장은 변수에 관한 초등수학조차 정확히 이해하지 못한 경우다.

(3) 그래서 마르크스는 변수 'X·Y·Z'가 아니라, 이번에는 정수 'a·b·c'를 이용해서 '1쿼터의 밀=a킬로그램의 철'이라는 교환(매매)이 성립하는 경우가 있음을 제시하고, "이 등식은……두 개의 서로 다른 물건……에는 양자에 공통된 것의 동일양이 들어 있다는 것을 의미한다"고 강변한다. 하지만 어느 날, 어느 순간, 어느 장소에서 '1쿼터의 밀=a킬로그램의 철'로 교환(매매)이 성립했다고 해서 다음 순간에도 그런 것은 아니다. 다음 순간에는 또 '1쿼터의 밀=b킬로그램의 철'이어야 교환(매매)이 성립한다. 시장에서 다반사로 생기는 이런 현실을 직시할 때, '1쿼터의 밀=a킬로그램의 철'이라는 교환(매매)이 어쩌다 성립한 경우를 근거로 "두 개의 서로 다른 물건……에는 양자에 공통된 것의 동일양이 들어 있다는 것을 의미한다"고는 전혀 말할 수 없다. 만약에 마르크스의 주장이 성립하는

경우가 있다면, 그것은 시간을 멈추고 모든 거래(매매)를 동결한 경우뿐이다.

(4)한마디로 마치 공약수인 것처럼 '상품 자체에 고유한 내재적 교환가치'가 존재한다는 마르크스의 수학적 논증은 전혀 성립하지 않는다.

> "상품들의 교환비율은 분명히 상품의 사용가치를 사상(捨象)한다는 특징을 갖고 있다. 즉 상품의 교환관계에서 어떤 하나의 사용가치는, 그것이 적절히 존재하기만 한다면, 다른 어떤 사용가치와 마찬가지로 유용하다." (46쪽)

마르크스는 여기서 '상품의 교환비율'이 갖는 '특징'은 '사용가치의 사상'이라고, 즉 '상품의 교환비율'을 관장하는 것은 '사용가치'라고 단언한다. 그리고 마르크스는 같은 취지의 말을 다른 곳에서 "상품은 사용가치로서 상대하는" 행위이고, 물자교환은 "어떤 종류의 사용가치가 다른 종류의 사용가치와 교환되는" 행위라고 말한다.

하지만 거듭 말하지만, 인간은 역사상 한 번도 "어떤 종류의 사용가치가 다른 종류의 사용가치와 교환되는" 행위로서 물자교환을 한 적이 없다. 상품은 사용가치와 상대하는 것이 아니라 대가(교환가치)와 상대하는 것이다. 즉, 상품이 보유한 치장된 가치와 대가가 보유한 교환가치가 상대하는 것이 '상품의 교환'이다. 사용가치는 '상품의 교환'에 아무런 관여도 하지 않는다. 따라서 "상품의 교환관계에서 어떤 하나의 사용가치는, 그것이 적절히 존재하기만 한다면, 다른 어떤 사용가치와 마찬가지로 유용하다"는 주장은 실제로서 존재하지 않는다.

> **"교환가치로서의 상품⋯⋯에는 사용가치가 조금도 포함되어 있지 않다."** (47쪽)

교환가치는 대가로서 내놓는 노동생산물이 보유한 가치이다. 그리고 대가로서 내놓는 노동생산물의 가치는 그것이 소진될 경우 사용가치로 환원되어 소진된다. 따라서 교환가치에 "사용가치가 조금도 포함되어 있지 않은" 것이 아니라, 교환가치에는 가치라는 형태로 사용가치가 포함되어 있는 것이다.

> "만약 상품의 사용가치를 무시한다면, 거기에는 오직 하나의 속성, 즉 그것이 노동생산물이라는 속성만 남는다. 그러나⋯⋯ 우리가 노동생산물의 사용가치를 무시한다면, 우리는 동시에 [그 노동생산물을 사용가치로 되게 하는] 물적 구성요소·형태들까지도 무시하게 된다.⋯⋯ 노동생산물의 유용성이 사라짐과 동시에 노동생산물에 투하되어 있는 노동의 유용한 성질도 사라지고, 따라서 노동의 상이한 구체적 형태도 사라진다. 이들 노동은 더 이상 서로 구별되지 않고 모두 동일한 종류의 노동, 즉 추상적 인간노동(abstract human

labour)으로 환원된다. 이제 노동생산물들은 유령 같은 형상(즉, 동질적인 인간노동이 응고되어 있는 형상)을 띠게 된다. 다시 말해 노동생산물들은 인간노동력이 그 지출형태와는 관계없이 지출되어 응고된 것에 불과하다.…… 모든 노동생산물은 그들에게 공통적인 이러한 사회적 실체의 결정체로서 가치—상품가치이다.…… 사용가치 또는 유용한 물건이 가치를 가지는 것은 다만 거기에 추상적 인간노동이 체현되어 있거나 대상화되어 있기 때문이다."(47-48쪽)

①

여기서 마르크스는 상품을 '상품체'(노동생산물)와 '상품정신'(상품)으로 나누고, "만약 상품의 사용가치를 무시한다면, 거기에는 오직 하나의 속성, 즉 그것이 노동생산물이라는 속성만 남는다"고 말한다. 하지만 노동생산물(상품체)은 사용가치와 가치의 보유자이다. 따라서 가령 "상품체에서 사용가치를 무시"하더라도 거기에는 가치가 남아 있다. 그럼에도 마르크스는 "만약 상품의 사용가치를 무시한다면, 거기에는 오직 하나의 속성, 즉 그것이 노동생산물이라는 속성만 남는다"고 말한다. 한마디로 마르크스는 상품체(노동생산물)가 보유하는 것은 사용가치뿐이라고 말한다, 바꿔 말하면, 상품체(노동생산물)는 가치를 보유하지 않는다고 말하고 있다. 그러면서 마르크스는 가치를 보유하고 있지 않는 '노동생산물'의 '나머지', 즉 '무차별한 인간노동의 단순한 응고물'을 "그들에게 공통적인 사회적 실체의 결정체로서 가치—상품가치"라고 말한다. 논리적으로 지리멸렬하다고밖에 달리 표현할 길이 없다.

이제 우리는 "만약 상품의 사용가치를 무시한다면, 거기에는 오직 하나의 속성, 즉 그것이 노동생산물이라는 속성만 남는다"는 마르크스의 잘못된 전제를 버리고, 노동생산물은 사용가치와 가치를 보유하고 있다는 전제하에 마르크스의 이론을 검증할 필요가 있다. 마르크스의 주장대로 "우리가 노동생산물의 사용가치를 무시한다면, 우리는 동시에 [그 노동생산물을 사용가치로 되게 하는] 물적 구성요소·형태들까지도 무시하게" 되는데, 그렇다면 이것은 "그 노동생산물을 가치로 되게 하는 물적 구성요소·형태들까지도 무시하는" 것을 의미하지 않을까? 이 질문에 대하여 '예컨대 빵'의 사용가치와 가치를 참고로 해서 구체적으로 생각해보자.

'빵'의 사용가치는 굶주린 사람에게는 무엇보다도 고마운 것이다. 이때의 사용가치는 그 크기가 한없이 크다. 하지만 배가 부르고 먹을거리를 잔뜩 가진 사람에게 빵의 사용가치는 거의 없는 거나 마찬가지다. 다시 말해, 빵이 지닌 사용가치의 크기는 그 사람이 처한 상황과 환경에 따라 크게 다르다. 한마디로 빵이 지닌 사용가치의 크기는 사람에 따라 각양각색이다.

이런 각양각색인 빵의 사용가치에서 그 속인성(屬人性)을 빼면 빵의 가치, 즉 빵의 일반적·비속인적인 가치가 나타난다. 다시 말해, 사용가치와 가치는 사용가치 없이 가치는 존재할 수 없고 가치 없이 사용가치는 존재할 수 없는 관계에 있다. 좀 더 자세히 말하면, "빵을 사용가치가 되게 하는 물적 구성요소와 형태"와 "빵을 가치가 되게 하는 물적 구성요소와 형태"는 전적으로 동일하다는 것이다. 따라서 우리가 만약 "노동생산물을 사용가치로 되게 하는 물적 구성요소·형태들까지도 무시"할 경우, 그것은 동시에 "노동생산물을 가치로 되게 하는 물적 구성요소·형태들까지도 무시"한다는 것을 의미하게 된다.

우리가 "노동생산물을 사용가치로 되게 하는 물적 구성요소·형태들까지도 무시"했을 경우, "노동생산물을 가치로 되게 하는 물적 구성요소·형태"는 남아 있지 않게 되고, 이는 결국 노동생산물(상품체)에 가치는 남아 있지 않는 결과를 낳는다. 따라서 마르크스는 사용가치를 무시한 노동생산물의 나머지를 "사회적 실체의 결정체로서 가치—상품가치"라고 결코 말할 수 없게 된다.

그렇다면 마르크스가 노동생산물의 나머지라고 본 "유령 같은 형상, 즉 동질적인 인간노동의 단순한 응고물"은 대체 무엇일까? 결론부터 말해, 그것(무차별한 인간노동의 단순한 응고물)은 가치로서 결실을 맺기 전단계의 '공간화된 시간'이고 그 공간화된 시간의 일부이다.

인간은 유적·역사적으로 내화되어 축적된 시간과 개체적·시대적으로 내화되어 축적된 시간을 종합해 이를 공간화함으로써 가치를 산출한다. 다시 말해, 인간은 농업혁명을 계기로 시간을 공간화하는 행위, 즉 식량을 자주적으로 생산하는 행위를 시작했다. 한마디로 공간화된 시간이야말로 가치인 셈이다. 그런데 우리는 지금 "노동생산물을 사용가치(가치)로 되게 하는 물적 구성요소와 형태를 무시"했고, 그 결과로 노동생산물에는 가치가 남아 있지 않게 되었다. 하지만 가치가 남아 있지 않게 되었다 해서, 가치로서 결실을 맺기 전단계의 '공간화된 시간'마저 없어진 것은 아니다. '공간화된 시간'은 당연히 남아 있다. 따라서 마르크스가 말하는 "유령 같은 형상, 즉 동질적인 인간노동의 단순한 응고물"은 '공간화된 시간'이며, 그 공간화된 시간의 일부다. 이렇게 볼 때 그 나머지의 일부는 '자본(인간에게 유적·역사적으로 내화된 시간)의 단순한 응고물"에 해당한다. 가치로서 결실을 맺기 전의 '공간화된 시간'은 '동질적인 인간노동의 단순한 응고물'과 '자본의 단순한 응고물'로 구성되어 있다.

✚ **보충 1**   앞에서 검증한 것은 상품체(노동생산물)가 보유한 가치에 대해서였다. 그런데 마르크스는 상품체(노동생산물)가 보유한 가치에 대해 논하는 도중에, 아니 정확히는 마지막 부분에서 갑자기 "노동생산물들은 인간노동력이 그 지출형태와는 관계없이 지출되어 응고된 것에 불과하다…… 모든 노동생산물은 그들에게 공통적인 이러한 사회적 실체의 결정체로서 가치─상품가치이다"라는 결론을 들고 나온다. 노동생산물과 상품을 혼동·동일시한 마르크스에게 이는 매우 자연스런 결말이다. 하지만 가치를 보유하는 것은 노동생산물이다. 즉, 상품은 가치가 아니라 치장된 가치를 보유한다. 따라서 '상품가치'라는 말 자체는 성립되지 않는다. 마르크스의 논리 전개는 이처럼 지리멸렬한 그림을 그려놓은 것 같다고 할 수 있다.

✚ **보충 2**   마르크스는 사용가치로부터 자립한 가치가 존재하는 듯이 자신의 이론을 전개한다. 또한 마르크스는 사용가치와 가치가 구분 가능하다는 듯이 논리를 전개한다. 게다가 마르크스는 사용가치로부터 구분되고 사용가치로부터 자립한 가치를 '상품가치'라고 규정한다. 또 '상품가치'는 '상품의 가격'과 동일하다는 전제하에 자신의 이론을 전개한다.

하지만 사용가치와 가치는 구분할 수 없는 하나다. 사용가치와 가치의 상이함은 드러남의 차이에 불과하고, 따라서 가치는 결코 사용가치로부터 자립해 있지 않다. 마르크스의 말을 빌리자면, "이중으로, 즉 한 번은 사용가치에 대해, 또 한 번은 가치에 대해 지불하는 것이 아니다." 반대로 만약 가치가 사용가치로부터 자립해 있다면, "한 번은 그 사용가치를, 그 다음번은 그 가치를, 이라는 식으로 이중으로 지불될" 것이다. 따라서 마르크스가 전제로 하는 '사용가치로부터 자립한 가치'라는 것은 존재하지 않는다.

마르크스는 더 나아가 사용가치는 '인간의 구체적인 유용노동'이, 가치는 '추상적 인간노동'이 산출한다고 주장한다. 하지만 이미 빵의 예에서 밝혀진 것처럼, '인간의 구체적 유용노동'이 자본과 함께 빵의 사용가치와 가치를 동시에 만들어낸다. 따라서 가치는 '추상적 인간노동'이 산출한다는 사실도 존재하지 않는다.

다만 빵·고기·쌀 등의 개별적인 가치로부터 그 개별성을 추상화시켰을 때, 거기에 드러나는 추상적인 가치는 존재한다. 그리고 이 추상적 가치를 '추상적 인간노동'이 자본과 함께 산출한다면, 이는 이론으로서 성립할 수 있다. 즉, 마르크스는 추상(抽象)과 구상(具象)의 관계를 정확하게 이해하지 못하거나, 혹은 자신의 원하는 결론에 맞춰 추상과 구상의 관계를 엉터리로 논하거나, 둘 중 하나였을 것이다.

2

또 마르크스는 가치는 "모두 똑같은 인간노동, 추상적 인간노동으로" 환원되고 따라서 가치와 '추상적 인간노동'은 같다고 말한다. 그의 주장에 따르면, 가치의 생산에 자본은 아무런 관여도 하지 않는다.

아프리카에 백인이 경영하는 농장과 흑인이 경영하는 농장이 있다고 해보자. 백인이 경영하는 농장은 스프링클러가 설치되어 있어 농작물이 파릇파릇 잎이 무성하고 열매를 잔뜩 맺는 데 비해, 그 옆에 흑인이 경작하는 밭은 메말라서 농작물이 누렇게 시들고 있다. 아프리카에서의 이런 풍경은 그 배경에 스프링클러(기계설비 등)로 표현되는 자본의 유무가 깊이 관련되어 있다. 스프링클러로 표현되는 자본은 농산물 생산에 결정적인 역할을 하고 있다. 그럼에도 생산된 농산물의 가치가 "모두 똑같은 인간노동, 추상적 인간노동"으로 환원된다면, '누렇게 시든 농산물'과 '파릇파릇 잎이 무성하고 열매를 잔뜩 맺은 농산물'은 그 가치에서 등가라는 말이 된다. 마르크스의 주장은 완전히 비현실적이다.

물론, 자본(기계설비나 기술, 조직, 관계 등)은 노동의 도움을 빌리지 않고 독립적으로 가치를 생산할 수는 없다. 하지만 동시에, 자본은 분명 노동을 도와 노동과 함께 가치를 생산한다. 따라서 자본과 노동과 그 사이에서 산출되는 가치의 상호관계를 보면, 가치의 아버지는 자본이고 어머니는 노동이라고 할 수 있다. 따라서 노동생산물의 가치가 "모두 똑같은 인간노동, 추상적 인간노동으로 환원된다"는 마르크스의 말은 아버지의 도움 없이 어머니만으로 자식을 낳을 수 있다는 것과 같다.

3

또한 마르크스는 "유용한 물건이 가치를 갖는 것은 다만 거기에 추상적 인간노동이 체현되어 있거나 대상화되어 있기 때문"이라고 말한다. 마르크스의 이런 주장은 마르크스 이전의 논리학, 특히 헤겔

(Georg W. F. Hegel)이 확립한 논리학의 '내화(內化)'·'외화(外化)'·'소외(疎外)'·'대상화(對象化)' 같은 핵심 개념을 난폭하게 바꿔 쓴 것이다. 따라서 우리는 먼저 마르크스의 이런 왜곡에 대해 검증할 필요가 있다.

주지하듯이, 헤겔이 확립한 '대상화'라는 개념은 대상을 대상으로서 의식화한다는 인간의 관념적인 절차를 의미한다. 따라서 헤겔의 '대상화'는 대상에 아무런 수정을 가하지 않는다. 그래서 헤겔의 '대상화' 절차는 대상에 아무런 변화도 가져오지 않는다. 그런데 마르크스가 말하는 '대상화'는 "노동이 대상화되고…… 또는 물질화되는" 것이기 때문에, 그것은 '노동이 대상으로 변하는' 또는 '노동이 노동생산물로 변하는', 즉 '노동이 물질화되는' 것을 의미한다. 다시 말해, 마르크스의 '대상화'는 노동을 통해서 인간이 자기외화(自己外化)하는 것, 즉 '외화'를 '대상화'라는 언어(개념)로 바꿔 말한 것이다.

하지만 주지하듯이, 논리학에서의 개념은 수학에서의 기호에 해당한다. 만약 '대상화'가 수학에서 기호 '+'(더하기)에 해당한다면, '외화'는 수학에서 기호 '×'(곱하기)에 해당한다. 마르크스가 '외화'를 '대상화'로 바꿔 말하는 것은 어떤 수식에서 기호 '×'를 기호 '+'로 바꾸는 것과 같다. 그렇게 되면 수식의 의미와 결론은 완전히 달라지고, 마찬가지로 전개되는 논리로부터 도출되는 의미와 결론도 크게 달라진다. 예컨대 노동에 '대상화'라는 개념을 적용하면, 그 결과로 '대상화'된 노동은 응결되어 가만히 정지돼 있는 것처럼 느껴진다. 마르크스는 '외화'를 '대상화'로 바꿔 말함으로써, '대상화'된 노동 즉 가치가 응결된 상태에서 가만히 정지돼 있는 느낌을 독자에게 주는 것도 이 때문이다. 그리고 바로 여기에 마르크스의 속임수와 사기가 숨겨져 있다.

✚ 보충　위에서 말하는 "'대상화'된 노동 즉 가치"는 마르크스의 이론이지 나의 이론이 아니다. 나의 이론은 "자본과 노동의 협동이 가치를 낳는다"는 것이다.

마르크스는 상당히 오랜 시간을 '헤겔의 제자'로 보냈다. 때문에 마르크스는 어떤 조건이 마련되면 '외화'가 '소외'로 변한다는 것을 알고 있었다. 그래서 마르크스는 노동에 '외화'가 아니라 '대상화' 개념을 적용하고, 가치를 응결된 상태로 가만히 정지시켜두려고 했던 것이다. 하지만 어떤 결론을 끌어내기 위해 마땅히 적용해야 할 개념을 의도적으로 바꿔치기하는 속임수는, 논리에 충실한, 즉 성실한 인간이라면 결코 하지 않는 법이다. 이런 점에서 마르크스는 정말로 실망스럽다.

아울러 마르크스의 조작과는 관계없이, 노동은 그것이 '외화'이기를 멈추지 않는다. 노동생산물은 필요한 조건이 갖춰지면 상품으로 전화한다. 나아가 상품으로 전화한 노동생산물은 '소외'된 가격의 자기증식운동을 멈추지 않는다. 다시 말해, 마르크스의 속임수에도 불구하고 노동생산물은 끊임없이 상품으로 전화하고, 상품은 인간으로부터 소외된 가격의 자기증식운동을 멈추지 않는다. 그 결과로 마르크스의 속임수와 사기에 가장 배신당한 이는 다름 아닌 마르크스 자신이다.

④

이상의 내용을 토대로, 가치의 생산과 관련된 몇 가지 문제를 여기서 정리해두고자 한다.

(1)첫 번째 문제는, 자연 즉 햇빛·물·대지 등이 가치 생산에서 수행하는 역할에 대해서다. 분명한 것은 햇빛·물·대지 등이 가치 생산에 크게 기여하고 있다는 점이다. 그럼에도 불구하고 마르크스를 포함한 고전경제학자는 이를 천부적인 것, 또 무한히 주어진 것이라 여기며 경제학이 고려해야 할 대상에서 제외시켰다. 하지만 지금 우리는 지구의 유한성에 직면해 있고, 자연과의 공생을 인간의 궁극적인 과제로 대상화해야 하는 시대를 살고 있다. 바꿔 말해, 우리는 지금 마르크스를 포함해서 자연을 경제학의 대상에서 제외하는 사상과 이론을 근본적으로 해체하지 않으면 안 되는 시대에 살고 있다.

(2)두 번째 문제는, "사용가치(정확히는 노동생산물)의 제조에 필요한 사회적 필요 노동시간"이라는 대목에서 보이는 마르크스의 속임수에 대해서다. 마르크스는 의도적으로 "사용가치의 제조에 필요한 사회적 필요 노동시간"이라는 문제를 설정함으로써 자본의 존재를 일반화·사회화시키고, 논리상 자본이 마치 천부의 것인 양 취급할 수 있게 했다. 다시 말해 마르크스는 이런 속임수를 통해, 생산된 가치의 아버지가 자본임을 무시하고 노동만이 오직 가치를 산출한다는 오해를 의도적으

로 만들어내려 했던 것이다.

우리가 사는 사회는 즉자적인 자본주의가 지배하는 사회이다. 그리고 아버지가 항상 어머니 위에 군림하듯이, 자본이 노동 위에 군림하는 사회이다. 마르크스가 아무리 어머니와 노동을 하늘처럼 높이 치켜세우려 해도, 아버지와 자본이 항상 어머니와 노동 위에 군림하고 있는 것이 현실이다. 따라서 자본을 무시 또는 경시하는 마르크스는 인간에게 현실을 은폐하는 것 이상의 의미를 갖고 있지 않다. 인간의 생활과 경제에서 자본은 없어서는 안 되는 것이다. 따라서 우리에게 지금 필요한 것은 자본이 수행하는 역할을 정당하게 평가·대상화하고, 인간의 주체성에 기반해 자본과 노동의 관계를 재편해가는 것이다.

(3) 세 번째 문제는, 마르크스의 이런 의도적인 자본 경시 또는 무시가 현대 세계를 지배하는 글로벌리즘 속에 여전히 살아 있다는 사실이다. 현대 세계를 지배하는 글로벌리즘의 가장 큰 특징은 그것이 한 사회 내부는 물론이고 사회(국가·지역) 간에도 존재하는 자본의 편중을 무시한다는 데 있다. 즉, 글로벌리즘은 국내적으로는 한 사회 내부에 존재하는 자본의 쏠림을 무시하는 자유경쟁주의로, 국제적으로는 국가와 지역 간에 존재하는 자본의 쏠림을 무시하는 자유무역주의로 나타난다. 다시 말해, '사용가치의 제조에 필요한 사회적 필요

노동시간'이라는 마르크스의 의도적인 문제 설정, 그리고 이에 따른 자본의 무시 또는 경시 풍조가 오히려 자본의 편중을 무시하고 자유무역을 주장하는 글로벌리즘으로서 오늘날에도 여전히 살아 있다는 것이다. 마르크스주의는 '북'에 의한 '남'의 잔혹한 착취와 수탈을 정당화·합리화하는 강력한 논리로서 오늘날에도 여전히 살아 있다.

"어떤 물건의 가치량을 결정하는 것은 오직 사회적으로 필요한 노동량, 즉 그것의 생산에 사회적으로 걸리는 노동시간이다.…… 가치로서는 모든 상품은 일정한 크기의 응고된 노동시간에 불과하다." (49쪽)

마르크스는 "어떤 노동생산물의 가치"라고 해야 할 대목을 의도적으로 "어떤 물건의 가치"로 바꿔 말하고 있다. 이를 통해 마르크스는, 첫째로 노동생산물의 유용성을 사용가치로 한정시키려 하고 있다. 다시 말해, 가치는 노동생산물의 유용성을 의미하지 않는 것처럼 말하고 있다. 둘째로, 사용가치와 가치의 쌍관계를 해체하고, 가치를 사용가치에서 독립시키려 하고 있다. 다시 말해, 가치 없이 사용가치는 존재할 수 없고 사용가치로 환원되지 않는 가치는 존재하지 않는다고 하는, 가치와 사용가치의 관계를 해체하고 있다.

나아가 마르크스는 "사회적으로 필요한"이라는 전제를 여기서 갑자기 망각하고, "가치로서 모든 상품은 일정한 크기의 응고된 노동시간에 불과하다", 즉 가치를 낳는 것은 노동뿐이라고 결론을 맺고 있다.

하지만 자본은 하늘이 내린 천부의 것이 아니라 자본가가 보유하는 것이다. 따라서 여기서 "사회적으로 필요한"을 망각할 것 같으면, 망각할 수 있는 근거를 제시한 다음에 그렇게 해야 한다. 즉, 왜 지금까지 "사회적으로 필요한"이라고 논해왔는지, 그리고 왜 "사회적으로 필요한"을 지금 여기서 망각할 수 있는지를 밝혀야 한다. 하지만 마르크스는 이런 과정을 하나도 밟지 않은 채, 이론 성립의 전제인 "사회적으로 필요한"이라는 조건을 망각하고, "가치로서 모든 상품은 일정한 크기의 응고된 노동시간에 불과하다"고 말하고 있다. 정말로 마르크스는 '논리적 사기꾼'이라고 할 수밖에 없는 인물이다.

➕ 보충　다시 한번 말하지만, 상품은 가치를 보유하지 않는다. 상품이 보유하는 것은 치장된 가치이다. 따라서 "가치로서……의 상품"이라는 말 자체가 성립하지 않는다.

"노동생산성은…… 노동자들의 평균적 숙련도(熟練度), 과학과 그 기술적 응용의 발전 정도, 생산과정의 사회적 조직, 생산수단의 규모와 능률, 그리고 자연적 조건에 의해 결정된다. 동일한 양의 노동이라도 예컨대 풍년에는 8부셀의 밀을 생산하고, 흉년에는 겨우 4부셀의 밀을 생산한다." (49-50쪽)

①

마르크스가 "노동생산성은…… 노동자들의 평균적 숙련도, 과학과 그 기술적 응용의 발전 정도, 생산과정의 사회적 조직, 생산수단의 규모와 능률, 그리고 자연적 조건에 의해 결정된다"고 한 것은 전적으로 옳다. 그리고 마르크스가 말하는 "노동자들의 평균적 숙련도, 과학과 그 기술적 응용의 발전 정도, 생산과정의 사회적 조직, 생산수단의 규모와 능률" 등을, 나는 '인간에게 유적·역사적으로 내화된 시간' 혹은 자본이라고 말하는 것이다. 따라서 '노동생산성'이란 '노동과 자본이 협동한 경우의 노동생산성'을 의미한다. 그리고 이런 노동과 자본이 협동한 경우의 노동생산성이 가치를 낳는다.

✚ **보충**　자본(화폐집적)은 그 강력한 매개력에 의해 '인간에게 유적·역사적으로 내화된 시간'으로 전화한 것이다.

②

여기서 마르크스는 "사용가치(정확히는 노동생산물)의 제조에 필요한 사회적 필요 노동시간"이라는 개념을 파악할 수 있는 좋은 사례를 제시한다. '예컨대 풍년에는 8부셸의 밀', '흉년에는 겨우 4부셸의 밀'의 사용가치로 "사용가치(정확히는 노동생산물)의 제조에 필요한 사회적 필요 노동시간"을 잴 수가 있다는 것이다. 마르크스의 이런 주장은 정당하고, 논리적으로도 타당하다.

마르크스의 주장에 따르면, '흉년 때 4부셸의 밀'과 '풍년 때 8

부셀의 밀'의 사용가치는 같다. 그런데 우리는 '4부셀의 밀'과 '8부셀의 밀'을 같은 것으로 취급할 어떤 수학도 알지 못한다. 다시 말해, '흉년 때 4부셀의 밀'이든 '풍년 때 8부셀의 밀'이든 그 사용가치는 여전히 '유령'처럼 붙잡을 수 없는 녀석이기를 멈추지 않는다. 즉, "사용가치(정확히는 노동생산물)의 제조에 필요한 사회적 필요 노동시간"은 현실에서는 항상 수량적으로 붙잡을 수 없는 녀석이길 멈추지 않는다. 한마디로 가치는 조건(예컨대 흉년인지 풍년인지)에 따라 계속 변동하는 것이다.

✚ 보충 가치는 양자(量子)와, 가격은 물질과 매우 흡사하다. 즉, 양자는 물질과는 다른 차원의 세계에, 가치는 가격과는 다른 차원의 세계에 산다. 그리고 현대물리학이 양자와 물질을 동일한 것처럼 취급하는 데에 근본적인 오류가 있었던 것과 마찬가지로, 마르크스 역시도 가치와 가격을 동일하게 취급하는 데에 근본적 오류가 숨겨져 있었다.

앞에서 밝힌 것처럼, 가치와 양자가 지닌 하나의 공통점은, 가치를 계량할 수 있는 수학이 존재하지 않는 것과 마찬가지로, 양자의 운동이 허수(虛數)로 기술되어야 한다는 사실이다. 좀 더 부연하면, 현대물리학은 암흑물질(dark matter)이나 암흑에너지를 찾는 데 필사적인데, 이들은 아마도 양자가 사는 허공간(虛空間)에서 운동하고 있을 것이다. 이들이 양자와 다른 점이 있다면, 그것은 아마도 물질공간에 나타나지 않는다는 것뿐일 것이다. 이들은 물질공간에 나타나지 않지만 물질공간과 양자들이 운동하는 허공간은 서로 깊이 침투해 있기 때문에, 이들의 존재는 중력처럼 물질이 사는 물질공간에 큰 영양을 미치고 있는 것이다. 그리고 이들과 양자가 사는 허공간은 우리가 사는 물질공간과는 달리 아마도 시간과 공간이 결합되어 있지 않을 것이다. 즉, 허공간에서 시간과 공간은 결합되어 있지 않고, 각자 독립적으로 허공간에 펼쳐지고 있을 것이다.

제2절
상품에 드러난 노동의 이중성

"처음에 상품은 사용가치와 교환가치라는 이중성을 가진 물건으로 나타났다.…… 두 상품, 즉 1개의 저고리와 10m의 아마포를 예로 들어보자.…… 저고리와 아마포가 질적으로 다른 사용가치인 것과 마찬가지로, 그것들을 만들어낸 노동도 질적으로 서로 다른 것(즉, 재봉노동과 직포노동)이다. 만약 이 두 물건이 질적으로 다른 유용노동의 생산물이 아니라면 그것들은 결코 상품으로 서로 대면할 수 없을 것이다. 저고리는 저고리와는 교환되지 않으며, 어떤 사용가치가 동일한 사용가치와 교환되는 일은 없다." (52쪽)

①

앞 절에서 나는 "상품의 두 요소: 사용가치와 가치"라는 마르크스의 주장이 잘못되었다는 것을 다음과 같이 밝힌 바 있다.

⑴원시공산제의 전간기에 사용가치밖에 보유하지 않았던 전노

동생산물은 잠재된 가치를 그 표층에 드러내 사용가치와 가치를 보유한 노동생산물로 전화했다. 그리고 이렇게 태동한 노동생산물은 대가(제2차적 노동생산물)로 외화되었고, 다시 상품(제3차적 노동생산물)으로 소외되었다. 그 과정을 다시 한번 정리하면 다음과 같다.

먼저, 공동체와 공동체의 경계 부근에서 사용가치밖에 보유하지 않았던 전노동생산물은 공동체 간 물질교환의 장에 참여하게 되면서 그 안에 잠재되어 있던 가치를 표층에 드러내 사용가치와 가치를 보유하는 노동생산물로 전화했다.

다음으로, 이렇게 태동한 노동생산물은 자신이 보유하게 된 가치를 근거로 상대방 공동체가 소유한 물자(노동생산물)를 구매하기 위한 희생(제물) 즉 대가(제2차적 노동생산물)로 외화되었다.

이어서, 상대방 공동체가 보유한 물자(노동생산물)를 구매하기 위한 희생으로서 대가(제2차적 노동생산물)가 출현하면서, 이에 매개되어 대가는 다시 제3차적 노동생산물 즉 상품(구매되는 물건)으로 소외되었다. 다만 이 시점에서 태동한 상품은 아직 '파는 물건'이 아니라 '사는 물건'에 그쳤다.

다시 말해, '노동생산물' 혹은 '상품'이라 불리는 것들은 사용가치밖에 보유하지 않은 '전노동생산물', 사용가치와 가치의 보유자(또는 가치의 보유자)인 '노동생산물', 상품을 사기 위한 희생 즉 '대가'(제2차적 노동생산물), 치장된 가치의 보유자로서의 '상품'(제3차적 노동생산물)이라는 네 종류로 구분할 수 있다. 다시 말해, 노동생산물로부터 외화된 것이 대가이고, 소외된 것이 상품이다. 따라서 대가(제2차적 노동생산물)는 외화된 가치 즉 교환가치를 보유하고, 상품(제3차적 노동생산물)은 소외된 가치 즉 치장된 가치를 보유한다.

(2) 그런데 마르크스는 '노동생산물' 또는 '상품'이라 불리는 것들이 네 종류로 구분될 수 있다는 것, 또는 네 종류로 구성되어 있다는 것을 전혀 대상화하지 못했다. 요컨대 마르크스는 노동생산물과 상품이 무엇인지를 전혀 이해하지 못했다.

(3) 그 결과 마르크스는, 첫째로 노동생산물과 상품(제3차적 노동생산물)을 혼동·동일시하는 오류를 범했다. 즉, 노동생산물과 상품을 혼동·동일시하고, '상품의 두 요소: 사용가치와 가치'로 규정하는 오류를 범했다. 사용가치와 가치를 보유하는 것은 노동생산물이지 상품이 아니다. 따라서 만약 '상품의 두 요소'라 할 것 같으면, '사용가치와 가치'가 아니라 '치장된 가치와 가격'이라고 해야 한다. 둘째로 마르크스는 대가(제2차적 노동생산물)와 상품(제3차적 노동생산물)을 혼동·동일시하는 오류를 범했다. 실제로 마르크스는 대가를 '제2의 상품'이라 부르는 오류를 범했다.

(4) 이런 점에서 볼 때, 마르크스의 『자본론』 「제1권 자본의 생산

과정」「제1편 상품과 화폐」「제1장 상품」「제1절 상품의 두 요소: 사용가치와 가치」는 치명적인 오류를 담고 있다. 처음부터 잘못되어 있기 때문에, 그 결과로 마르크스의 『자본론』은 필연적으로 방대한 오류의 집적이 되었다.

②

"처음에 상품은 사용가치와 교환가치라는 이중성을 가진 물건으로 나타났다"는, 즉 '상품의 두 요소가 사용가치와 가치'라는 마르크스의 주장은 성립하지 않는다. 또 '두 상품, 예컨대 저고리와 아마포'라는 마르크스의 기술은 정확히는 "하나의 상품과 또 하나의 대가, 예컨대 저고리와 아마포"로 기술되어야 한다. 나아가 "저고리는 저고리와는 교환되지 않으며, 어떤 사용가치가 동일한 사용가치와 교환되는 일은 없다"는 마르크스의 주장도 근본적으로 잘못되었다. "저고리가 저고리와 교환되지 않는" 것은 "어떤 사용가치는 동일한 사용가치와 교환되지 않기" 때문이 아니라, 저고리를 대가로 내놓을 수 있는 구매자는 일반적으로 저고리를 사야 할 필요가 없기 때문이다. 저고리와 아마포가 교환되는 것은 두 개의 상품이 사용가치로서 대면하는 것이 아니라 상품이 보유하는 치장된 가치와 대가가 보유하는 가치(교환가치)가 대면하는 풍경이다.

"여러 가지 사용가치는, 만약 거기에 질적으로 다른 유용노동이 포함되어 있지 않다면, 상품으로 서로 대면할 수 없다.······ 상품생산자 사회에서는 〔개별 생산자들이 상호 독립적으로 사적으로 수행하는〕 여러 가지 형태의 유용노동 사이의 질적 차이는 하나의 복잡한 체계〔즉, 사회적 분업(social division of labour)〕로 발전한다." (52쪽)

"두 상품이 사용가치로서 대면하는" 것이 아니다. 상품이 보유하는 치장된 가치(가 제시하는 사용가치)와 대가가 보유하는 교환가치가 대면하고 있는 것이다. 마르크스는 상품 매매의 본질을 전혀 이해하지 못하고 있다.

나아가 마르크스는 이 대목에서 만화와도 같은 자신의 역사관을 피력한다. 즉, 마르크스는 '에덴동산' 시절부터 로빈슨 크루소 같은 '독립생산자'가 존재해서 '상품생산자 사회'를 형성했다고 말한다. 또 "개별 생산자들이 상호 독립적으로 사적으로 수행하는 여러 가지 형태의 유용노동 사이의 질적 차이"가 "하나의 복잡한 체계, 즉 사회적 분업으로 발전"했다고 말한다. 이런 황당무계한 역사관을 마르크스가 '유물사관'이라 불렀다면, 일찍이 '유물사관'을 믿음직스런 역사관이라고 생각한 적이 있던 나로서는 웃음보다 눈물이 날 수밖에 없다.

실제로 인간의 역사는 약 1만 년 전 농경민이 공동체를 발명하고, 이 공동체의 힘으로 농업혁명에 성공해 공동체 단위로 '공동생산(노동)과 공동분배', 즉 원시공산제를 시작한 데에서 발단했다. 한마디로 이때부터 인간은 인간이 된 것이다. 그리고 이때에 이르러 인간은 '자연의 일원'에서 '공동체의 일원'으로 변화했고, '공동생산'(노동)을 시작했다. 즉, '공동생산'이라는 형태로 인간이 '사회적 분업'을 시작한 것은 이때부터였다. 그리고 이런 '사회적 분업'의 시작에서 "상호 독립적으로 사적으로 수행하는 여러 가지 형태의 유용노동 사이의 질적 차이"는 아무런 관여도 하지 않았다. 아니, 오히려 "상호 독립적으로 사적으로 수행하는 여러 가지 형태의 유용노동" 자체가 존재할 수 없었던 시대에 인간은 원시공산제라는 형태로 '사회적 분업'을 시작했던 것이다.

> **"상품의 가치는 순전한 인간노동(human labour pure and simple), 즉 인간노동력 일반의 지출을 표현하고 있다."** (55쪽)

상품은 치장된 가치를 보유하지, 가치를 보유하지 않는다. 따라서 '상품의 가치'라는 말 자체가 성립되지 않는다. 또한 노동생산물이 보유하는 가치는 자본과 노동의 협동이 산출한 것이다. 따라서 가치를 '인간노동 자체' 혹은 '인간노동력 일반의 지출'과 같다고 등호로 묶을 수는 없다.

> **"더 복잡한 노동은 강화된 또는 몇 배로 된 단순노동(intensified or rather multiplied simple labour)으로 간주될 뿐이며, 따라서**

적은 양의 복잡노동은 더 많은 양의 단순노동과 동등하게 간주된다. 이와 같은 환산이 끊임없이 이루어지고 있다는 것은 경험으로 안다. 어떤 상품이 복잡한 노동의 생산물이라 하더라도, 자기의 가치를 통해 단순노동의 생산물과 동등하게 되고 일정한 양의 단순노동을 대표할 뿐이다." (56쪽)

[1]

앞으로도 나는 마르크스가 그 『자본론』에서 얼마나 많은 '논리적 범죄'를 저질렀는지를 밝히겠지만, 여기서만큼 마르크스의 주장이 범죄적인 경우도 그리 많지 않다. "더 복잡한 노동은 강화된 또는 몇 배로 된 단순노동으로 간주될 뿐이며, 따라서 적은 양의 복잡노동은 더 많은 양의 단순노동과 동등하게 간주된다"는 그의 주장은, 첫째로 청소로 대표되는 단순노동에 대한 멸시를 반복적으로 재생산하고, 둘째로 이것이 훗날 '동일노동 동일임금'이라는 '원칙'으로까지 이어져 "복잡노동에는 높은 임금을! 청소 같은 단순노동에는 그 나름의 임금을!"이라는 '세간의 상식'을 재생산했으며, 셋째로 나아가 인간의 능력을 토막 내 차별·서열화하는 '능력주의'라는 이데올로기로까지 추앙받으면서, 넷째로 오늘날까지도 세계를 석권하며 인간을 나누고 짓밟고 있다.

나는 마르크스의 이런 주장, 즉 "복잡노동은 강화된 또는 몇 배로 된 단순노동에 불과하고, 따라서 적은 양의 복잡노동은 더 많은 양의 단순노동과 동등하게 간주되며, 이와 같은 환산이 끊임없이 이루어진다"는 주장이 과연 정당한지를 검증하기 위해, 먼저 노동 자체에 대해 살펴보고자 한다.

(1)노동은 인간의 자기표현(외화) 가운데 하나이다. 그리고 인간의 자기표현은 '인간이 그 자의식에 자기를 형성하는 과정'과 '형성된 자기를 표현(외화)하는 과정'으로 구성된다.

(2)'인간이 그 자의식에 자기를 형성하는 과정'은 시간이 인간에 내화되는 과정과 같다. 또 '인간이 그 자의식에 형성된 자기를 표현(외화)하는 과정'은 인간에 내화된 시간이 인간을 매개로 공간화되는 과정과 같다.

(3)인간은 유적이고 역사적으로 살아간다. 동시에 인간은 개체적이고 시대적으로 살아간다. 따라서 인간에 내화되는 시간 역시도 유적이고 역사적으로, 또 개체적이고 시대적으로 인간에 내화되어간다. 마찬가지로 인간에 내화된 시간이 인간을 매개로 공간화(외화)되어간다 했을 때, 그 공간화(외화) 역시도 유적이고 역사적으로 인간에 내화된 시간의 공간화와, 개체적이고 시대적으로 인간에 내화된 시간의 공간화라는 양면을 갖는다. 그리고 유적이고 역사적으로 인간에 내화된 시간은 인간의 사회적 생산력(광의의 자본)으로 공간화되고, 또 개체적이고 시대적으로 인간에 내화된 시간은 인간의 온갖 자기표현(춤추기·노래하기·그리기·일하기 등등) 즉 인간의 외화적

생활로 공간화된다.

✚ 보충 인간의 생활은 앞서 말한 '온갖 자기표현', 즉 '온갖 외화'(외화적 생활)
와 '온갖 내화'(먹기·마시기·듣기·보기 등등—내화적 생활)라는 양면으로 구성
된다.

(4)이렇게 보면 노동은 개체적이고 시대적으로 인간에 내화된
시간이 공간화된 것, 다시 말해 인간의 온갖 자기표현, 즉 인
간의 외화적 생활의 일부를 의미한다. 이런 의미에서 노동은
'생활의 일부'였다고 할 수 있다.

✚ 보충 다케다 게이치로(武田桂一郎)는 일찍이 "생명활동이 전개되는 공간적
인 장이 지역이고, 시간적(내용적)인 장이 생활이다"라고 말한 적이 있다.

②

인간에 내화되는 시간은 먼저 '신체의 진화'로서, 다음으로 '대
뇌와 언어의 진화'로서 공간화되어왔다. 그리고 '대뇌와 언어의 진화'가
일정 수준에 도달했을 때, 지구에는 영거드리아스기(12,900~11,500년 전)
가 찾아왔다. 영거드리아스기가 도래하면서 숲에서 수렵·채집하던 인
간은 숲을 나와 목축과 농업을 시작했다. 숲에서 나온 인간에 의해 수
렵은 목축으로, 채집은 농업으로 진화하기 시작했다. 그리고 이런 과정
에서 즉자적이고 평면적이던 인간의 자의식은 대자·대타화되고 입체
화되어갔다. 인간의 자의식이 자연(동물과 식물)을 대상화(대타[對他])하
고, 동시에 이렇게 자연을 대상화하는 자기(인간)를 대상화(대자[對自])하

지 않으면 목축도 농업도 할 수 없었기 때문이다. 인간의 자의식은 이제 다음과 같이 대자·대타화되고 입체화되었다.

⑴즉자적이고 평면적이던 인간의 자의식은 인간이 숲에서 나와 수렵이 목축으로 채집이 농업으로 진화해감에 따라서 대자·대타화되고 입체화되어갔다. 이는 마치 납작한 풍선처럼 평면적이던 인간의 자의식이 수렵이 목축으로 채집이 농업으로 진화함에 따라 부풀기 시작한 것과 같다. 그리고 이렇게 납작한 풍선처럼 평면적이던 인간의 자의식이 부풀기 시작하면서, 풍선의 안쪽에 위치한 자의식은 오히려 '관성의 법칙'을 따르듯 그 형상의 변화를 싫어해 부풀게 하려는 압력에 저항하려 한다. 즉, 풍선의 안쪽에 위치하는 자의식은 안쪽으로 수축하고, 풍선의 바깥에 위치하는 자의식은 부풀어 오르려는 압력에 순응하며 부풀어가는 것이다. 평면적이던 인간의 자의식이 어느 정도 이상으로 팽창해 그 속에 공간이 형성되면, 이렇게 안쪽의 자의식은 안으로 둘둘 말리고, 바깥쪽의 자의식은 밖으로 계속 팽창해간다. 그리고 그 결과로 인간의 자의식은 둥글게 말린 안쪽의 자의식(의식)과 계속 팽창하는 바깥쪽의 자의식(의식 공간)으로 분리·분화된다. 구조적으로 인간의 자의식이 의식과 의식공간으로 분화된 것이다.

그리고 이렇게 분화된 의식과 의식공간은 서로를 매개하며 의식의 자기증식운동을 전개한다. 둘둘 말린 안쪽의 의식(자의식)은 의식공간 안을 자유자재로 운동하면서 의식공간에 다양한 색채를 부여하고, 동시에 이렇게 색채가 부여된 의식 공간이 이번에는 의식에 내용을 부여해간다. 의식이 의식공 간에 의미를 부여하고, 의미를 부여받은 의식공간이 이번에 는 의식에 내용을 부여하면서, 의식과 의식공간이 상호 매개 하는 의식의 자기증식운동을 전개하는 것이다. 이런 운동을 통해 인간의 자의식은 어둡고 비좁고 평면적이고 색채가 없 는 암흑의 세계에서 밝고 넓고 입체적이며 색채가 풍부한 세 계로 순식간에 변모해간다.

(2)이와 같은 자의식의 입체화는 유목민과 농경민 모두에게도 평등히 전개되었다. 하지만 앞서 말한 것처럼, 유목민의 '무리' 에는 주로 축소·분산의 압력이 가해졌고, 농경민의 '무리'에 는 주로 확대·팽창의 압력이 가해졌다. 그리고 그 결과로 자 의식이 입체화되는 모습도 유목민과 농경민의 경우는 서로 다른 양상으로 전개되었다.

먼저 농경민의 경우, 인간의 자의식이 즉자적이고 평면적이던 시대에는 인간의 자의식이 대상화하는 '섹스파트너'나 '무리' 도 당연히 평면적으로 대상화되어 있었다. 다시 말해, 인간의 자의식이 '섹스파트너'와 '무리'를 동일한 평면상에서 바라보 았다. 즉, 인간의 자의식에서 '섹스파트너'와 '무리'의 경계는 없었다. '섹스파트너'는 '무리에 속한 이성(異性)'의 연속이었고, 이 둘 사이에는 본질적으로 어떤 구별도 존재하지 않았다. 하지만 채집이 농업으로 진화함에 따라 인간(농경민)의 자의식이 대자·대타화되고 입체화되어갔고, 이에 따라 인간의 자의식이 대상화하는 '무리' 또한 '공동체'로 입체화되어갔다. '섹스파트너'(자녀들을 포함)도 '공동체'에 포섭되면서 '가족'으로 입체화되어갔고, 나아가 '나'도 '공동체의 일원'이고 '가족의 일원'으로서 입체화되어갔다. 이렇게 인간의 자의식 속에서 '공동체'와 '가족'과 '나'라는 3자가 구조적으로 입체화되어갔고, 이에 따라 인간의 자의식(나)에서 '섹스파트너'와 '무리'(공동체) 사이의 경계가 선명해졌다. 즉, '나'에게 있어 '무리'(공동체)에 속한 이성은 '섹스파트너'와 확연히 구별되는 타인으로서 대상화되었다. '무리'가 '공동체'로 입체화되면서 '섹스파트너'는 더 이상 '무리'에 속한 이성(異姓)이 아닌 존재가 되었고, 인간의 자의식에 '가족'이 형성되었다.

한편 유목민의 경우, 그들 '무리'에는 항상 축소·분산의 압력이 가해졌고, 이로 인해 입체화된 인간의 자의식은 '무리'를 공간적으로 입체화하지 못하고 시간(관계)적으로 입체화되어갔다. 즉, 유목민에게 있어 '무리'는 '공동체'로서 공간적으로 입체화된 것이 아니라 '유대'로서 시간적 관계적으로 입체화되었다. 그리고 그 결과로 유목민은 자의식이 입체화되었어도 '공동체'를 소유할 수 없게 되었고, 따라서 '섹스파트너'(자식을 포함)는 '유대'로서 입체화된 '무리'에 포섭되면서 '가족'으로 입체화되어갔다. '나' 또한 '유대'로서의 '무리'와 '가족'에 포섭되면서 그 '일원'으로서 입체화되어갔다.

✚ **보충** 국가의 맹아를 의미한다. 따라서 앞서 말한 '가족'은 '가족의 맹아'를 의미한다.

(3) 이렇게 인간 자의식이 입체화되고 이에 따라 '공동체' 또는는 '유대'와 '가족'과 '나'가 태동함에 따라, 인류는 역사상 처음으로 그 자의식이 섹스로부터 자립하게 되었다.

인간의 자의식이 평면적이던 시대에, 인간의 자의식은 항상 섹스에 종속되고 질질 끌려 다니면서 '안주할 땅'을 얻지 못했다. 하지만 수렵이 목축으로 또 채집이 농업으로 진화함에 따라, 인간의 자의식이 의식과 의식공간으로 입체화되었고, 그들의 '무리'가 '공동체'와 '유대'로 입체화되었으며, 나아가 이렇게 입체화된 '무리'에 포섭되면서 '가족'과 그 일원으로서의 '나'가 입체화되었다.

이때에 이르러 비로소 '나'에게 있어 '섹스파트너'와 '무리에 속한 이성' 간에는 선명한 경계가 형성되었다. 그 결과 '나'를 발기시키는 섹스는 '가족'과 '공동체'라는 세계에 갇혀 질서화되었고, 이에 따라 인간의 자의식은 인류가 태어난 이래 처음으로 섹스로부터 자립해 '안주할 땅'을 얻게 되었다. 한편, 섹스로부터 자립한 자의식은 이번에는 '가족'과 '공동체' 혹은 '유대'를 무기로 섹스를 옭아매갔다. 이유는 그냥 내버려 두면 '가족'은 물론 '공동체'와 '나'도 와해시켜버릴지 모르는 것이 섹스였기 때문이다. 그리고 자의식에 의한 섹스의 이런 구속은 인간사회가 모계제에서 부계제로 바뀌면서 남성이 여성의 성을 소유·관리하기에까지 이르게 되었다.

(4) 이런 일련의 과정을 거쳐 인간사회는 '무리'라는 단층구조에서 '공동체'(유목민의 경우는 '유대')·'가족'·'나'라는 삼자로 구성되는 3층 구조의 입체적인 사회로 진화했다. 그리고 이에 따라 농경민의 경우, 인간은 '자연의 일원'이기를 그만두고 '공동체의 일원'으로 옮겨갔다. 한마디로 이제까지 짐승의 일종이었던 인간은 이때부터 인간이 되었고, 인류의 역사는 이때부터 시작되었으며, 인류는 이때부터 자연으로부터 소외되었던 것이다. 공동체를 소유할 수 없었던 유목민의 경우는 자의식이 입체화됨에 따라 자연으로부터 외화되기는 했지만 소외되는 일은 없었다. 즉, 목축은 농경처럼 자연을 인위적으로 개조하고 착취·수탈하는 행위에 이르지 않았다.

(5) 이런 일련의 과정은 농경민의 경우 '나'의 바깥에 '자연(우주)'·'공동체'·'가족'·'나'가 구조적으로 형성되었음을 의미한다. 그리고 이와 더불어 '나' 안에 '우주로서의 나'·'공동체로서의 나'·'가족으로서의 나'·'나로서의 나'가 형성되어갔다. 한마디로 '나'는 모순·대립하는 '(적어도)네 개의 나'로 분열되

었던 것이다. 특히 이때부터 '나'는 절대적으로 모순·대립하는 '우주로서의 나'와 '나로서의 나'로 분열하게 되었다. 그리고 그 결과로 절대적으로 모순·대립하는 '우주로서의 나'와 '나로서의 나'가 만나 상호침투·상호융합하는 과정이 인간의 궁극적인 해방을 위해 반드시 필요하게 되었다.

✚ 보충 1　유목민의 경우, 처음에는 공동체를 소유할 수 없었기에 '나'가 '우주로서의 나'·'가족으로서의 나'·'나로서의 나'라는 셋으로만 분열했다. 다시 말해, 그들에게는 '공동체로서의 나' 즉 유(類)적인 '나'가 존재하지 않았다. 하지만 이후 유목민도 목축혁명을 성공시키면서 공동체를 소유하게 되었고, 그 결과로 유목민의 자의식에도 '공동체로서의 나'가 형성되었다. 하지만 농경민의 그것과 비교해 유목민에게 형성된 '공동체로서의 나' 즉 유적인 '나'는 신참에 불과했고 허약하기 그지없었다. 따라서 농경민의 경우는 유(類)적인 '나'가, 유목민의 경우는 사(私)적인 '나'가 그 자의식 속에서 압도적으로 우세해졌다. 그리고 그 결과로 농경민은 생존적·여성적이고, 유목민은 자기표현적·남성적인 것이 그 타고난 특징이 되었다.

✚ 보충 2　개개의 인간은 대단한 장점도 없고 그저 하루하루를 평범하게 살다가 죽는 존재에 불과하다. 아니, 우리 모두는 그렇게 느낀다. 하지만 동시에 다른 한편에서, 어두운 밤하늘을 배경으로 빛나는 별들을 바라보는 개개의 인간은 우주와 하나이고 우주 자체인 것처럼 존재한다. 즉, 개개의 인간은 다른 무엇과도 바꿀 수 없는 유일무이한 존재이다. 아니, 우리 모두는 그렇게 느낀다. 현실을 살아가는 개개의 구체적인 인간은 이렇게 '평범함'과 '유일무이함'으로 분열된 상태에서 하루하루를 살아가는 존재이다. 따라서 인간의 궁극적인 해방을 위해서는 이 절대적이라고도 할 수 있는 모순의 지양이 반드시 필요했다. 인간의 자의식이 입체화되고 인간이 비로소 인간이 된 시점부터, 이는 인간의 정해진 운명이었다고 할 수 있다.

3

앞에서 밝힌 것처럼, 인간 자의식이 입체화됨에 따라 태동한 공동체는 사실은 인간에게 유적·역사적으로 내화된 시간을 공간화하기 위한 장치로서 기능한다. 즉, 공동체는 인간의 사회적 생산력 자체를 의미하고 또 그렇게 기능했다. 동시에, 인간에게 개체적·시대적으로 내화된 시간의 일부(노동)는 인간의 생활로부터 떨어져 나와 공동체(사회적 생산력)에 동원되고, 노동으로서 생활로부터 외화되었다. 즉, 농업혁명의 성공에 따라 노동은 인간의 외화적 생활—인간의 온갖 자기표현—로부터 떨어져 나오고 또 생활로부터 외화되었다. 노동이 생활로부터 외화되면서 직종과 직업(신관·궁인·직공·군인 등)이 태동했고, 지역으로부터 직장(신전·궁정·공방·병영 등)이 소외되었다. 다시 말해, 인간(농경민)은 약 1만 년 전에 공동체를 만듦으로써 유적·역사적으로 내화된 시간(사회적 생산력)과 개체적·시대적으로 내화된 시간(노동)을 종합하고 공간화해 식량의 자주적 생산을 가능하게 했다. 이런 점에서 농업혁명이 성공할 수 있었던 이유는 인간이 시간을 인위적으로 공간화할 수 있게 되었다는 데 있다고 할 수 있다.

이런 농업혁명의 성공으로 인간의 노동은 크게 변모했다. 이전까지 노동은 인간의 외화적 생활—인간의 온갖 자기표현—의 일부였고, 개체적·시대적으로 인간에 내화된 시간 가운데 생산적으로 공간화된 시간(노동)이었다. 하지만 이런 노동이 농업혁명에 매개되어 인간의 생활로부터 떨어져 나와 노동으로서 공동체의 관리하에 놓이게 되었다. 한마디로 농업혁명의 발발과 함께 노동이 인간의 외화적 생활로부터 분화되어 노동으로서 사회적으로 태동한 것이다. 그리고 이후 고대국가 시대에 권력의 언어를 그 본질로 하는 화폐가 발명되면서, 화폐의 강력한 상품화 능력에 매개되어 생활로부터 분화된 노동은 노동력 상품(상품)으로 전화했다. 즉, 1차적으로 노동은 '생활의 일부'였고, 2차적으로 노동은 '노동'으로서 생활로부터 외화되었으며, 3차적으로 노동은 '임노동'으로서 생활로부터 소외되었다.

④

노동의 역사에 대한 이런 이해를 기반으로, 마지막으로 자기표현에서의 '복잡'과 '단순'이라는 문제를 생각해보기로 하자.

먼저 노동의 발생을 앞에서와 같이 이해할 때, 노동의 본질은 인간에게 개체적·시대적으로 외화된 시간 가운데 생산적으로 공간화(표현)되어온 시간이라고 할 수 있다. 따라서 노동은 춤추기·노래하기·그리기 등과 같은 자기표현과 본질적으로 동일하다 할 수 있다. 더불어 노동은 춤추기·노래하기·그리기 등과 같은 단발적인 자기표현과 비교해 매우 종합적인 자기표현이라 할 수 있다.

그렇다면 노동을 포함한 인간의 자기표현에서 '복잡'하고 '단순'하다는 것은 대체 어떤 의미가 있을까? 분명한 것은 일반적으로 복잡한 자기표현보다 단순한 자기표현이 아름답다는 것이다. 또 인간의 자기표현에서 가장 문제가 되고 중시되어야 할 것은 그 깊이이지 복잡함이 아니라는 것이다. 인간의 깊은 곳에서 발하는 자기표현은, 그것이 복잡한지 아닌지를 불문하고, 반드시 인간을 깊이 감동시킨다. 이에 비해 인간의 깊은 속에서 발하지 않는 표면적인 자기표현은 그것이 아무리 복잡해도 인간을 전혀 감동시키지 못한다. 따라서 자기표현에서 가장 중요한 것은 그 깊이이지 복잡함이 아니다. 더욱이 복잡한 자기표현은 단순한 자기표현으로 분해되지도 않는다.

'춤'을 예로 들어 생각해보자. 사람들이 감동할 만큼 훌륭한 '단순한 춤'이 있다. 또 별로 볼 만한 게 없는 '복잡한 춤'도 있다. 즉, '복잡한 춤'이 '단순한 춤'보다 가치 면에서 반드시 우수하다고는 볼 수 없다. 더욱이 '복잡한 춤'과 '단순한 춤'은 모두 '단순한 스텝'으로 분해할 수는 있지만, 그렇다고 해서 '복잡한 춤'을 '단순한 춤'으로 분해할 수 있는 것은 아니다. 결국 사람을 감동시키는 아름다운 춤은 춤추는 사람 내면 깊은 곳에서 나오는 춤이지, 복잡한지 아닌지는 전혀 관계가 없다.

이는 인간의 자기표현 가운데 하나이자 가장 종합적인 자기표현인 노동에 대해서도 적용된다. 노동 또한 일반적으로 복잡하기보다는 단순한 쪽이 아름답다. 또 '복잡한 노동'을 '단순한 노동'으로 분해할 수 있는 것도 아니다. 그 사람이 지닌 인간으로서의 깊은 곳에서 표현된 노동은 언제나 그 가치가 매우 크다. 이런 노동은 인간에게 항상 커다란 감동을 준다.

요시모토 다카아키[2]는 그의 저서 『언어에 있어서 아름다움이란 무엇인가』에서, 예술의 가치는 자기표현으로서의 깊이와 강인함·풍부함으로 가늠해야 한다는 취지의 주장을 한 적이 있다. 나는 요시모토의 이런 주장에 전적으로 동의하고, 나아가 노동의 가치에도 그의 이런 생각이 적용되어야 한다고 생각한다. 왜냐하면 노동은 인간의 자기표현 가운데 하나이고, 따라서 노동은 다양한 예술표현과 본질적으로 동일하기 때문이다. 요시모토의 표현을 빌리자면, 자기표출되어 있는 속에서 노동의 가치도 드러날 것이기 때문이다.

이런 점에서 마르크스가 "더 복잡한 노동은 강화된 또는 몇 배로 된 단순노동으로 간주될 뿐이며, 따라서 적은 양의 복잡노동은 더 많은 양의 단순노동과 동등하게 간주된다"고 했던 주장은, 노동의 본질을 전혀 이해하지 못하고 입에서 나오는 대로 아무렇게나 지껄인 근거 없는 오류라고밖에 달리 표현할 수 없다. 아울러 마르크스의 이런 잘못된 이론을 근거로 하는 '동일노동·동일임금 원칙'은 평등을 가장해 단순노동을 멸시하고, 단순노동에 종사하는 사람들을 저임금으로 고생시키는 것을 정당화·합리화하는 동시에, 공공의 것을 사유화하는 권력자들이 '복잡노동자'로서 높은 급여를 버젓이 받아먹는 것을 정당화·합리화하는 '원칙'에 불과하다. 나아가 이 '원칙'을 이데올로기로 만든 '능력주의'는 공평을 가장해 계량할 수 없는 '능력'으로 인간을

2　吉本隆明(1924~2012년). 다카아키(隆明)를 음독해 '요시모토 류메이'라고도 불림. 문학에서 비주류 문화, 정치/사회/종교(특히 불교와 기독교)에 이르는 광범위한 영역에서 다수의 저작을 남긴 시인이면서 일본의 대표적 사상가.

구분하고, 자의적으로 차별·선별·서열화해 인간을 짓밟는 것을 정당화·합리화하는, 도저히 용서하기 힘든 이데올로기다. 따라서 나는 "단순노동이야말로 아름답다!"를 새로운 시대 인간의 '슬로건'으로 삼아야 한다고 굳게 믿는다. 왜냐하면 자기표현은 일반적으로 복잡하기보다 단순한 쪽이 더 아름답기 때문이다.

✚ 보충 청소라는 '단순노동'을 생각해보자. 최고경영자가 매일 솔선해서 일터를 청소하는 조직과 그런 '단순노동'을 외부에 위탁하는 조직을 비교하면, 전자는 직장의 정리정돈이 빈틈없고 생산성이 매일 눈에 띄게 향상되어간다. 한편, 후자는 직장이 느슨해지고 간부들이 타락하며 생산성은 매일 하락해간다. 이런 점에서 볼 때, 노동은 본래 단순하냐 복잡하냐로 그 우열을 구분할 수 없는 인간의 자기표현이다. 그리고 이런 자기표현은 본질적으로 관계적이다. 따라서 관계가 부패하면, 노동도 매일 부패할 수밖에 없다.

또 마르크스는 "적은 양의 복잡노동은 더 많은 양의 단순노동과 동등하게 간주된다. 이와 같은 환산이 끊임없이 이루어지고 있다"고 말한다. 마르크스가 말하는 '환산'은, '일반적 등가물'인 금(화폐)이라는 상품이 물질의 등가교환을 매개하고 그 가치에 걸맞은 가격을 항상 부여한다는 엄청난 오류에서 나온 것이다. 예를 들어 마르크스는, 공적인 것을 사유화하는 권력자들이 높은 급여를 받아먹고 이에 비해 비권력자들이 박봉을 강요당하는 것은, 권력자들의 복잡노동이 그 큰 가치에 걸맞게 비싼 가격으로 등가교환되고, 비권력자들의 단순노동이 그 작은 가치에 걸맞게 싼 가격으로 등가교환된다는, 즉 '일반적 등가물'인 금(화폐)이라는 상품에 의해 등가교환이 실현된다고 말하고 있는 것이다.

하지만 인류는 역사상 단 한 번도 등가교환을 한 적이 없다. 따라서 '일반적 등가물'로서의 화폐도 역사상 한 번도 이 세상에 나타난 적이 없다. 따라서 마르크스의 주장은, 권력자들이 높은 급여를 받아먹고 비권력자들이 박봉에 시달리는 것을 (현실에 존재하지도 않는) '일반적 등가물'인 화폐가 환산하는 것이라고 정당화·합리화하고 있을 뿐이다. 이런 점에서 마르크스라는 인간은 정말로 잔혹한 '논리적 범죄자'다.

> **"상품에 투하되어 있는 노동은 사용가치와의 관련에서는 질적으로만 고려되고, 가치와의 관련에서는 [노동이 벌써 순전한 인간노동으로 환원되어 있으므로] 양적으로만 고려된다."** (57쪽)

주지하듯이, 마르크스는 가치를 사용가치로부터 자립시킨다. 그리고 사용가치는 '인간의 구체적인 유용노동'이, 가치는 '추상적 인간노동'이 산출한다고 주장한다. 하지만 사용가치와 가치는 동일한 것이 모습을 달리해 나타나는 것일 뿐, 분할할 수 있는 것이 아니다. 따라서 우리가 만약 "노동생산물을 사용가치로 되게 하는 물적 구성요소·형태들까지도 무시하게 된다"면, 이는 동시에 노동생산물을 가치로 되게 하는 물적 구성요소·형태들까지도 무시하게 된다는 말이 된다. 그리고 이런 상황에서 노동생산물에는 더 이상 가치가 남아 있지 않게 된다. 그리고 이제 노동생산물에 남은 것은 "자본과 인간노동의…… 단순한 응고물"이라고도 할 만한, 가치(사용가치)로서 결실을 맺기 전의 '공간화된 시간'뿐이다. 따라서 가치와 "노동이 순전한 인간노동으로 환원된"

것이 같다는 마르크스의 주장은 성립하지 않는다. 마르크스가 말하는 "가치와의 관련에서는 노동이 벌써 순전한 인간노동으로 환원되어 있으므로 양적으로만 고려된다"는 주장도 성립하지 않는다.

그럼에도 불구하고 "순전한 인간노동으로 환원되어 (단지) 양적으로만 고려된다"는 마르크스의 주장은 스스로 자립하여 "노동에는 질이 없고 단지 양만을 의미한다"는 속설로 바뀌어 세상에 널리 선전되고 유통되어왔다. 뿐만 아니라 마르크스주의자들은 마르크스의 이런 잘못된 주장을 근거로 "노동에 의미와 가치는 없다"고 과격하게 말하면서 노동자가 노동에서 의미를 찾으려는 것을 엄격히 금지해왔다.

하지만 이미 밝힌 것처럼, 노동의 본질은 춤추기·노래하기·그리기 등과 같은 인간의 자기표현 가운데 하나이다. 더욱이 노동은 춤추기·노래하기 등의 단발적인 자기표현과 달리 가장 종합적인 자기표현이다. 한마디로 노동은 사는 것 자체다. 이런 노동의 의미와 가치를 추구하지 못하게 억압해온 마르크스와 그 신봉자(마르크스주의자)들은, 따라서 인간에게 살아가는 것을 금지한 것과 마찬가지다. 이런 점에 비춰볼 때, 마르크스주의만큼 잔혹한 이데올로기는 역사상 존재한 적이 없다. 마르크스가 범해온 '논리적 범죄' 가운데 하나가 여기에도 선명히 남아 있다.

"생산성(productivity)은 물론 언제나 구체적 유용노동(concrete useful labour)의 생산성을 의미하는데, 이것은 어떤 특수한 생산활동이 주어진 시간에 주어진 목표를 얼마나 잘 달성하는가를 가리키는 것이다.…… 생산성은 구체적 유용형태의 노동의 속성이므로, 노동의 구체적 유용형태가 무시되어 버린다면 생산성은 〔가치로 표현되는〕 노동과 아무런 관련도 없게 되는 것은 당연하다. 따라서 동일한 시간에 수행되는 노동은 생산성의 변동과는 관계없이 항상 동일한 가치량을 창조한다. 그러나 생산성이 변동할 때 노동은 동일한 길이의 시간에 상이한 양의 상품을 생산한다. 즉 생산성이 상승하면 더 많은 상품을, 생산성이 감소하면 더 적은 상품을 생산한다. 그러므로 노동의 성과〔따라서 노동에 의해 생산되는 상품량〕를 증대시키는 생산성의 상승이, 이 증대된 상품 총량의 생산에 필요한 노동시간 총계를 단축시킨다면, 상품 총량의 가치량을 감소시키게 된다."

(57쪽)

생산성은 분명 '구체적 유용노동의 생산성'으로 나타난다. 하지만 이것이 결코 '생산성은 구체적 유용노동의 속성'이라는 것을 의미하지는 않는다. 왜냐하면 사회적 생산성의 본질은 인간에 유적이고 역사적으로 내화·축적된 시간(광의의 자본)이고, 노동의 본질은 개체적이고 시대적으로 인간에 내화·축적된 시간이기 때문이다. 한마디로 사회적 생산성은 노동과 함께 나타나지만 노동에 소유된 것은 아니다.

마르크스가 여기서 말하는 "노동의 구체적 유용형태가 무시되어 버린다"는 것은 노동생산물로부터 가치가 무시되는 것을 의미했다.

하지만 가치는 자본과 노동의 과거가 낳은 것이다. 따라서 자본과 노동의 현재는 자본과 노동의 과거, 즉 과거에 생산된 가치와 아무런 관련이 없다. "생산성은 노동과 아무런 관련도 없게 되는" 것이 아니라, 자본과 노동의 현재는 자본과 노동의 과거, 즉 과거에 생산된 가치와 아무런 관련이 없게 되는 것이다. 따라서 "동일한 시간에 수행되는 노동은 생산성의 변동과는 관계없이 항상 동일한 가치량을 창조한다" 따위의 황당무계한 일도 일어나지 않는다. 나아가 "생산성이 변동할 때 노동은 동일한 길이의 시간에 상이한 양의 상품을 생산한다. 즉 생산성이 상승하면 더 많은 상품을, 생산성이 감소하면 더 적은 상품을 생산한다. 그러므로 노동의 성과[따라서 노동에 의해 생산되는 상품량]를 증대시키는 생산성의 상승이, 이 증대된 상품 총량의 생산에 필요한 노동시간 총계를 단축시킨다면, 상품 총량의 가치량을 감소시키게 된다"는 황당무계한 일도 현실에서는 일어나지 않는다.

분명한 것은, 첫째로 생산성은 '노동의 구체적 유용형태'가 소유할 수 있는 것이 아니고, 둘째로 구체적 유용노동은 (자본과 함께) 항상 사용가치와 가치를 동일한 것으로서 동시에 나란히 산출한다는 것이다. 즉, 구체적인 유용노동이 사용가치를, 추상적 인간노동이 가치를 산출한다는 마르크스의 주장은 성립하지 않는다. 따라서 셋째로 동일한 노동은 동일한 시간에 생산성 변화에 따라서 산출하는 가치의 크기를 변화시킨다는 것이다. 따라서 "동일한 시간에 수행되는 노동은 생산성의 변동과는 관계없이 항상 동일한 가치량을 창조한다"는 마르크스의 주장은 성립하지 않는다. 또 "노동의 성과[따라서 노동에 의해 생산되는 상품량]를 증대시키는 생산성의 상승이, 이 증대된 상품 총량의 생산에 필요한 노동시간 총계를 단축시킨다면, 상품 총량의 가치량을 감소시키게 된다"는 황당무계한 결론도 성립하지 않는다.

그런데도 마르크스는 왜 이런 황당무계한 결론을 도출할 필요가 있었을까? 한마디로 이는 마르크스가 전제로 하는 '상품가치'='상품가격'이라는 등식을 깨뜨리지 않기 위해서였다. 그 사정은 다음과 같다.

(1)생산되는 가치의 크기는 거기에 투입된 사회적 생산력(자본)의 양과 투입된 노동의 양에 따라 결정된다.

(2)그렇다면 생산되는 현장·지역은 제각각이기 때문에, 많은 자본과 적은 노동이 투입되는 현장·지역과 적은 자본과 많은 노동이 투입되는 현장·지역에서 같은 양의 가치가 생산되는 사태가 생길 수 있다.

(3)생산된 노동생산물은 유통·교환과정에 투입되어 상품(제3차적 노동생산물)으로 바뀐다. 그리고 수요공급 관계가 상품의 가격을 결정한다.

(4)이 경우에 자본이 많이 투입된 현장·지역에서 생산된 상품은 일반적으로 시장에 대량으로 공급되기 때문에 상품가격이 하락한다. 반대로 자본이 적게 투입된 현장·지역에서 생산된 상품은 일반적으로 시장에 소량밖에 공급되지 않기 때문에 상

품가격이 올라간다.

(5) '가치'='가격'이라는 등식을 전제로 『자본론』을 전개한 마르크스는 이런 현상을 합리적으로 설명할 필요가 있었다. 그래서 마르크스는 "노동의 성과[따라서 노동에 의해 생산되는 상품량]를 증대시키는 생산성의 상승이, 이 증대된 상품 총량의 생산에 필요한 노동시간 총계를 단축시킨다면, 상품 총량의 가치량을 감소시킨다", 즉 많은 자본과 적은 노동이 투입된 현장에서 생산된 물건의 가치가 감소한 결과, 그 현장에서 생산된 물건의 가격이 하락한다고 설명할 필요가 있었던 것이다.

(6) 하지만 가치와 가격의 관계는 실제로는 확률관계에 있다. 그리고 이 확률관계는 전 세계적으로 봤을 때 반드시 보전된다. 자본(생산력)이 대량으로 투하된 지역과 그 인근에서 해당 상품의 가격이 하락하면, 먼 곳에서는 그 상품의 가격이 오히려 상승한다. 반대로 자본이 조금밖에 투하되지 않은 지역과 그 인근에서 해당 상품의 가격이 상승하면, 먼 곳에서는 오히려 가격이 하락한다.

(7) 이런 이유로 해서 상업자본주의로부터 자본주의가 태동할 수 있었다. 상업자본주의는 대량의 자본(생산력)이 투하된 지역에서 상품을 싸게 사들이고, 이를 자본이 조금밖에 투하되지 않는 먼 지역으로 운반해 비싸게 팔아 큰 이익을 얻었다.

자본이 적은 지역에서는 화폐의 가격이 어떤 상품보다도 비쌌고, 따라서 상업자본주의는 상품을 비싸게 팔아서 얻은 화폐로 그 지역의 상품(자원·소재)을 터무니없이 싸게 사들여 폭리를 취해온 것이다.

(8) 마르크스에게 '상품가치'='상품가격'이라는 등식은 자기 이론의 전제 가운데 하나다. 그리고 마르크스는 이런 전제를 뒤집지 않도록 하기 위해, 자본(생산력)이 대량으로 투하되는 지역과 그 인근에서 해당 상품의 가격이 하락하는 사실을, "생산성의 상승이, 이 증대된 상품 총량의 생산에 필요한 노동시간 총계를 단축시킨다면, 상품 총량의 가치량을 감소시키게 된다"고 설명할 필요가 있었던 것이다. 하지만 이는 이미 논증한 대로 황당무계한 오류다.

제3절
가치형태 또는 교환가치

"사실 어떤 사람이 자기의 아마포를 다른 많은 상품과 교환하고, 따라서 아마포의 가치를 일련의 다른 상품들로 표현한다면, 필연적으로 다른 상품의 소유들도 자기들의 상품을 아마포와 교환하고, 따라서 자기들의 여러 가지 상품의 가치를 동일한 제3상품, 즉 아마포로 표현하게 된다.…… 여러 가지 상품들은 자기의 가치를 이제는 다음과 같이 표현한다. (1) 단순하게 표현한다. 왜냐하면 그것들은 단 한 개의 상품으로 가치를 표현하기 때문이다. (2) 통일적으로 표현한다. 왜냐하면 그것들은 동일한 상품으로 가치를 표현하기 때문이다. 상품들의 가치형태는 단순하고, 공통적이며, 따라서 일반적이다."(83-84쪽)

마르크스는 '제1상품'과 '제2상품'이 사용가치를 매개로 등가교환되는 행위를 '상품의 교환'이라고 한다. 또 마르크스는 "어떤 사람이

자기의 아마포를 다른 많은 상품과 교환"한다면, '제2상품'인 '아마포'
는 '제3상품'으로 전화하고, 나아가 '일반적 등가물'로서의 화폐로 승화
한다고 말한다. 하지만 만약에 "어떤 사람이 자기의 아마포를 다른 많
은 상품과 교환"해서 아마포가 '제3상품' 즉 화폐가 된다면, "여러 사
람이 자기의 여러 상품을 다른 많은 상품과 교환"할 경우 그 여러 상
품도 '제3상품' 즉 화폐가 되어야 하는데, 이는 전혀 성립하지 않는다.
다시 말해, "어떤 사람이 자기의 아마포를 (얼마나) 다른 많은 상품과
교환"하든, 아마포는 어디까지나 '교환의 당사자'(제1자 또는 제2자)이지
'교환의 제3자' 즉 '제3상품'이 되는 일이 절대로 없다.

그럼에도 마르크스는 "어떤 사람이 자기의 아마포를 다른 많은
상품과 교환"한다면 아마포는 '제3상품' 즉 일반적 등가물로서의 화폐
가 된다고 한다. 마르크스는 이처럼 엉터리에다 유치한 논리에 의거해
화폐의 발생을 논하고 있는 것이다. 더욱이 이런 엉성한 논리를 150년
가까운 세월 동안 세계의 철학계가 신봉해왔다니 그저 놀라울 따름
이다.

"그것들이 상품인 것은 그것들의 이중적인 성격, 즉 사용의 대상임
과 동시에 가치의 담지자이기 때문이다." (59쪽)

반복하지만, "사용의 대상임과 동시에 가치의 담지자"인 것은
노동생산물이지 상품(제3차적 노동생산물)이 아니다. 다시 말해, "그것들

이 상품이기" 위해서는 그것들이 "사용의 대상임과 동시에 가치의 담지자"여서는 안 되고, 그것들은 치장된 가치의 담지자여야 한다.

> **"가치로서의 상품의 객관적 실재에는 [상품체의 감각적이고 거친 객관적 실재와는 정반대로] 단 한 분자의 물질도 들어있지 않다."** (60쪽)

노동은 인간의 자기외화(자기표현)를 의미한다. 다시 말해, 노동은 인간의 자기대상화 과정을 의미하지 않는다. 따라서 노동생산물도 대가(제2차적 노동생산물)도 상품(제3차적 노동생산물)도 마르크스가 말하는 '가치로서의 상품의 객관적 실재'를 갖고 있지 않다. 즉, 가치는 응결되어 있지 않고 수시로 변화한다. 그것은 노동생산물로부터 외화되면 교환가치로 바뀌고, 노동생산물로부터 소외되면 화폐로 바뀐다.

> **"모든 상품은 인간노동이라는 동일한 사회적 실체의 표현일 경우에만 가치로서의 객관적 성격을 가지게 된다. 따라서 가치로서의 상품의 객관적 성격은 순수하게 사회적인 것이다."** (60쪽)

이미 논증한 대로, '인간노동이라는 동일한 사회적 실체', 즉 '인간노동의 응고물=가치—상품가치'라는 마르크스의 주장은 성립하지 않는다. 또 앞서 말했듯이, "모든 상품이…… 가치로서의 객관적 성격"

을 갖는 것도 아니다. 따라서 존재하지도 않는 '가치로서의 객관적 성격'이 '사회적'일 리가 없다.

> "가치는 오직 상품과 상품 사이의 사회적 관계에서만 나타날 수 있다."(60쪽)

존재하지도 않는 '가치로서의 객관적 성격'이 "상품과 상품 사이의 사회적 관계에서만 나타날 수 있다"고 할 수 없다.

> "상품들은 그 사용가치의 잡다한 현물형태와 뚜렷이 구별되는 하나의 공통적인 가치형태(즉, 화폐형태)를 가지고 있다."(60쪽)

상품은 가치를 보유하지 않는다. 가치를 보유하는 것은 노동생산물이다. 또 교환가치를 보유하는 것은 대가이다. 따라서 "상품들은…… 하나의 공통적인 가치형태를 가지고 있다"는 사실 자체가 존재하지 않는다. 상품들이 갖고 있는 "하나의 공통적인 가치형태"가 '화폐형태'라는 것도 사실이 아니다. 노동생산물은 대가로 외화되고, 상품으로 소외된다는 것이다. 가치에 빗대어 말하면, 가치는 교환가치로 외화되고 화폐로 소외된다. 대가의 최고 형태가 화폐인 것이지, 상품이 화폐형태를 갖는 것이 아니다.

"A. 단순한, 개별적인 또는 우연적인 가치형태

X량의 상품 A=Y량의 상품 B

또는 X량의 상품 A는 Y량의 상품 B와 가치가 같다." (61쪽)

상품은 가치형태를 갖지 않는다. 또 상품은 '상품과의 사회적 관계'를 갖지 않는다. 즉, 상품은 대가와 사회적 관계를 맺는다. 따라서 'X량의 상품 A=Y량의 상품 B'라는 표현 자체가 오류이다. 정확히는 'X량의 상품 A=Y량의 대가 B'로 표현해야 한다. 또 "단순한, 개별적인 또는 우연적인 가치형태"는 "단순한, 개별적인 또는 우연적인 상대적 가격형태"로 표현해야 한다. 나아가 "X량의 상품 A는 Y량의 상품 B와 가치가 같다"는 "X량의 상품 A는 Y량의 대가 B와 가치가 같다"고 표현해야 한다. 아울러 상품과 대가는 등가교환되지 않기 때문에 '가치가 같다'는 것이 등가를 의미하지 않는다. 즉, 등호(=)는 '교환되었다'는 사실을 표현하는 것이지, 결코 '등가교환'을 의미하는 것이 아니다.

"아마포는 자기의 가치를 저고리로 표현하며, 저고리는 이러한 가치 표현의 재료가 된다. 제1상품은 능동적 역할을 하며, 제2상품은 수동적 역할을 한다. 제1상품은 자기의 가치를 상대적 가치로 표현한다. 바꾸어 말해 그 상품은 상대적 가치형태로 있다. 제2상품은 등가(等價: equivalent)로서 기능한다. 다시 말해, 그 상품은 등가형태로 있다." (61쪽)

아마포는 "자기의 가치를 저고리로 표현"하는 것이 아니라 상대적 가격을 "저고리로 표현"한다. 또 저고리, 즉 마르크스가 말하는 '제2상품'은 상품이 아니라 대가이다. 그리고 제1상품은 상대적 '가치형태'가 아니라 상대적 '가격형태'에 있다. 또 마르크스가 말하는 '제1상품', 즉 정확히 말해 대가는 '등가'가 아니라 상대적 가격을 표현한다. 한마디로 상품은 등가로 교환(매매)되는 일이 없고, 따라서 상품이 등가형태를 갖는 일도 없다.

> "아마포의 가치를 아마포로 표현할 수는 없다.…… 아마포의 가치는 상대적으로만 [다시 말해 다른 상품으로만] 표현할 수 있다. 그러므로 아마포의 상대적 가치형태는 어떤 다른 상품이 등가형태로 아마포와 대면하고 있다는 것을 전제한다." (61-62쪽)

가치를 논하고 있기 때문에, 여기서 거론되는 아마포는 노동생산물로서의 아마포인 것으로 전제한다. 왜냐하면 상품으로서의 아마포는 가치가 아니라 치장된 가치를 보유하는 것이기 때문이다. 게다가 아마포만큼 아마포의 가치를 정확히 표현할 수 있는 것은 없다. 아마포가 표현할 수 없는 것은 아마포의 상대적 가치이다. 즉, 아마포의 상대적 가치는 다른 노동생산물(다른 상품이 아니다)로 표현된다. 요컨대 아마포의 상대적 가치형태가 "어떤 다른 상품이 등가형태로 아마포와 대면하고 있다는 것을 전제"하는 일 따위는 결코 없다.

"다른 한편, 등가(물)의 역할을 하는 다른 상품은 동시에 상대적 가치형태로 있을 수는 없다. 왜냐하면 이 다른 상품은 자신의 가치를 표현하는 것이 아니라, 오직 제1상품의 가치를 표현하는 재료를 제공하고 있을 뿐이기 때문이다.

물론 20미터의 아마포=1개의 저고리, 즉 20미터의 아마포는 1개의 저고리와 가치가 같다는 표현은, 1개의 저고리=20미터의 아마포, 즉 1개의 저고리는 20미터의 아마포와 가치가 같다는 역의 관계를 내포하고 있다. 그렇다 하더라도 저고리의 가치를 상대적으로 표현하기 위해서는 등식을 거꾸로 놓아야 한다." (62쪽)

상품과 대가는 등가로 교환(매매)되지 않는다. 즉, 상품과 대가는 등가교환되지 않기 때문에 상품과 대가 사이에 '역(逆)의 관계'를 포함하는 일은 없다. 좀 더 말하면, 상품과 대가가 교환된다는 것은 역의 교환이 절대로 성립하지 않는다는 것을 의미한다.

"일정량의 아마포가 다수의 저고리와 가치가 같든 소수의 저고리와 가치가 같든, 그러한 비율의 존재 자체는 가치량(價値量)으로서는 아마포와 저고리가 동일한 단위의 표현이며 동일한 성질을 가진 물건이라는 것을 항상 전제하고 있다." (63쪽)

일정량의 아마포가 다수 혹은 소수의 저고리와 가치가 같을지 말지는, 상품 '일정량의 아마포'의 '치장된 가치'가 표시하는 가치(즉 사용가치)를 사려고 하는 사람이 그만큼의 대가인 저고리를 지불해서라도 그것('치장된 가치'가 표시하는 가치)을 사려고 하는지 아닌지에 관계된다. 다시 말해, 상품 '일정량의 아마포'의 '치장된 가치'와 대가 '저고리'의 교환가치가 균형을 이루는지 아닌지와 관계된다. 게다가 상품의 '치장된 가치'에는 '장식'이 돼 있으며, 대가의 '교환가치'에는 그 사람의 필요도가 변수로서 관여한다. 따라서 상품 '일정량의 아마포'와 대가 '저고리'의 교환은, '가치량으로서는 아마포와 저고리가 동일한 단위의 표현이며 동일한 성질을 가진 물건"이라고 할 수 있을 만큼 단순하지 않다.

"오직 가치로서만 아마포는 저고리[등가이자 자기와 교환될 수 있는 물건]와 관계를 맺을 수 있기 때문이다." (63쪽)

상품·아마포는 오직 치장된 가치로서만 대가·저고리와 관계한다.

"상이한 상품들 사이의 등가의 표현이 상이한 상품들에 들어 있는 각종 노동을 그것들에 공통된 것[즉, 인간노동 일반]으로 실제로 환원하고 있기 때문에 가치형성 노동의 독자적인 성격이 드러나게 된다." (64쪽)

상품과 대가가 등가교환되는 일은 없다. 따라서 상품이 '등가표현'을 갖는 일도 없다. 존재하지도 않는 '상품의 등가표현'이 "상이한 상품들에 들어 있는 각종 노동을…… 인간노동 일반으로 환원"하는 일도 없고, "가치형성 노동의 독자적인 성격이 드러나는" 일도 없다. 이 대목은 마르크스의 관념세계에나 존재하는 '망상'일 뿐이다.

> "인간노동은 가치를 창조하지만, 그 자체가 가치는 아니다. 인간노동은 어떤 대상의 형태로 응고된 상태에서만 가치로 된다." (65쪽)

'인간노동'은 자기표현(자기외화)이지, 자기대상화 과정을 의미하지 않는다. 따라서 인간노동이 자본과 함께 가치를 창조하는 것은 맞지만, 이 "어떤 대상의 형태로 응고된 상태에서만 가치로 되는" 일은 없다.

> "그러므로 상품 아마포의 가치는 상품 저고리의 물체로 표현된다. 즉 한 상품의 가치는 다른 상품의 사용가치로 표현된다.…… 가치로서 아마포는 저고리와 같은 것이며, 따라서 저고리처럼 보인다. 이와 같이 아마포는 자기의 현물형태와는 다른 가치형태를 얻는다.…… 상품 A의 가치는 이와 같이 상품 B의 사용가치로 표현되어 상대적 가치형태를 얻게 된다." (66-67쪽)

상품·아마포의 치장된 가치는 대가·저고리의 교환가치와 교환된다. 즉, 상품 A의 치장된 가치는…… 상품 B의 교환가치로 표현되어 상대적 가치형태를 얻는다.

> **"가치형태는 가치 일반뿐 아니라 양적으로 규정된 가치, 즉 가치량도 표현해야 한다."** (67쪽)

상품은 '상대적 가치형태'를 갖지 않는다. '상대적 가격형태'는 상품이 대가로부터 부어받아 대가에 들러붙어 있는 것일 뿐이다.

> **"아마포의 저고리에 대한 가치관계에서는 저고리라는 상품 종류가 가치체(價値體: body of value) 일반으로 아마포에 등치될 뿐 아니라, 일정한 양의 가치체 또는 등가(물)〔예컨대 1개의 저고리〕이 일정한 양의 아마포(예컨대 20미터의 아마포)에 등치된다."** (67-68쪽)

'저고리'는 '상품 종류'가 아니라 대가이다. 게다가 일정량의 아마포와 한 벌의 저고리가 교환되었다는 사실은, "일정량의 아마포에…… 예컨대 한 벌의 저고리가 등치된다"고도 할 수 있지만, 이때의 '등치'는 '놓여 있다'는 것을 의미하지 '같다'는 것을 의미하지 않는다. 그럼에도 마르크스는 '등치된다'는 것을 근거로 '일정량의 아마포'와 '한 벌의 저고리'가 등가형태에 있다고 강변한다. 나아가 '등가형태'이기 때문에 당연히 그 '역의 관계'도 성립한다고 강변한다. 마르크스라는 인간은 정말 논리적 사기꾼이라고밖에는 달리 표현할 길이 없다.

> **"등가형태를 고찰할 때 눈에 띄는 첫째 특징은 사용가치가 자기의 대립물인 가치의 현상형태로 된다는 점이다."** (72쪽)

교환(매매)은 이익을 매개로 하는 행위이다. 따라서 인간은 역사상 한 번도 등가교환을 한 적이 없다. 따라서 상품은 결코 '등가형태'를 갖지 않는다. 마르크스는 이렇게 존재하지도 않는 '등가형태'의 첫째 특징을 "사용가치가 자기의 대립물인 가치의 현상형태로" 되는 것이라고 주장한다.

가치는 사용가치로서 소진될 때 사멸한다. 즉, 가치가 드러나는 것은 사용가치를 통해서다. 이런 점에서 사용가치는 가치의 현상형태라고 할 수 있다. 하지만 이는 존재하지도 않는 "등가형태의…… 첫째 특징" 때문이 아니라, 사용가치와 가치의 관계 때문이다. 사용가치와 가치는 동일물이 다르게 드러난 것에 불과하고, 따라서 사용가치를 가치의 '대립물'로 규정하는 것은 결코 적절하고 타당하다고 할 수 없다.

> **"등가형태의 제2의 특징은 이와 같이 구체적 노동이 그 대립물인 추상적 인간노동의 현상형태로 된다는 것이다."** (75쪽)

마르크스는 존재하지도 않는 '등가형태'의 두 번째 특징으로서, "구체적 노동이 그 대립물인 추상적 인간노동의 현상형태로 된다"는 것을 든다. 등가형태에서는 분명 마르크스가 말하는 대로 "구체적 노동이…… 추상적 인간노동의 현상형태로 된다." 하지만 이는 존재하지도 않는 '등가형태의 특징' 때문이 아니라, '추상과 구체라는 개념의 관계' 때문에 그렇게 되는 것이다. 예컨대 구체는 언제라도 추상의 현상형태가 될 수 있다. 그리고 이는 언제 어디에서도 그렇게 될 수 있는 것이지, 뭔가의 '특징' 때문에 그렇게 되는 것이 아니다.

> **"사적 노동이 그 대립물의 형태, 즉 직접적으로 사회적인 형태의 노동으로 된다는 것이 등가형태의 제3의 특징이다."** (75쪽)

마르크스는 존재하지도 않는 '등가형태'의 세 번째 특징으로서, "사적 노동이 그 대립물의 형태, 즉 직접적으로 사회적인 형태의 노동으로 된다"는 것을 든다.

이미 앞서 언급했던 것처럼, 마르크스는 "상품생산자 사회에서는 [개별 생산자들이 상호 독립적으로 사적으로 수행하는] 여러 가지 형태의 유용노동 사이의 질적 차이는 하나의 복잡한 체계[즉, 사회적 분업]로 발전"한다고 주장한다. 다시 말해, 마르크스는 태곳적 로빈슨 크루소처럼 자유로운 독립생산자가 "상호 독립적으로 사적으로 수행하는 여러 가지 형태의 유용노동"이 "하나의 복잡한 체계 즉 사회적 분업으로 발전"했다고 주장한다. 그리고 이런 역사관에 의거해 마르크스는 "사적 노동이 그 대립물의 형태, 즉 직접적으로 사회적인 형태의 노동"으로 되었다고 주장하는 것이다.

하지만 인간이 공동체를 매개로 자연으로부터 자립해 농업을 시작하고 스스로 식량을 생산하기 시작했을 무렵, 인간은 '공동체의 일원'으로서 공동체에 종속되어 있었고, 공동체가 총괄하는 공동생산에 종사하고 있었다. 따라서 이 시대에는 로빈슨 크루소 같은 자유로운 '독립생산자'의 존재 자체가 허용되지 않았고, 따라서 자유로운 '독립생산자'에 의한 '상품생산자의 사회'도 존재하지 않는다. 나아가 "상호 독립적으로 사적으로 수행하는 여러 가지 형태의 유용노동 사이의 질적 차이는 하나의 복잡한 체계 즉 사회적 분업으로 발전"한 적도 없었다. 한마디로 마르크스가 말하는 "사적 노동이 그 대립물의 형태, 즉 직접적으로 사회적인 형태의 노동으로 된다"는 역사는 존재한 적이 없었다. 인간의 역사는 실제로는 공동체에 종속되어 있던 공동노동 즉 "직접적으로 사회적인 형태의 노동"이 시간이 경과함에 따라 분해되고, 그 속에서 '사적 노동'이 태동한 것이다.

"이 장의 첫 부분에서…… 상품은 사용가치임과 동시에 교환가치라고 말했지만, 이것은 엄밀히 말하면 옳지 않다. 상품은 사용가치[즉, 유용한 물체]임과 동시에 가치인 것이다." (77쪽)

엄밀히 말하지 않더라도 "상품은 사용가치임과 동시에 교환가치"라는 주장은 잘못된 것이다. 상품은 치장된 가치의 보유자일 뿐, 사용가치도 교환가치도 보유하지 않기 때문이다. 사용가치를 보유하는 것은 노동생산물이고, 교환가치를 보유하는 것은 대가이기 때문이다. 그렇다고 해서 마르크스의 "엄밀히 말하면…… 상품은 사용가치임과 동시에 가치이다"라는 주장이 옳은 건 아니다. 상품은 사용가치도 가치도 보유하지 않은, 치장된 가치의 보유자이기 때문이다.

> "상품은, 자기의 가치가 자기의 현물형태와 구별되는 하나의 독특한 표현형태(즉, 교환가치)를 가지게 될 때, 그 이중성을 드러낸다. 상품은 고립적으로 고찰할 때에는 교환가치라는 형태를 취하는 일이 없고, 그와 종류가 다른 한 상품에 대한 가치관계 또는 교환관계에서만 이 형태를 취한다." (77쪽)

예를 들어 부엌칼의 가치는 그 소재가 돌인지 철인지가 아니라, 무엇보다도 물체를 잘 자를 수 있는 예리한 형태인지 아닌지 속에 숨겨져 있다. 즉, 가치는 물체에 속해 있다. 그리고 이 가치가 대가로서 상대방에게 내놓아졌을 때, 가치는 외화되어 교환가치로 바뀐다. 상품은 가치도 교환가치도 보유하고 있지 않고, 교환가치를 보유하는 것은 대가이다. 즉, "가치가 자기의 현물형태와 구별되는 하나의 독특한 표현형태, 즉 교환가치라는 현상형태를 취하는" 것은 상품이 아니라 대가에 있어서다.

"그들(중상주의자들과 그들의 근대적 추종자인 페리에, 가닐 등)에게는 상
품의 가치·가치량은 교환관계의 표현에만 존재하며, 따라서 매일의
상품시세표에만 존재할 뿐이다." (78쪽)

상품은 치장된 가치를 보유하지, 가치를 보유하지 않는다. 또 상
품이 가격을 보유하는 것처럼 보이지만, 실은 대가로부터 가격을 부여
받아 가격을 붙이고 있을 뿐이다. 이런 점에 비춰볼 때, 가격은 대가의
현상(現象)이지 상품의 현상이 아니다. 그리고 "중상주의자들과 그들의
근대적 추종자인 페리에, 가닐 등"이 말하는 대로, 상품의 가격은 "매
일의 상품시세표에만 존재할 뿐"이다.

"상품 A와 B의 가치관계에 포함되어 있는 상품 A의 가치표현을 더
욱 상세하게 고찰하면, 이 관계 안에서는 상품 A의 현물형태는 오직
사용가치의 모습으로, 상품 B의 현물형태는 오직 가치형태[또는 가
치의 모습]로 나타난다는 것을 알 수 있다. 그리하여 상품 안에 숨어
있는 사용가치와 가치 사이의 내적 대립은 하나의 외적 대립을 통해,
즉 두 상품의 관계—자기의 가치를 표현해야 할 한쪽 상품은 직접적
으로는 사용가치로서만 간주되고, 반면에 전자의 가치를 표현해야
할 다른 쪽 상품은 직접 교환가치로서만 간주된다—를 통해 밖으로

드러난다." (78-79쪽)

마르크스가 말하는 '상품 B'는 상품이 아니라 대가이다. 대가
는 교환가치를 보유하며, 대가가 보유한 교환가치는 상품이 보유한 치
장된 가치와 상대한다. 또 상품이 보유하는 것은 치장된 가치이지 사용
가치가 아니다. 따라서 상품은 가치표현을 갖지 않으며, 상품이 그대로
사용가치로 작용하는 일도 없다.

> "노동생산물은 어떤 사회제도에서도 유용한 대상이지만, 그것의 생
> 산에 지출된 노동이 그 물건의 '객관적' 속성, 즉 가치로 나타나는 것
> 은 오직 역사적으로 특수한 발전단계에 속하는 일이다. 바로 그러한
> 발전단계에서 노동생산물이 상품으로 전환된다. 그러므로 상품의
> 단순한 가치형태는 동시에 노동생산물의 단순한 상품형태이며, 상
> 품형태의 발전은 가치형태의 발전과 일치하게 된다." (79쪽)

앞서 말한 것처럼, 공동노동(생산)·공동분배되고 호혜라는 방법
으로 재분배(교환)되던 전(前)노동생산물은 사용가치밖에 보유하지 않
았다. 하지만 이런 전노동생산물이 공동체와 공동체 사이의 교환되는
장에 나섰을 때, 그 안에 잠재되어 있던 가치를 표층으로 드러내 사용
가치와 함께 가치를 보유하는 노동생산물로 전환되었다. 이어서 이렇
게 태동한 노동생산물은 상대방 공동체가 보유한 자원을 사기 위한 대

가(교환가치의 보유자)로 외화되었고, 나아가 대가의 출현에 매개되어 상대방 공동체가 보유한 물자(노동생산물)는 상품(치장된 가치의 보유자)으로 소외되었다.

다시 말해, "생산에 지출된 노동이 그 물건의 '객관적' 속성, 즉 가치로 나타나는 것은 오직 역사적으로 특수한 발전단계에서"가 아니다. 공동체와 공동체 사이에서 물자교환이 시작되면서 전노동생산물은 노동생산물로 바뀌었고, 이때부터 노동생산물은 사용가치와 가치의 보유자가 되었다. 나아가 공동체 간의 물자교환이 노동생산물(사용가치와 가치의 보유자)을 대가(교환가치의 보유자)로 외화시키고, 상품(치장된 가치의 보유자)으로 소외시킨 것이다. 그런데도 마르크스는 이런 전노동생산물, 노동생산물, 대가, 상품이라는 네 가지 존재를 대상화하지 못하고 구별하지 못했다. 가치와 교환가치, 가치와 가격을 혼동·동일시한 마르크스는 "상품의 단순한 가치형태는 동시에 노동생산물의 단순한 상품형태이며, 상품형태의 발전은 가치형태의 발전과 일치하게 된다"는 어리석은 말을 늘어놓고 있는 것이다.

> z량의 상품 A=u량의 상품 B
> 또는 =v량의 상품 C
> 또는 =w량의 상품 D
> 또는 =x량의 상품 E
> 또는 =기타 등등 (80쪽)

이는 "z량의 상품 A=u량의 대가 B, 또는 =v량의 대가 C, 또는 =w량의 대가 D, 또는 =x량의 대가 E, 또는 =대가 기타 등등"으로 표현되어야 한다.

> "아마포는 자기의 가치형태를 통해 이제는 단 하나의 다른 상품종류와 사회적 관계를 맺는 것이 아니라, 상품세계 전체와 사회적 관계를 맺는다. 상품으로서의 아마포는 상품세계의 한 시민이다. 그와 동시에 아마포의 가치의 무한한 표현시리즈〔표시서열〕로부터 우리는 아마포의 가치는 그것을 나타내는 사용가치의 특수한 형태와는 전혀 관계가 없다는 것을 알 수 있다." (81쪽)

마르크스는 여기서 상품이 사용가치로부터 해방되어 가치를 매개로 하는 '상품세계'가 구축되었다고 선언한다. 하지만 상품은 가치형태를 갖지 않는다. 또 상품은 대가와 상대하며 대가와 사회적 관계를 맺는다. 즉, 상품은 대가를 매개로 상품세계를 형성한다. 다시 말해, 상품은 그 태동 때부터 "(사용가치를 매개로) 단 하나의 다른 상품종류와 사회적 관계를 맺는 것이 아니라", 대가(가 보유하는 교환가치)를 매개로 다양한 '상품세계'를 구축해온 것이다.

✚ **보충** 마르크스는 상품교환을 "어느 사용가치와 다른 사용가치가 교환되는" 행위라고 규정한다. 하지만 '어느 사용가치'를 필요로 하면서 '다른 사용가치'를 소유한 이와 '다른 사용가치'를 필요로 하면서 '어느 사용가치'를 소유한 이가 만날

수 있는 확률은 복권에 당첨될 확률보다도 낮다. 따라서 마르크스가 말하는 교환이 제도로서 성립되는 일은 있을 수 없다.

"제1형태[20m의 아마포=1개의 저고리]에서는 이 두 상품이 일정한 양적 비율로 교환될 수 있다는 것은 전혀 우연적인 사건일 수도 있다. 이것과는 반대로, 제2형태에서는 이 우연적 현상의 배경[우연적 현상과는 본질적으로 다르며 그것을 규정하는 배경]이 곧 드러난다. 아마포의 가치는 수많은 서로 다른 소유자들에게 속하는 서로 다른 상품들인 저고리·커피·철 등 어느 것으로 표현되든, 그 크기가 언제나 같다. 상품의 교환이 상품의 가치량을 규제하는 것이 아니라, 반대로 상품의 가치량이 상품의 교환비율을 규제한다는 것이 명백해진다." (81쪽)

마르크스가 '제1형태'라 부르는 "20m의 아마포=1개의 저고리"는 정확히는 "(상품)20m의 아마포=(대가)1개의 저고리"로 표현되어야 한다. 즉, 위 등식은 '(상품)20m의 아마포'에 치장된 가치가 '(대가)1개의 저고리'가 보유한 교환가치로 사고팔렸다는 것을 의미하기 때문이다.

마르크스는 또 "제2형태에서는 이 우연적 현상의 배경이 곧 드러"나고, "(상품)아마포의 가치는 수많은 서로 다른 소유자들에게 속하는 서로 다른 상품들인 저고리·커피·철 등 어느 것으로 표현되든, 그 크기가 언제나 같다"고 주장한다. 그에 따르면 "교환이 상품의 가치량을 규제하는 것이 아니라, 반대로 상품의 가치량이 상품의 교환비율을 규제한다."

하지만 첫째로, 상품 아마포는 교환가치가 아니라 치장된 가치를 보유한다. 교환가치를 보유하는 것은 상품이 아니라 대가다. 둘째로, 대가가 보유하는 교환가치의 크기는 상품 아마포를 사려는 사람의 아마포에 대한 필요도에 반비례해 증감한다. 따라서 셋째로, (대가)저고리·(대가)커피·(대가)철의 소유자가 동일 인물이 아닌 한 (상품)아마포를 사려는 소유자들의 필요도는 상이할 것이고, 따라서 '(상품)아마포의 치장된 가치'에 대해 지불되는 (대가)저고리·(대가)커피·(대가)철의 교환가치의 크기 또한 서로 다를 것이다. 즉, '(상품)아마포의 치장된 가치'에 지불되는 (대가)저고리·(대가)커피·(대가)철의 교환가치의 크기는 '같은 크기'일 수 없다. 따라서 "상품의 (치장된) 가치량이 상품의 교환비율을 규제하는" 사태는 절대로 생기지 않는다. 즉, '필요도'의 상이함이 '상품 아마포의 치장된 가치의 크기'를 계속 교란시키고 있는 것이다.

마찬가지로 마르크스가 말하는 '제1형태' 즉 사용가치가 상품의 교환을 규제하는 사태 역시 역사상 한 번도 일어난 적이 없다. 다시 말해, 상품은 그것이 태동한 당초부터 그 교환에 사용가치를 관여시킨 적이 없고, 대가가 보유하는 교환가치를 매개로 "상품과 대가가 엮어가는 다양한 세계"를 구축해온 것이다.

"저고리, 차, 밀, 철 등의 상품은 어느 것이나 아마포의 가치표현에서는 등가(물), 따라서 가치체(價値體)로 역할 한다. 이 상품들 각각의 특정한 현물형태는 이제는 다른 많은 상품과 나란히 하나의 특수한 등가형태다."(82쪽)

마르크스가 예시한 '저고리·차·밀·철 등'은 상품이 아니라 대가이다. 그리고 이것들이 (상품)아마포의 대가로서 수령되었다는 것은 '저고리·차·밀·철 등'이 보유한 교환가치가 (상품)아마포의 실체를 의미하는 (노동생산물)아마포가 보유한 가치보다도 컸다는 것을 의미한다. 아울러 (상품)아마포를 매입한 사람의 아마포에 대한 필요도가 거기에 그림자를 드리우고 있다. 따라서 '저고리·차·밀·철 등'의 "각각의 특정한 현물형태"는 결코 "하나의 특수한 등가형태"를 의미하지 않는다.

> "첫째, 상품의 상대적 가치표현은 미완성이다. 왜냐하면 상품의 가치를 표시하는 시리즈[표시서열]가 끝나는 일이 없기 때문이다. 각각의 가치등식이 고리를 이루고 있는 이 사슬은…… 새로운 상품 종류가 등장할 때마다 연장된다.…… 각각의 등가형태가 서로를 배제하기 때문에, 여기에서는 오직 제한적인 등가형태가 있을 뿐이다.…… 아무런 통일적인 현상 형태를 가지지 못한다."(82쪽)

상품은 상대적 가치형태를 보유하지 않는다. 그리고 상품이 보유하는 것은 상대적 가격형태이다. 또한 상품의 상대적 가격형태는 대가가 상품에 투영한 대가의 그림자를 의미한다. 아울러 그것(상대적 가격형태)은 상대적인 것이기 때문에, 즉 그것은 절대적인 것이 아니기 때문에, "상품의 가치를 표시하는 시리즈[표시서열]"는 그 상태로는 언제까지나 "끝나는 일이 없"다. 즉 대가가 투영하는 상품의 가격은 상대화되고, "이 사슬은…… 새로운 상품종류(정확히는 대가 종류)가 등장할 때마다 연장된다." 역사적으로도 농경민이 구축한 원시공산제와 고대농업왕국 시대에 대가의 '서열'은 상대화되어 언제까지나 끝나지 않았다. 하지만 대가의 '서열'이 언제까지나 끝나지 않는다 하더라도, 농경민의 생활에는 아무런 불편도 생기지 않았다. 즉, 마르크스는 언제까지나 "끝나는 일이 없"다고 한탄할 필요가 전혀 없었던 것이다.

"예를 들면

20m의 아마포=1개의 저고리

20m의 아마포=10g의 차 등등.

그러나 이 등식들은 각각 왼쪽과 오른쪽을 바꾸어 놓은 다음과 같은 등식도 암시하고 있다. 즉

1개의 저고리=20m의 아마포

10g의 차=20m의 아마포 등등.

사실 어떤 사람이 자기의 아마포를 다른 많은 상품들과 교환하고, 따라서 아마포의 가치를 일련의 다른 상품들로 표현한다면, 필연적으로 다른 상품의 소유자들도 자기들의 상품을 아마포와 교환하고,

따라서 자기들의 여러 가지 상품의 가치를 동일한 제3의 상품, 즉 아마포로 표현하게 된다.…… 다시 말해 이 시리즈에 이미 암시되어 있는 역(逆)의 관계를 표현하면 다음과 같은 형태가 나온다."

C. 일반적 가치형태

1개의 저고리	
10그램의 차	
40그램의 커피	
1쿼터의 밀	= 20미터의 아마포
2온스의 금	
$\frac{1}{2}$톤의 철	
X량의 상품 A	
기타 등등의 상품	

1. 가치형태의 변화된 성격

여러 가지 상품들은 자기의 가치를 이제는 다음과 같이 표현한다. (1)단순하게 표현한다. 왜냐하면 그것들은 단 한 개의 상품으로 가치를 표현하기 때문이다. (2)통일적으로 표현한다.…… 상품들의 가치형태는 단순하고 공통적이며, 따라서 일반적이다." (83-84쪽)

"아마포 20m=저고리 1개, 아마포 20m=차 10g 등등"은 정확히는 "(상품)아마포 20m=(대가)저고리 1개, (상품)아마포 20m=(대가)차 10g 등등"을 의미한다. 그리고 상품과 대가가 등가로 교환되는 것은 아니기 때문에 등식의 양쪽 항을 반대로 할 수는 없다. 등식의 양쪽 항을 반대로 하면 교환 자체가 성립하지 않게 되기 때문이다.

또 마르크스는 "사실 어떤 사람이 자기의 아마포를 다른 많은 상품들과 교환하고, 따라서 아마포의 가치를 일련의 다른 상품들로 표현한다면, 필연적으로 다른 상품의 소유자들도 자기들의 상품을 아마포와 교환하고, 따라서 자기들의 여러 가지 상품의 가치를 동일한 제3의 상품, 즉 아마포로 표현하게 된다"고 말한다. 하지만 "어떤 사람이 자기의 아마포를" 얼마나 "많은 다른 상품들과 교환"하든, 아마포는 어디까지나 교환의 당사자(제1자 또는 제2자)이지 아마포가 교환의 제3자가 되는 일은 절대로 없다. 즉, 아마포가 '제3의 상품'이 되는 일은 절대로 없다.

다시 말해 첫째, 상품과 대가가 등가교환되는 일은 없기 때문에 그 '역(逆)의 관계' 또한 성립하지 않는다. 둘째, 백보 양보해서 가령 상품과 대가 사이에 '역의 관계'가 성립했다 하더라도 아마포는 교환의 당사자이기 때문에 아마포가 교환의 제3자(제3의 상품)가 되는 일은 절대로 없다. 즉, 마르크스의 이론은 이중으로 성립하지 않는다. 마르크스가 이 정도의 유치하고 조잡한 논리 전개에 의거해 '일반적 등가물' 즉 화폐의 발생을 논하고 있는 것이 그저 놀라울 따름이다.

"새로 얻어진 형태〔제3형태〕는 상품세계의 가치들을 그 세계에서 선발된 한 개의 상품종류〔예컨대 아마포〕로 표현하며, 그리하여 모든 상품의 가치를 그 상품과 아마포와의 동등성을 통해 표현한다. 이제는 어떤 상품의 가치도 아마포와 동등한 것으로서, 자기 자신의 사용가치와 구별될 뿐 아니라 일체의 사용가치로부터 구별되며…… 이 형태에 의해 비로소 상품들은 실제로 가치로서 서로 관련 맺거나 상호간에 교환가치로 나타나게 된다." (84-85쪽)

"일반적인 상대적 가치형태는 상품세계로부터 제외된 등가(물) 상품인 아마포에 일반적 등가(물)(universal equivalent)의 성격을 부여한다. 아마포의 현물형태는 모든 상품들의 가치가 공통적으로 취하는 형태이며, 따라서 다른 모든 상품과 직접 교환될 수 있다." (86쪽)

마르크스는 "상품세계의 가치들을 그 세계에서 선발된 한 개의 상품종류〔예컨대 아마포〕로 표현"하는 '형태'가 "새로 얻어졌다"고 말한다. 하지만 위에서 지적한 대로, "어떤 사람이 자기의 아마포를" 얼마나 "많은 다른 상품들과 교환"하든 아마포가 교환의 제3자가 되는 일은 절대로 없다. 즉, 아마포가 '제3의 상품'이 되는 일은 절대로 없다. 따라서 마르크스가 말하는 '새로운 형태'라는 것이 얻어지는 일은 절대로 없다.

"직포〔아마포를 생산하는 사적 노동〕는 이리하여 일반적인 사회적 형태[즉, 다른 모든 종류의 노동과 동등하다는 형태]를 획득한다. 일반적인 가치형태를 구성하는 무수한 등식은 아마포에 실현되어 있는 노동을 다른 상품에 들어 있는 여러 가지 노동과 차례차례로 등치시키며, 그리하여 직포를 무차별적인 인간노동의 일반적 현상형태로 만든다. 이처럼 상품가치에 대상화되어 있는 노동은, 현실적 노동의 모든 구체적 형태와 유용한 속성이 사상(捨象)된 노동이라는 의미에서 소극적으로 표현될 뿐 아니라, 모든 종류의 현실적 노동을 인간노동 일반[즉, 인간노동력의 지출]이라는 공통된 성질로 환원시킨 노동이라는 의미에서 적극적으로 표현된다."(86쪽)

마르크스는 여기서 "직포(織布)" 즉 "아마포를 생산하는" 노동이 로빈슨 크루소 같은 자유로운 독립생산자들의 '사적 노동'을 통해 행해졌다는 것을 전제로 자신의 이론을 전개한다. 정말로 우스운 이야기가 아닐 수 없다. 분명 고대목축왕국 시대에 왕권이 강화되고 아마포가 '대가의 왕' 즉 일반적 등가물이 되면서, 그 점령자인 유목민의 후예들은 로빈슨 크루소 같은 자유로운 독립생산자였었는지 모른다. 하지만 그렇다고 해서 그들의 자유롭고 독립적인 '사적(私的)노동'이 아마포 즉 일반적 가격물을 생산한 것은 결코 아니었다. 왜냐하면 일반적 가격물이 된 '예컨대 아마포'는 '준(準)화폐'를 의미했고, 이렇게 '준화폐'가 된 아마포는 그 생산뿐 아니라 유통까지를 왕권이 전적으로 통제·관리했기 때문이다. 즉, 아마포는 왕권의 주변에 설치된 직장에

서 왕권이 전적으로 통제·관리하는 '공적(公的)노동'으로 생산된 물자
였다.

> **✛ 보충** 에도(江戶)시대 광산 또한 막부(幕府)가 전적으로 통제·관리하는 체제
> 였다. 막부에 의한 광산의 전적인 통제·관리는 국가권력인 막부의 통화발행권(시
> 뇨리지) 확보에 절대로 필요했기 때문이다. 따라서 막부의 관리하에 있지 않은 광
> 산은 은닉광산이라고 해서 엄격한 금지의 대상이었다. 같은 이유로 일반적 가격
> 물이 된 '아마포' 생산 역시 당연히 고대목축왕국의 엄격한 관리하에서 통제되었
> 을 것이다. 왕국은 여기에 막대한 자본과 노동을 투하했고, 이렇게 해서 산출된
> 가치는 엄청난 부등가로 다른 자본과 노동이 산출한 가치와 교환됨으로써 고대
> 목축왕국을 고대국가로 비약시키는 밑천이 되었던 것이다.

또한 마르크스는 "일반적인 가치형태를 구성하는 무수한 등식"
에 대해 말한다. 하지만 "일반적인 가치형태를 구성하는 무수한 등식",
즉 '저고리 1벌=아마포 20m', '아마포 20m=밀 1쿼터', 'A상품 X량=B상
품 Y량=아마포 20m 등등'이라는 등식을 아무리 컴퓨터에 입력해도, 마
르크스가 말하는 '일반적 가치형태'는 절대로 나오지 않는다. 왜냐하
면 "상품의 가치를 표시하는 시리즈[표시서열]가 끝나는 일이 없"고,
"이 사슬은…… 새로운 상품종류가 등장할 때마다 연장"되기 때문이
다. 또 "어떤 사람이 자기의 아마포를" 얼마나 "많은 다른 상품과 교환"
하든, 아마포가 교환의 제3자(제3의 상품)가 되는 일은 절대로 없기 때
문이다.

마르크스는 또 '일반적 가치형태'를 구성한 적이 없었던 '무수
한 등식'이 "아마포에 실현되어 있는 노동을 다른 상품에 들어 있는 여
러 가지 노동과 차례차례로 등치시키며"라고 말한다. 하지만 등가교환

은 역사상 한 번도 일어난 적이 없었다. 따라서 '등치시킨다'는 것 자체가 역사상 한 번도 존재한 적이 없다. 즉, "등치시키며, 그리하여 직포를 무차별적인 인간노동의 일반적 현상 형태로 만든다"는 말도 논리적으로 성립하지 않는다.

나아가 마르크스는 "직포[아마포를 생산하는 노동]를 무차별적인 인간노동의 일반적 현상형태로 만"듦으로써, "상품가치에 대상화되어 있는 노동은 현실적 노동의 모든 구체적 형태와 유용한 속성이 사상(捨象)된 노동이라는 의미에서 소극적으로 표현될 뿐"이라고 말한다. 하지만 앞서 본 것처럼, "직포를 무차별적인 인간노동의 일반적 현상형태로 만"드는 것 자체가 논리적으로 성립하지 않는다. 아울러 노동은 대상화 작업을 의미하지 않는다. 게다가 "현실적 노동의 모든 구체적 형태와 유용한 속성이 사상된 노동", 즉 "무차별적인 인간노동의······ 단순한 응고물"은 이미 논증한 대로 가치도 상품가치도 의미하지 않는다. 그것은 '가치로서 결실되기 전의 공간화된 시간'을 의미한다.

마르크스는 마지막으로 "현실적 노동의 모든 구체적 형태와 유용한 속성이 사상된 노동"이 "모든 종류의 현실적 노동을 인간노동 일반, 즉 인간노동력의 지출이라는 공통된 성질로 환원시킨 노동이라는 의미에서 적극적으로 표현된다"고 말한다. 하지만 '아마포에 실현되어 있는' 자본과 노동은 '대가의 왕'으로 승화한다. 즉, 아마포가 '대가의 왕'으로서 모든 상품 위에 군립한다. 따라서 왕이 평민들과 평등할 리가 없다. 즉, 역사적으로 볼 때 '대가의 왕'이 된 아마포가 모든 상품 위에 군림해 모든 상품의 가격을 후려쳐 터무니없이 싼값에 사게 되었다는 것이다. 다시 말해, "아마포에 실현되어 있는 노동(과 자본)을 다른 상품에 들어 있는 노동(과 자본)과 등치시킨" 것이 아니라, "아마포에 실현되어 있는 노동(과 자본)을 다른 상품에 들어 있는 노동(과 자본)보다도 터무니없이 높여두었다"는 것이다. 따라서 '아마포에 실현되어 있는 노동(과 자본)'이 "모든 종류의 현실적 노동을 인간노동 일반[즉, 인간노동력의 지출]이라는 공통된 성질로 환원시킨" 것이라고 할 수 없음이 너무나 명백하다.

✚ 보충 마르크스는 화폐를 '일반적 등가물'이라 부르고, 그것이 등가교환을 매개한다고 규정한다. 이런 만화 같은 마르크스의 주장을 마르크스주의 경제학자들은 믿어온 것이다. 어리석다고 할 것까지도 없는 일이다.

"모든 노동생산물을 무차별적인 인간노동의 단순한 응고물로 표현하는 일반적 가치형태는, 그 자체의 구조에 의해 일반적 가치형태가 상품세계의 사회적 표현이라는 것을 보여준다. 그리하여 상품세계 안에서는 노동의 일반적 인간적 성격이 노동의 독자적인 사회적 성격을 형성한다는 것이 분명하게 된다." (86쪽)

반복하지만, "어떤 사람이 자기의 아마포를" 얼마나 "많은 다른 상품과 교환"하든 아마포가 교환의 제3자가 되는 일은 절대로 없다. 즉, 아마포가 교환의 제3자가 되는 일, '일반적 가치형태'가 이 세상에 출현하는 일은 절대로 없다. 따라서 존재하지도 않는 '일반적 가치형태'가 "노동생산물을 무차별적인 인간노동의 단순한 응고물로 표현"하는 것도 있을 수 없다. 따라서 존재하지도 않는 '일반적 가치형태'가 "상품세계의 사회적 표현"이라는 것도, "상품세계 안에서는 노동의 일반적 인간적 성격이 노동의 독자적인 사회적 성격을 형성한다는 것이 분명해진다"는 것도 있을 수 없다. 이 대목에서의 마르크스 이야기는 헛소리에 불과하다.

> "상대적 가치형태의 발전 정도와 등가형태의 발전 정도는 서로 대응한다. 그러나…… 등가형태의 발전은 상대적 가치형태의 발전의 표현이며 결과에 지나지 않는다." (86쪽)

상품은 상대적 가치형태를 보유하지 않는다. 또 등가형태를 갖지도 않는다. 따라서 존재하지도 않는 '상대적 가치형태'의 발전 정도와 존재하지도 않는 '등가형태'의 발전 정도가 서로 대응한다는 것은 있을 수 없다. 따라서 "등가형태의 발전은 상대적 가치형태의 발전의 표현이며 결과에 지나지 않는다"는 것도 있을 수 없다.

> "한 상품의 단순한 또는 개별적인 상대적 가치형태는 다른 한 상품으로 하여금 '개별적인' 등가(물)로 되게 한다. 상대적 가치의 전개된 형태(즉, 한 상품의 가치를 다른 모든 상품들로 표현하는 것)는 다른 모든 상품들에게 상이한 종류의 '특수한' 등가(물)라는 형태를 부여

한다. 끝으로, 특수한 한 가지 상품이 '일반적' 등가(물)의 형태를 취하게 된다. 왜냐하면 기타의 모든 상품들이 그 상품을 자기들의 통일적인 보편적 가치표현의 재료로 삼기 때문이다."(87쪽)

상품은 상대적 가치형태를 보유하지 않는다. 또 등가형태를 갖지도 않는다. 따라서 "한 상품의 단순한 또는 개별적인 상대적 가치형태는 다른 한 상품으로 하여금 '개별적인' 등가(물)로 되게 한다"는 것도 있을 수 없다. 나아가 "상대적 가치의 전개된 형태[즉, 한 상품의 가치를 다른 모든 상품들로 표현하는 것]은 다른 모든 상품들에게 상이한 종류의 '특수한' 등가(물)라는 형태를 부여한다. 끝으로, 특수한 한 가지 상품이 '일반적' 등가(물)의 형태를 취하게 된다"는 것도 있을 수 없다.

또 "특수한 한 가지 상품이 일반적 등가의 형태를 취하게 되는 것은 다른 모든 상품들이 그 상품을 자기들의 통일적인 보편적 가치표현의 재료로 삼기 때문이다"라는 대목에 이르러서, 마르크스는 또다시 인과관계를 뒤바꿔 결과를 원인이라 말한다. 즉, 어떤 "특수한 한 가지 상품이 일반적 등가형태를 취"했기 때문에 "다른 모든 상품들이 그 상품을 자기들의 통일적인 보편적 가치표현의 재료로 삼"은 것이지, 그 반대로 "다른 모든 상품들이 그 상품을 자기들의 통일적 보편적 가치표현의 재료로 삼"기 때문에 어떤 "특수한 한 가지 상품이 일반적 등가형태를 취"한 것이 아니다. 마르크스가 말하는 유물사관의 최대 특징은, 앞서 본 것처럼, 결과를 원인으로 만드는 것이라고 할 수 있다.

"마지막 형태[제3형태]가 상품세계에 일반적 사회적인 상대적 가치
형태를 주는데, 그것은 상품세계에 속하는 모든 상품[단 하나의 상
품을 제외하고]이 등가형태로부터 배제되고 있기 때문이며, 그리고
그때에만 그렇다. 따라서 아마포라는 하나의 상품이 다른 모든 상품
과의 직접적 교환가능성의 형태[즉, 직접적으로 사회적인 형태]를 얻
게 되는데, 이것은 다른 모든 상품들이 이러한 형태를 얻지 못하기
때문이며, 그리고 그때에만 그렇다." (87-88쪽)

아마포는 대가이지 상품이 아니다. 좀 더 자세히 말하면, 아마
포는 '대가의 왕'이지 상품이 아니다. 마르크스는 여기서도 인과관계
를 뒤바꿔 결과를 원인이라고 말한다. 마르크스는 아마포가 "다른 모
든 상품과의 직접적 교환가능성의 형태를 얻게 되는" 것은 "다른 모든
상품들이 이러한 형태를 얻지 못하기 때문이며, 그리고 그때에만 그렇
다"고 말한다. 하지만 이는 진실이 아니다. 진실은 아마포가 "다른 모든
상품과의 직접적인 교환가능성의 형태" 즉 '대가의 왕'이라는 지위에
올랐기 때문에, '다른 모든 상품'이 이것을 존중하고 아마포를 따르게
되었다는 것이다.

"제3의 형태에서 아마포의 자리에 금을 놓으면 다음과 같은 형태가 된다."

20미터의 아마포 ─┐
1개의 저고리
10그램의 차
40그램의 커피   = 2온스의 금
1쿼터의 밀
$\frac{1}{2}$톤의 철
X량의 상품 A ──┘

(89쪽)

아마포도 금도 상품이 아니라 대가이다. 정확히 말하면 일반적 가격물이다. 따라서 "상품·아마포의 자리에 상품·금을 놓는"것이 아니라, "일반적 가격물·아마포의 자리에 일반적 가격물·금을 놓는"것이 된다. 또 마르크스는 이렇게 "아마포의 자리에 금을 놓으면"그 금은 화폐형태가 된다고 말한다. 하지만 이 말만큼 화폐의 본질에 대해 무지한 말은 세상에 없다.

고대국가 시대에 국가권력은 자신의 권위를 기반으로 일반적 가격물이던 금·은을 주조하고 여기에 액면가를 새겨 넣었다. 그 결과로 각인된 액면(국가권력의 언어)을 본질로 하는 화폐가 태동한 것이다. 다시 말해, 물건에서 언어로 대가가 비약한 것이 화폐다. 중량이 $\frac{1}{4}$파운드인 금화에 '1파운드'라는 액면가가 각인되면 그것은 '1파운드'의 금화로 유통되었다. 국가권력의 언어는 이처럼 사람들에게 막중한 신임을 받았던 것이다.

✚ 보충　1만 엔권 지폐의 원가는 21엔에 불과하다. 그럼에도 1만 엔권 지폐는 그 액면이 표시하는 '1만 엔'의 가치가 있는 물건으로서 상품의 유통과정에 등장한다. 요컨대 1만 엔권 지폐의 제조원가와 1만 엔과의 차액(9,979엔)은 화폐발행권자(국가)의 이득(시뇨리지)이 된다.

"제1형태[3]에서 제2형태[4]로, 또 제2형태에서 제3형태[5]로 이행하면 본질적인 변화가 일어난다. 이에 반해, 제4형태[6]는 아마포 대신 이제 금이 일반적 등가형태를 취한다는 점을 제외하고는 제3형태와 다른 것이 전혀 없다. 제4형태에서는 금이 〔아마포가 제3형태에서 한 역할과 똑같은 역할, 즉〕 일반적 등가(물)의 역할을 수행한다." (90쪽)

과연 마르크스도 자기 주장의 터무니없음을 의식하지 않을 수 없었을 것이다. 여기서 마르크스는 "제1형태에서 제2형태로, 또 제2형태에서 제3형태로 이행하면 본질적인 변화가 일어난다. 이에 반해, 제4형태는 아마포 대신 이제 금이 일반적 등가형태를 취한다는 점을 제외

3　20미터의 아마포=1개의 저고리.

4　20미터의 아마포=1개의 저고리, 또는 =10그램의 차, 또는=1쿼터의 밀 등등.

5　20미터의 아마포=1개의 저고리, 20미터의 아마포=20그램의 차 등등.

6　20미터의 아마포=2온스의 금, 1개의 저고리=2온스의 금 등등.

하고는 제3형태와 다른 것이 전혀 없다"고 솔직하게 고백한다.

✚ 보충　하지만 마르크스의 이런 고백은 『제임스 밀에 대한 평주』(Notes on James Mill, 1844년)에서의 주장과는 전혀 다르다. 여기서 그는 "화폐의 본질이 귀금속으로서만 현존(定在)한다고 굳게 믿는 감성적인 미신"에 대해 언급하면서, "지폐 및 각종 종이로 만든 지폐 대용물(예컨대 어음·환율·채권 등)은 화폐로서의 화폐의 한층 더 완전한 현존이며, 화폐제도의 발전에서 필연적인 계기이다"라고 말한다. 즉, 『제임스 밀에 대한 평주』에서 마르크스는 "지폐 및 각종 종이로 만든 지폐 대용물"이 "화폐로서의 화폐의 한층 더 완전한 현존"이고, 이는 "화폐제도의 발전에서 필연적인 계기"라고 말하고 있는 것이다. 『자본론』에서 "화폐의 본질은 귀금속으로서만 현존한다"는 '감성적 미신'을 말하는 것과는 전혀 다르다.

그렇다면 이런 『제임스 밀에 대한 평주』와 『자본론』 사이의 단절은 대체 어디서 유래하는 것일까? 나는 그 이유를 마르크스가 헤겔을 부정하고 (헤겔과는 반대로) "나(마르크스)에게 있어 이념적인 것은 인간의 두뇌로 옮겨져 번역된 물질적인 것에 다름 아니다"는 입장, 즉 사적 유물론이라는 잘못된 입장으로 전환하면서 순화한 데서 유래한다고 이해한다.

"한 상품〔예컨대 아마포〕의 상대적 가치를 화폐상품으로 기능하는 상품〔예컨대 금〕에 의해 표현하는 단순한 형태는 가격형태(價格形態· price form)이다. 그러므로 아마포의 '가격형태'는 다음과 같다.

20미터의 아마포=2온스의 금

또는 만약 금 2온스 주화의 명칭이 2원이라면,

20미터의 아마포=2원" (90쪽)

화폐는 대가의 최고 형태를 의미한다. 그리고 상품이 화폐로 드러나는 경우는 절대로 없다. 따라서 '화폐상품'이라는 말 자체가 논리적으로 성립되지 않는다. 마르크스는 여기서 "한 상품[예컨대 아마포]의 상대적 가치를 화폐상품으로 기능하는 상품[예컨대 금]에 의해 표현하는 단순한 형태는 가격형태이다"라는 문장을 통해, '가치=상품가치=상품가격'이라는 잘못된 결론을 도출하고 있다.

하지만 이미 밝혀진 것처럼, 가치는 대가(가 보유하는 교환가치)로 외화되고, 화폐(가 보유하는 절대적 교환가치)로 소외된다. 즉, 상품은 가치를 보유하지 않는다. 또 가격은 대가(화폐)가 상품에 부여하는 대가(화폐)의 그림자일 뿐이다. 즉, 가격은 상품이 보유하는 것도 아니다. 아울러 가치와 가격은 확률관계에 있으며, 그 확률은 '치장'과 '필요도'를 변수로 하는 복소수를 포함하는 확률방정식으로 표현될 것이다.

> **"화폐형태를 개념화하는 데 있어서 어려운 점은 일반적 등가형태, 따라서 일반적 가치형태[즉, 제3형태]를 파악하는 일이다. 제3형태는 거꾸로 하면 제2형태[전개된 가치형태]로 환원되고, 이 제2형태의 구성요소는 제1형태이다."** (90-91쪽)

상품은 가치를 갖지 않는다. 따라서 상품은 상대적 가치형태는 물론 일반적 가치형태도 갖지 않는다. 아울러 상품은 화폐형태를 갖지 않는다. 즉, 화폐는 대가의 최고 형태이다. 또 상품은 대가와 교환되므로 관계를 '거꾸로' 할 수는 없다. 즉, 상품과 대가가 교환되었다는 것은 논리적으로 그 반대의 교환은 절대로 성립하지 않는다는 것을 의미한다. 요컨대 "어떤 사람이 자기의 아마포를 많은 다른 상품과 교환"했기 때문에 아마포가 일반적 등가물 즉 화폐가 되었다는 식의 마르크스의 화폐론은 만화보다도 못한 것이다.

제4절
상품의 물신적 성격과 그 비밀

이 절의 테마는 "상품의 물신적 성격과 그 비밀"이다. 따라서 나는 물상화(物象化) 또는 물신화(物神化)라는 개념을 다음과 같이 미리 정리해두고자 한다.

(1) '상(象)'이라는 글자는 코끼리에서 유래한다. 그리고 '상징(象徵)'은 어느 사전에 따르면 "추상적인 관념내용을 그것과 관계 있는 구체적인 사물로 표현하는 것, 또한 그 구체적인 사물, 심벌(symbol)"이다. 따라서 '상'이라는 글자에는 분명 '추상적인 관념내용'이라는 의미가 포함되어 있다고 할 수 있다.

(2) 또 가령 '상형문자(象形文字)'는 '상'과 '형' 사이에 '레점'[7]을 달아서 "형(形)을 상(象)으로 만든 문자", 즉 "구체적인 사물의

---

7 레점(レ点). 일본어에서 한문을 풀이해 읽을 때, 두 글자 사이에서 읽는 순서를 거꾸로 하라는 기호.

모양을 추상적인 관념내용으로 만든 문자"를 의미한다.

(3)'물상화(物象化)'도 마찬가지다. '물'과 '상' 사이에 '레점'을 달아서 "상(象)을 물(物)로 바꾼다[化]", 즉 "추상적인 관념내용을 사물로 바꾸는" 것이다.

(4)마찬가지로 '물신화(物神化)'는 "신을 사물로 바꾼다", 즉 "신(神)이라는 '추상적인 관념내용'인 상(象=神)을 물(物=偶像)로 만든다[化]"는 것을 의미한다. 따라서 '물신화'는 '물상화'의 단적인 일례(一例)다. 부연하면, '물신'은 "신을 물건으로 만든 것", 즉 "신이 깃들어 있는 물건"을 뜻하고, 따라서 그 물신(우상) 앞에 사람들은 무릎을 꿇고 배례하게 되는 것이다.

(5)이상을 토대로 마르크스가 말하는 '상품의 물신적 성격'의 의미를 추적해보면, 그것은 "상품의, 신이 깃들어 있는 물건과도 같은 성격"이라는 말이 된다. 상품이 갖고 있는 "인간을 그 앞에 무릎 꿇게 만드는 성격"이라는 뜻이다.

"인간이 자기의 활동에 의해 자연소재의 형태를 인간에게 유용하게 변경시킨다는 것은 자명한 일이다. 예를 들면, 목재로 책상을 만들면 목재의 형태는 변경된다. 그러나 책상은 여전히 목재이고 보통의 감각적인 물건이다. 그러나 책상이 상품으로 나타나자마자 초감각적인 물건으로 돼버린다. 책상은 자기의 발로 마루 위에 설 뿐 아니라, 다른 모든 상품에 대해 거꾸로 서기도 하며, [책상이 저절로 춤을 추

기 시작한다고 말하는 것보다] 훨씬 더 기이한 망상(妄想)을 자기의 나무 두뇌로부터 빚어낸다." (91쪽)

상품이 가진 물신성에 대해 마르크스는 "책상이 상품으로 나타나자마자 초감각적인 물건으로 돼버린다. 책상은 자기의 발로 마루 위에 설 뿐 아니라, 다른 모든 상품에 대해 거꾸로 서기도 하며, [책상이 저절로 춤을 추기 시작한다고 말하는 것보다] 훨씬 더 기이한 망상을 자기의 나무 두뇌로부터 빚어낸다"고 묘사한다. 하지만 우리는 마르크스가 묘사한 이런 광경, 즉 "책상이 자기의 발로 마루 위에 설 뿐 아니라, 다른 모든 상품에 대해 거꾸로 서기도" 하는 광경을 목격한 적이 없다. 우리가 만약 상품의 물신성을 형용·묘사한다고 하면, 그것은 인간이 상품 앞에 무릎 꿇고 배례하는 광경이다.

그런데도 마르크스는 상품이 가진 물신성에 대해 "책상이 상품으로 나타나자마자 초감각적인 물건으로 돼버리고, 책상은 자기의 발로 마루 위에 설 뿐 아니라, 다른 모든 상품에 대해 거꾸로 선다"고 묘사한다. 어째서 마르크스는 우리가 목격한 적도 없는 광경으로 상품의 물신성을 묘사하는 것일까? 그 이유는 마르크스가 논하는 상품의 물신성이 마르크스의 머릿속에서만 성립하는, 그런 점에서 마르크스의 '망상'에 불과하기 때문이다. 나는 이제부터 마르크스가 논하는 '상품의 물신성'이 마르크스의 '망상'에 불과하다는 점을 구체적으로 밝히고자 한다.

"그렇다면 노동생산물이 상품형태를 취하자마자 발생하는 노동생산물의 수수께끼와 같은 성격은 어디에서 오는가? 분명히 이 형태 자체에서 오는 것이다. 왜냐하면 각종 인간노동이 동등하다는 것은 노동생산물이 가치로서 동등한 객관성을 가진다는 구체적 형태를 취하며, 인간노동력의 지출을 그 계속시간에 의해 측정하는 것은 노동생산물의 가치량이라는 형태를 취하며, 끝으로, 생산자들 사이의 관계(그 속에서 그들 노동의 사회적 성격이 증명된다)는 노동생산물 사이의 사회적 관계라는 형태를 취하기 때문이다." (92쪽)

먼저, 마르크스는 "수수께끼와 같은 성격"의 상품의 물신성은 "어디에서 오는가?"라는 질문을 던진다. 그러고 나서 마르크스는 노동생산물이 취한 '상품형태' 자체가 그 물신성의 '발생' 근거라고 답한다. 그리고 그 이유로 마르크스는 "각종 인간노동이 동등하다는 것은 노동생산물이 가치로서 동등한 객관성을 가진다는 구체적 형태를 취하고, 인간노동력의 지출을 그 계속시간으로 측정하는 것은 노동생산물의 가치량이라는 형태를 취하며, 끝으로 그 속에서 생산자들 노동의 사회적 성격이 증명된다"고 설명한다. 그리고 그 결과 "생산자들 사이의 관계는 노동생산물 사이의 사회적 관계라는 형태를 취한다"고 설명한다. 한마디로 마르크스가 말하는 '상품의 물신성'의 내용은 "생산자들 사이의 관계는 노동생산물 사이의 사회적 관계라는 형태를 취한다"는 것을 의미한다. 이 같은 주장을 펼치는 전제로서 마르크스는 「제

2절 상품에 드러난 노동의 이중성」에서 다음과 같이 말하고 있다. "만약 이 두 물건이 질적으로 다른 유용노동의 생산물이 아니라면 그것들은 결코 상품으로 서로 대면할 수 없을 것이다.…… 상품생산자 사회에서는 [개별 생산자들이 상호 독립적으로 사적으로 수행하는] 여러 가지 형태의 유용노동 사이의 질적 차이는 하나의 복잡한 체계, 즉 사회적 분업으로 발전한다."

하지만 상품이 "공동체의 경계선[공동체가 다른 공동체 또는 다른 공동체의 구성원과 접촉하는 지점]"에서 발생·탄생한 원시공산제의 전간기에는 '사적으로' 상품을 생산하는 '독립생산자'가 한 사람도 존재하지 않았다. 왜냐하면 약 1만 년 전에 자연의 일원으로서 자연에서 살았던 인간이 공동체를 매개로 자연으로부터 자립하기는 했지만, 여전히 공동체에 포섭되고 공동체에 종속되어 공동체에 의존해 살아갔기 때문이다. 인간은 공동체가 총괄·관리하는 공동노동에 동원되고, 공동체가 분배하는 식량으로 생명을 이어가는 존재였기 때문이다. 한마디로 인간은 공동체에 종속되어 있었고, 공동체로부터 독립한 생산자 따위는 한 사람도 존재하지 않았다.

따라서 마르크스가 가정하는 '독립생산자'에 의해 형성되는 '독립생산자의 사회'라는 것도 존재하지 않았다. '독립생산자'가 존재하지 않았기 때문에 그들이 '관계'를 맺는 것도 있을 수 없는 일이었다. 나아가 그 '관계'가 "노동생산물 사이의 사회적 관계라는 형태를 취하는" 것도 있을 수 없었다. 한마디로 마르크스가 말하는 '상품의 물신성',

즉 "생산자들 사이의 관계는 노동생산물 사이의 사회적 관계라는 형태를 취한다"는 상황 자체가 존재하지 않았다.

부연하자면, 자본(공동체에 비축된 필요한 일정량의 식량)이 공동체를 낳았다. 그리고 이렇게 자본에 의해 태동한 공동체가 이번에는 공동체의 지도층(수장과 유력혈족의 수령들)과 그 주변에 자본을 낳았다. 공동체의 수장과 그 주변에 생겨난 자본은 공동체를 왕국으로 상승시켜갔고, 유력혈족의 수령들과 그 주변에 생겨난 자본은 공동체 안에 유력혈족을 중심으로 하는 공동체를 낳았다. 이렇게 자본은 공동체 상층부를 중심으로 공동체를 다층적으로 풍요롭게 해갔고, 이렇게 풍요로워진 공동체는 다시 공동체 상층부에 자본을 낳았다. 자본과 공동체는 이렇게 상호 매개적으로 서로를 풍요롭게 해갔고, 그 결과로 한편에서는 공동체 안에 공동체 수장을 정점으로 하는 차별적 신분제도와 빈부격차가 생겼고, 다른 한편에서는 전쟁에서 패한 다른 공동체 구성원들이 노예로서 공동체 안에 존재하게 되었다. 공동체와 공동체 사이에서 물자교환이 시작되고 상품이 태동했을 무렵, 공동체 내에는 이미 이런 차별적인 신분제도가 발생해 성장하고 있었던 것이다.

마르크스의 말이 만약에 사실이라면, 가치에 있어서 등가로 교환되는, 그런 점에서 매우 평등한 '노동생산물 사이의 사회적 관계'에서는 수장은 물론 노예의 그림자도 보이지 않아야 할 것이다. 하지만 '생산자들 사이의 관계'는 공동체 수장을 정점으로 이미 차별적 신분제도가 형성되어 있었고, 따라서 "생산자들 사이의 관계는 노동생산물 사이의 사회적 관계라는 형태를 취한다"는 마르크스의 말은 전적으로 과녁을 벗어난 것이다. 다시 말해, 마르크스가 말하는 '상품의 물신성', 즉 "생산자들 사이의 관계는 노동생산물 사이의 사회적 관계라는 형태를 취한다"는 사실은 전혀 존재하지 않는다. 마르크스가 말하는 '상품의 물신성'은 마르크스의 관념 세계에서나 성립하는 '망상'에 불과한 것이다.

부연설명하자면, 공동체 간에 물자교환이 시작되고 상품이 발생했을 무렵, 권력 주변에 설치된 직장에서 생산된 물자는 이미 지역에서 생산된 물자와 비교해 막대한 사회적 우위성을 가지고 있었다. 즉, 권력의 주변에 설치된 직장에서 생산된 우량한 농기구·토기·직물 등은 지역에 사는 평민들에게는 손에 넣기는커녕 볼 수조차 없는 것들이었다. 그리고 이 시대에 직장이 지역에 대해 갖는 사회적 우위성은 고대목축왕국 시대에 직장에서 생산된 아마포가 '대가의 왕'이 됨으로써 사회적이고 구조적으로 완성되었다. 즉, 아마포에 의해 상품세계에도 차별적인 신분제도가 서서히 그림자를 드리우게 되었고, "노동생산물 사이의 사회적 관계는 생산자들 사이의 관계(차별적 신분제도)라는 형태를 취하게" 되었다. 마르크스의 말처럼 "생산자들 사이의 관계가 노동생산물 사이의 사회적 관계라는 형태를 취하"게 된 것이 아니라, 그 반대로 "노동생산물 사이의 사회적 관계가 생산자들 사이의 관계(차별적 신분제도)라는 형태를 취하"게 된 것이다. 따라서 마르크스가 말하는 '상품의 물신성', 즉 "생산자들 사이의 관계는 노동생산물 사이의 사회적 관계라는 형태를 취한다"는 말은 마르크스의 관념세계에서만 성립하는 '망상'에 불과하다.

"각종 인간노동이 동등하다는 것은 노동생산물이 가치로서 동등한 객관성을 가진다는 구체적 형태를 취한다", 혹은 "인간노동력의 지출을 그 계속시간에 의해 측정하는 것은 노동생산물의 가치량이라는 형태를 취한다"는 마르크스의 주장이 논리적으로 성립되지 않는다는 것에 대해서는 이미 논증한 대로다.

> "그러므로 상품형태의 신비성은, 상품형태가 인간 자신의 노동의 사회적 성격을 노동생산물 자체의 물적 성격[물건들의 사회적인 자연적 속성]으로 보이게 하며, 따라서 총노동에 대한 생산자들의 사회적 관계를 그들 외부에 존재하는 관계[즉, 물건들의 사회적 관계]로 보이게 한다는 사실에 있을 뿐이다. 이와 같은 치환(置換)에 의해 노동생산물은 상품으로 되며, 감각적임과 동시에 초감각적[즉, 사회적] 물건으로 된다." (93쪽)

반복하자면, 노동은 자기외화이지 자기대상화를 의미하지 않는다. 따라서 노동생산물은 '물적(대상적) 성격'을 보유하지 않는다. 또 상품은 노동생산물이 소외된 것이고, 따라서 '상품형태'는 노동생산물이 전개하는 운동과는 한 차원 다른 소외된 운동을 전개한다. 나아가 '노동의 사회적 성격'은 그 시대와 주체마다 다르다. 예를 들어 원시공산제 시대에서 '노동의 사회적 성격'은 '공동체(나라)에 종속된 공동노동'이라고 일반적으로 규정할 수 있다. 또 노동의 주체가 노예인 경우, '노동의 사회적 성격'은 '공동체(나라)에 종속·지배된 노예노동'으로 규정할수 있다. 즉, '상품형태'가 일괄적으로 "노동의 사회적 성격을 노동생산물 자체의 물적 성격으로서", 다시 말해 마르크스가 말하는 "노동생산물이 보유하는 '응결된 가치'로서" 보이게 하는 경우는 존재하지 않는다. 따라서 "총노동에 대한 생산자들의 사회적 관계를 그들 외부에 존재하는 대상의 사회적 관계로서 보이게 하는" 사실도 존재하지 않는다. 따라서 "이와 같은 치환에 의해 노동생산물은 상품으로 되며, 감각적인 동시에 초감각적[즉, 사회적]인 물건으로 된다"는 경우도 존재하지않는다.

다시 말하지만, 원시공산제의 전간기에 공동체 간에 물자교환이 시작되었고, 이 교환에 참여한 전(前)노동생산물이 먼저 노동생산물로 전화했다. 그리고 이렇게 전화한 노동생산물은 상대방 공동체가 보유한 노동생산물을 사기 위한 대가로 외화되었다. 그러자 이렇게 발생한 대가에 매개되어 상대방 공동체가 보유한 노동생산물이 상품으로 소외되었다. 이렇게 상품은 대가에 매개되어 발생했다. "치환에 의해 노동생산물이 상품으로 되"었던 것이 아니고, 따라서 치환에 의해 상품이 "감각적인 동시에 초감각적[즉, 사회적]인 물건으로 된다"는 사실도 존재하지 않는다.

"인간의 눈에는 물건들 사이의 관계라는 환상적인 형태로 나타나지만, 그것은 사실상 인간들 사이의 특정한 사회적 관계에 지나지 않는다. 그러므로 그 비슷한 예를 찾아보기 위해 우리는 몽롱한 종교 세계로 들어가 보지 않으면 안 된다. 거기에서는 인간 두뇌의 산물들이 스스로의 생명을 가진 자립적인 인물로 등장해 그들 자신의 사이 그리고 인간과의 사이에서 일정한 관계를 맺고 있다. 마찬가지로 상품세계에서는 인간 손의 산물들이 그와 같이 등장한다. 이것을 나는 물신숭배(fetishism)라고 부르는데, 이것은 노동생산물이 상품으로 생산되자마자 거기에 부착되며, 따라서 상품생산과 분리될 수 없다." (93쪽)

마르크스는 계속해서 자신의 '망상'을 말한다. 즉, 마르크스는 계속해서 "인간들 사이의 특정한 사회적 관계"가 "물건들 사이의 관계라는 환상적 형태로 나타난다"고 주장한다. 하지만 이미 밝혀진 것처럼, 상품이 '공동체의 경계선'에서 발생한 원시공산제의 전간기에 "사적으로 상품을 생산"하는 '독립생산자'―공상의 로빈슨 크루소―들은 존재할 수 없었다. 따라서 그런 '독립생산자'에 의해 형성된 '상품생산자의 사회'도 존재하지 않았다. 따라서 존재하지도 않는 '독립생산자'가 '관계'를 맺는 것도 있을 수 없었고, 그 '관계'가 "노동생산물 사이의 사회적 관계라는 형태를 취하는" 일도 없었다. 한마디로 마르크스가 말하는 상품의 물신성, 즉 "생산자들 사이의 관계는 노동생산물 사이의 사회적 관계라는 형태를 취한다"는 사실 자체가 존재하지 않았다. 아니 오히려 실제 역사에서는 마르크스의 말과는 정반대로, "노동생산물 사이의 사회적 관계가 생산자들 사이의 관계(차별적 신분제도)라는 형태를 취하는" 광경이 전개되었다.

그럼에도 마르크스는 "인간들 사이의 특정한 사회적 관계가 물건들 사이의 관계라는 환상적 형태로 나타나는" 것을 '물신숭배'라고 부르고, 이 '물신숭배'는 "노동생산물이 상품으로 생산되자마자 거기에 부착되며, 따라서 상품생산과 분리될 수 없다"고 말한다. 우습지도 않은 이야기다. 마르크스가 명명한 '물신숭배'는 마르크스 자신이 했던 일이지, 사람들이 해온 일이 결코 아니다. 좀 더 말하면, 마르크스가 제창하는 '유물사관'은 '물신숭배사관'이라고도 부를 만한 역사관이며, 이 유물사관은 인간들 사이의 관계가 "물건들 사이의 관계라는 환상적 형태로 나타난다"는 역사관이다. 따라서 마르크스가 명명한 '물신숭배'는 마르크스의 머릿속에서만 성립하는 '망상'에 불과하며, 현실의 인간세계와는 전혀 관계없는 것이다.

> "끝으로…… 공동소유의 생산수단으로 일하며 또 각종의 개인적 노동력을 하나의 사회적 노동력으로 의식적으로 지출하는 자유인들의 연합체(association of free men)를 생각해보기로 하자.…… 자유인들의 연합체의 총생산물은 사회적 생산물이다. 이 생산물의 일부는 새로운 생산수단으로 역할하여 사회에 남는다. 그러나 다른 일

부는 연합체 구성원에 의해 생활수단으로 소비되며, 따라서 그들 사이에 분배되지 않으면 안 된다. 이 분배방식은…… 각자의 노동시간에 의해 결정된다고 가정하자. 이 경우 노동시간은 이중의 역할을 하게 될 것이다. 노동시간의 사회적 계획적 배분은 연합체의 다양한 욕망과 각종 노동기능 사이의 적절한 비율을 설정하고 유지한다. 다른 한편으로, 노동시간은 각 개인이 공동노동에 참가한 정도를 재는 척도로 기능하며, 따라서 총생산물 중 개인적으로 소비되는 부분에 대한 그의 분배몫의 척도가 된다. 개별 생산자들이 노동이나 노동생산물과 관련해 맺게 되는 사회적 관계는 생산이나 분배에서 투명하고 단순하다."(100-101쪽)

마르크스는 '자유인들의 연합체'가 갖추어야 할 조건을 다음의 여섯 가지로 든다. (1)사람들은 공동의 생산수단으로 노동하며, 그들의 많은 개인적 노동을 하나의 사회적 노동력으로 의식적으로 지출한다. (2)이 연합체의 총생산물은 하나의 사회적 생산물이다, (3)이 생산물의 일부는 새로운 생산수단으로 역할하고…… 다른 일부는 연합체 구성원들에 의해 생활수단으로서 소비된다. (4)분배양식은…… 각각의 노동시간에 의해 결정된다. (5)노동시간은 이중의 역할을 한다. 즉, 노동시간의 사회적·계획적인 배분은 연합체의 다양한 욕망과 각종 노동 기능 사이의 적절한 비율을 설정하고 유지하며, 다른 한편으로 노동시간은 각 개인이 공동노동에 참가한 정도를 재는 척도로 기능한다. (6)사람들이 노동이나 노동생산물과 관계해 맺게 되는 사회적 관계는 생산에서도 분배에서도 투명하고 단순하다.

하지만 이런 여섯 가지 조건은 원시공산제 시대에 이미 갖추어진 것이었다. 따라서 우리가 만약 '자유인들의 연합체'를 바란다면, (1) 왜 원시공산제가 자멸했는가, (2)원시공산제는 왜 자멸한 후에 왕·귀족·평민·노예라는 차별적 신분제도를 낳았는가를 명확히 밝혀야 한다. 이 점을 밝히지 못한 채로 '자유인들의 연합체'를 제창하는 것은 '공상적 공산주의'를 제창하는 것이 되기 때문이다. 나는 이 두 가지 점에 대해 다음과 같이 밝히고자 한다.

(1)계속된 공동체 간의 전쟁(즉자적 교통—커뮤니케이션)이 상대적 노예를 낳았고, 이것이 다시 공동체 안의 관계를 연대에서 지배와 억압으로 바꾸어놓았다. 즉, 연대를 지배와 억압으로 전화시키고 노예제로 상징되는 차별적인 신분제도를 낳은 원흉이 전쟁이라는 외적(환경적) 요인이라고 할 수 있다. 하지만 진짜 원인은 내부에 있었다. 인간의 자의식에 형성된 '나'가 아직은 '공동체의 일원'이고, 따라서 인간은 아직 공동체에 종속된 존재였다는 것이야말로 노예제로 상징되는 차별적 신분제도를 낳은 원흉이라고 할 수 있다.

✚ 보충　마르크스주의는 인간은 '유적 존재'여야 한다며 유적 존재로서의 삶을 칭송해왔다. 다시 말해, 마르크스주의는 인간이 '공동체의 일원'이어야 한다고 주장했고, 더불어 사유재산권을 부정했다. 그 결과로 마르크스주의는 현대사회에

노예제를 부활시켰다.

(2)원시공산제의 전간기에 공동체 간에 물자교환(대자적 교통)이
시작되었다. 그리고 이에 따라 공동체 경계 부근에서 전노동
생산물은 노동생산물·대가·상대적 상품(사는 물건)이라는
세 가지로 전화했고, 물자교환(대자적 교통)은 역사적으로 호
혜에서 매매로 옮겨갔다. 즉, 연대(호혜)가 역사적으로 착취와
수탈(매매)로 변해간 것이다.

✚ 보충　원시공산제에서 고대농업왕국에 이르는 시대, 즉 농경민이 세계의 패
권자였던 시대에 호혜는 항상 사회적으로 지배적인 물자교환양식이었다. 즉, "호
혜로부터 매매로 변해갔다"는 것은 고대목축왕국 이후부터의 일이었다.

(3)유목민은 목축을 생업으로 삼았을 때부터 가축을 일반적 대
가로 유통시켰다. 그리고 목축혁명은 세계의 패권자를 농경
민에서 유목민으로 교체했다. 그 결과로 고대목축왕국 시대
에 들어 유목민 고유의 일반적 대가가 사회 전체로 일반화되
었다. 그리고 이에 따라 '사는 물건'으로서의 상대적 상품은
일반적 상품으로 상승했고, 매매가 대중화·일반화되었다. 나
아가 고대목축왕권이 일정 정도 강력해졌을 때, 왕명에 따라
'예컨대 아마포'가 '대가의 왕' 즉 일반적 가격물로 전화했다.
그러면서 지역에 대한 직장의 경제적 우위성도 일반화되었다.

(4)'대가의 왕' 즉 일반적 가격물을 손에 넣은 고대목축왕국은
순식간에 재정적으로 강대해져 고대국가로 상승해갔다. 나아

가 고대왕국은 일반적 가격물이던 금·은을 주조했고, 주조화폐에 각인된 액면(권력의 언어)을 그 본질로 하는 화폐를 태동시켰다. 그리고 이에 따라 국가 내 경제와 국가 간 경제가 선명하게 분화해갔다.

(5) 유대 민족에 의해 발견된 절대신은 기독교와 이슬람교를 통해 유럽세계로 널리 퍼졌다. 자연으로부터도 왕국으로부터도 자립한 '신 앞에 평등한 나'가 유럽세계에 널리 퍼진 것이다. 그리고 이에 따라 약 1만 년 전 농업혁명 때 인간의 자의식에 형성된 '공동체 일원으로서의 나'는 '신 앞에 평등한 나'에 의해 인간 자의식의 세계에서 추방되었다. 이 추방을 기뻐하며 인간찬가를 구가한 것이 14세기 말 이탈리아 북부에서 발발해 유럽을 석권한 르네상스였다. 르네상스를 계기로 유럽에서 국가가 국가와 사회로 분화되었고, 국가와 사회와 인간이 구성하는 3층 구조의 국가·사회체제가 탄생했다. 동시에 르네상스는 휴머니즘(인간중심주의)에 노출된 지역—북—과 노출되지 못한 지역—남—으로 세계를 크게 분화시켰다.

(6) 르네상스가 가져온 국가와 사회의 분화는 자본(화폐집적)을 국가로부터 해방시켰다. 또 르네상스가 가져온 신용의 태동은 자본(화폐집적)의 가치를 레버리지해 순식간에 수십 배로 키웠다. 즉, 자본의 국가로부터의 해방(빅뱅)과 신용의 발생(빅뱅 직후의 급팽창)에 의해 자본을 중심으로 하는 새로운 우주(자

본주의 세계)가 탄생한 것이다. 그리고 이에 따라 자본(상대적

자본)은 자본(절대적 자본)으로 전화했다.

✚ 보충 약 1만 년 전 농업혁명 시대에는 공동체(국가)가 인간의 사회적 생산력
(인간에게 역사적·유적으로 내화된 시간)을 의미했다. 하지만 르네상스 시대에 자
본이 국가(공동체)로부터 해방되면서, 사회적 생산력을 의미하는 국가는 천부의
존재로 변화했다. 국가를 대신해 자본(화폐집적)과 신용이 사회적 생산력(인간에
게 역사적·유적으로 내화된 시간)을 의미하는 시대가 시작된 것이다.

⑺나아가 르네상스의 휴머니즘(인간중심주의)은 프랑스혁명으로
대표되는 근대 시민혁명으로 전화했다. 그리고 근대 시민혁명
은 다시 산업혁명으로 전화했다.

⑻산업혁명은 유럽에 강력한 자본제 제국주의를 낳았고, 유럽
제국주의는 전 세계를 유럽의 식민지로 바꿔갔다. 그 결과로
유럽제국주의는 두 번에 걸친 세계 제국주의 전쟁을 일으켜
대량으로 인간을 살육했다.

⑼전쟁이 끝나고 세계의 패자가 된 미국은 자국 통화인 달러(지
폐)를 세계통화로 추대하면서 (정도의 차이는 있지만) 전 세계를
미국을 중심으로 하는 단일 경제권으로 재편했다. 즉, 미국은
화폐의 태동을 계기로 분리되어온 국가 내 경제와 국가 간 경
제를 통합시키는 데 성공했고, 이에 따라 전 세계의 국내총생
산(GDP)을 기초로 하는 시뇨리지(화폐발행권)를 손에 넣어 세
계 최대의 군사대국으로 세계에 군림하게 되었다.

⑽하지만 지금 미국은 그 경제적 우위성을 고수하기 위해 신용

을 악무한으로 팽창시키고 있다. 악무한으로 팽창하는 금융자산과 금융부채로 세계경제는 지금 금융채무불이행에 따른 연쇄적인 와해(대공황)의 수렁에 빠져 있다.

원시공산제가 왜 자멸할 수밖에 없었는지, 또 앞으로 우리에게 남은 과제가 무엇인지에 대해 이상의 내용을 통해 다시 한번 정리하면 다음과 같다. (1)전쟁이 원시공산제를 와해시켜 노예를 만들어냈고, 왕·귀족·평민·노예라는 차별적 신분제도를 낳았다. (2)당시(약 1만 년 전) 인간의 자의식에 형성된 주체성(나)이 '공동체 일원으로서의 나'(유적 인간)에 불과했기 때문에 원시공산제의 와해와 노예제의 발생은 불가피했다. (3)하지만 인류는 르네상스를 통해서 그 자의식에 '신 앞에 평등한 나'를 형성시켰다. (4)나아가 인류는 오늘날 경제적으로 거의 국경을 없애는 단계에 도달했다. (5)즉, 인류는 국경을 없애고, 전쟁을 없애고, 무기와 군대를 최종적으로 근절하는 사정권 안에 들어서기 시작했다. (6)인간은 이제 전쟁에서 해방되기 위해 모든 민족·종파 등의 인간집단이 서로 그 정치적 자주성을 절대적으로 존중할 수 있게 되는 단계에 도달해 있다.

마르크스가 말하는 '자유인들의 연합체' 즉 원시공산제는 필연적으로 와해될 수밖에 없었다. 그것은 인간이 바라기만 하면 실현할 수 있는 단순한 문제가 아니다. 최소한 인류가 전쟁을 근절시키지 못하면 마르크스가 말하는 '자유인들의 연합체'에 도달할 수 없다. 이런 기본적이고 원초적인 이해를 결여한 마르크스의 '자유인들의 연합체' 타령은 '공상적 공산주의'라는 비난을 피하지 못할 것이다. 마르크스주의가 현대사회에 노예제를 부활시킨 데서 끝나버린 근거도 여기에 숨겨져 있다.

그리고 나는 이런 역사와 인간에 대한 이해를 바탕으로, 그린코프가 진정한 '자유인들의 연합체'가 되기 위한 노력의 길로서 '그린코프의 소망과 지향' 11개조를 기안한 적이 있다. 이는 2014년 6월 18일 개최된 그린코프공동체 제8차 정기총회에서 '특별결의'로 채택된 내용이다. 참고 삼아 소개하고자 한다.

➕참고 그린코프의 소망과 지향

제1조 (소외부터 되돌아가는 길)

① 인류는 약 1만 년 전 숲에서 나와 자연으로부터 소외되면서 오랫동안 소외의 길을 걸어왔습니다. 하지만 지금 인류는 이제까지 소외를 향해 가던 길을 되돌아가기 시작했습니다. 즉, 인류는 지금 모든 소외관계를 공생관계로 재편하기 위해 실천하기 시작했습니다.

② 소외된 것이 소외시킨 것을 향해 자기 해체적으로 강하(降下)해가는 것, 그것이 소외관계를 공생관계로 재편해가는 모든 실천의 기본입니다. 그리고 인류는 지금 이런 방향을 향해 걸음을 내딛기 시작했습니다.

③ 이로써 인류는 지금 온갖 지배와 억압, 차별과 분단에 종지부를 찍으려 하고 있습니다. 그린코프는 인류의 이런 도도한 흐름을 좇아 인류와 함께 걸어가기를 소망하고 또 지향합니다.

제2조 (전쟁과 평화)

① 인류는 점차로 소외로부터 되돌아가 이내 세계공동체를 건설하고, 국경을 없애고, 전쟁을 최종적으로 없애게 될 것입니다.

② 동시에 모든 민족·종파 등의 인간집단은 서로 간에 그 자주성·자결권을 절대적으로 존중하게 될 것입니다.

③ 이로써 인류는 모든 무기와 군대를 없애고, 세계의 항구적인 평화를 구축하게 될 것입니다.

제3조 (국제경제연대)

① 모든 국가·지역·민족·종파 등은 자신의 경제를 항상 안팎으로 열어두어야 합니다.

② 동시에 모든 국가·지역·민족·종파 등은 서로 간에 그 경제의 자주성·자결권을 절대적으로 존중해야 합니다.

③ 이로써 인류는 경제적 착취와 수탈을 근절하는 동시에, 경제의 자주성과 민주주의를 서로 존중함으로써 평화의 기초를 쌓게 될 것입니다.

제4조 (지적재산권의 상대화와 극소화)

① 절대화된 지적재산권은 상대화되고 점차 극소화되어갈 것입니다. 왜냐하면 지적재산은 자본의 변형일 뿐이고, 따라서 지적재산권의 절대화는 자본의 절대적 보전을 위한 요구이기 때문입니다.

② 인간의 지적 탐구심은 무한합니다. 따라서 지적재산권의 상대화와 극소화는 결코 인간의 지적 탐구심을 죽이지 않을 것입니다.

③ 이로써 인류는 지적재산권이라는 이름하에 자본이 공공연히 인간을 착취하지 못하게 할 것입니다.

제5조 (주권재민)

① 인류는 사유재산권을 절대적으로 존중하고, '나'가 '나'이기를 존중하게 될 것입니다. 왜냐하면 인간이 만약 사유재산권을 부정하면 인간은 다시 노예로 폄하될 것이기 때문입니다.

② 동시에 '공(公)'을 '사(私)'로 만드는 것은 엄격히 금지될 것입니다.

③ 이로써 인류는 권력이 공적인 것을 사유화하지 못하게 하고, 진정으로 주권재민을 실현해가게 될 것입니다.

제6조 (자연과의 공생)

① 인류는 정의나 대의로 살아가는 것이 아니라, 생명에 다가서고 생명과 함께 살아가게 될 것입니다. 왜냐하면 평화와 생명은 그 자체에 가치가 있고, 생명은 정의나 대의를 포섭하는 절대적 정의와 대의를 의미하기 때문입니다.

② 동시에 인류는 자연에 다가가고 자연과 함께 살아가게 될 것입니다.

③ 이로써 인류는 생명으로서의 인간으로 회귀하고, 자연과 공생하며 살아가게 될 것입니다.

제7조 (남과 북의 공생)

① 휴머니즘(인간중심주의)의 세례를 받아 '북'은 '남'으로부터 소외되었습니다. 그리고 이렇게 '남'으로부터 소외된 '북'이 '남'을 잔혹하게 억압하고 지배·수탈해왔습니다.

② 하지만 '북'은 앞으로 자기 해체적으로 '남'을 향해 강하해가고, '남'의 유기성으로부터 구원받으면서 '남'과 함께 '남' 노예제를 해체하게 될 것입니다.

③ 이로써 인류는 '남'에 대한 '북'의 지배·수탈을 없애고, '남'과 '북'의 공생을 실현하게 될 것입니다.

제8조 (여자와 남자의 공생)

① 여자는 생명[有機] 자체를 의미합니다. 남자는 생명 자체로서의 여자로부터 소외된 비생명적 생명[無機]을 의미합니다. 오랫동안 여자는 남자를 매개로 살아왔습니다. 하지만 오늘날 남자는 무기[非生命]로서의 자기운동을 강화함으로써 생명[有機] 자체의 위기를 초래하고 있습니다. 그래서 여자[有機]는 남자[無機]의 매개를 거절하고 자립했습니다.

② 앞으로 남자는 자기 해체적으로 강하해 자신의 유기성을 재생시키면서 여자와 새롭게 만나게 될 것입니다.

③ 이로써 인류는 여자와 남자의 공생을 실현하고, 생명으로서의 인간으로 회귀하게 될 것입니다.

제9조 (사람의 공생)

① 노동은 자기표현 가운데 하나입니다. 동시에 노동은 노래부르기·춤추기·그리기 등의 단발적인 자기표현과 다르게 가장 종합적인 자기표현입니다. 따라서 인간에게서 노동을 빼앗는 것은 인간에게서 살아가는 기술(자기표현)을 빼앗는 것과 같습니다.

② 동시에 인간은 다양합니다. 따라서 인간의 자기표현도 다양합니다. 따라서 인간의 다양한 자기표현은 항상 서로 평등해야 합니다. 즉, 인간은 항상 때와 장소에 맞게 그 주역을 바꿔야 하는 존재입니다.

① 인류는 이를 이해하고 존중함으로써 승부 능력만을 세부적으로 평가하는 능

력주의를 극복하고 인간의 다양성을 서로 존중해 공생을 실현하게 될 것입니다.

제10조 (생산과 소비)

① 2차 대전 후에 수립된 일본의 헌법은 주권재민의 선언으로서 산업혁명을 일으키는 기초가 되었습니다. 그리고 1960년대 일본의 고도경제성장 즉 산업혁명의 성공은 생산(생존)과 소비(자기표현)의 분화를 가져왔고, 소비와 자기표현의 자립을 가져왔습니다.

② 이렇게 자립한 소비와 자기표현은 앞으로 생산 및 생존과 새롭게 만나고, 생산과 생존을 향해 자기 해체적으로 강하게 될 것입니다.

③ 이로써 인류는 소비와 자기표현의 자기중심성을 극복하고, 생산(생존)과 소비(자기표현)의 공생을 실현할 것입니다.

제11조 (인간과 노동과 자본)

① 인간을 유적·역사적으로 통과한 시간이 사회적 생산력의 본질입니다. 또 인간을 개체적·시대적으로 통과한 시간이 노동의 본질입니다. 그리고 이 두 가지 시간이 협동해서 모든 가치가 산출됩니다. 그런데 가치로부터 소외된 화폐(자본)가 그 강력한 매개력으로 사회적 생산력으로 전화되었고, 인간과 노동을 그 앞에 무릎 꿇게 했습니다.

② 하지만 화폐(자본)는 앞으로 인간과 노동과 새롭게 만나고, 인간과 노동을 향해 자기 해체적으로 강하해 인간과 노동과 공생하게 될 것입니다.

③ 이로써 인류는 생명으로서의 인간으로 회귀하고, 항구적인 세계평화를 실현하게 될 것입니다.

"중금주의자들은 금과 은이 하나의 사회적 생산관계로서의 화폐를 대표하고 있다고 생각하지 않고, 금과 은이라는 자연물이 독특한 사회적 속성을 지니고 있다고 생각하기 때문이다.…… 지대(地代)는 토지로부터 생기는 것이며 사회로부터 생기는 것이 아니라는 중농주의자들의 환상이 소멸한 것은 얼마 전의 일이 아닌가?"(106쪽)

여기서 마르크스는 "지대는 토지로부터 생기는 것이지 사회로부터 생기는 것이 아니라는 중농주의자들의 환상"을 비웃고 있다. 하지만 마르크스는 "금과 은이라는 자연물이 독특한 사회적 속성을 지니고 있다"는 주장이 자기가 비웃는 중농주의적 환상과 거의 동일한 오류를 뜻한다는 것을 자각하지 못한다. 다시 말해, "독특한 사회적 속성을 지닌"이라는 형용이 따르기는 하지만, 마르크스는 자신의 주장이 화폐의 본질은 금과 은이라는 자연물에 있다는, 즉 "사회로부터 생겨나는 것이 아니"라고 주장한다는 데 대한 자각이 없다. 이에 반해 우리는 이미 화폐의 본질은 금과 은이라는 자연물의 형태에 있는 것이 아니라 거기에 각인된 액면(권력의 언어)에 있다는, 즉 "사회로부터 생겨나는 것"이라는 점을 확인했다.

✚ 보충 금·은과 일본 천황가(家)는 다음과 같은 유사성을 갖는다.

(1) 금·은은 인간의 오랜 역사를 통해 세계공황이나 수많은 전쟁을 극복하면서 계속 그 가치를 보존해왔다.

(2) 일본의 천황가도 후지와라(藤原)가·헤이(平)가·미나모토(源)가·아시카가(足利)가·오다(織田)가·토요토미(豊臣)가·도쿠가와(徳川)가 등에게 권력을 찬탈당하면서도, 또 전후에는 주권재민이 선언되었음에도 불구하고, 오늘날에도 총리를 비롯한 모든 각료를 인증하고 있다. 이는 일본의 정치권력에서 천황가가 영원함을 보여주는 듯하다.

(3) 하지만 일본의 정치권력이 천황가에 귀속되어야 할 필요성은 존재하지 않는다. 마찬가지로 금·은이 화폐여야 할 필연성도 존재하지 않는다.

(4) 그렇지만 오랜 사실의 축적과 인간 기억의 축적은 무시할 수 없는 무게감으로 우리를 계속 구속한다. 그리고 이런 구속이 계속되는 한, 금·은과 천황가는 영원할 것이다. 아니, 이런 구속이 계속되는 한에서만 그들은 영원할 것이다.

⑸ 그리고 인류는 아마도 정치권력과 화폐에 대해서도 인간의 현실에 보다 잘 합치되는 방향으로, 역사적 기억과 제약으로부터 해방되어갈 것이다.

"만약 상품이 말을 할 줄 안다면 다음과 같이 말할 것이다.…… 사용가치는 물건인 우리에게 속하는 것은 아니다. 물건인 우리에게 속하는 것은 우리의 가치이다. 우리 자신이 상품으로 교환되는 것이 이것을 증명하고 있다. 우리는 오직 교환가치로서만 서로 관계를 맺고 있다, 라고. 그러면 이제 경제학자들이 이러한 상품의 심정으로 어떻게 전하고 있는지 들어보자. 가치(교환가치)는 물건의 속성이고 부(富: 사용가치)는 인간의 속성이다. 이러한 의미에서 가치는 필연적으로 교환을 포함하고 있지만, 부는 그렇지 않다." (106쪽)

"부(사용가치)는 인간의 속성이고 가치는 상품의 속성이다. 인간이나 사회는 부유하고, 진주나 금강석은 가치 있는 물건이다.…… 진주나 금강석은 진주나 금강석만큼 가치를 가진다." (107쪽)

"그런데 경제학자들이…… 자기들의 예리한 통찰력을 자부하고 있는데, 그들에 의하면 물건의 사용가치는 물건의 물질적 속성과는 관계없이 존재하지만, 물건의 가치는 물건으로서의 그것의 일부를 구성하고 있다는 것이다. 그리고 자기들의 이와 같은 견해를 확증해주는 것은, 물건의 사용가치는 교환 없이 〔즉, 물건과 사람 사이의 직접적인 관계 속에서] 실현되지만, 물건의 가치는 오직 교환에서만 [즉, 하나의 사회적 과정에서만] 실현된다고 하는 기묘한 사정이라는 것이다. 이렇게 되면 누구라도 저 선량한 독베리(Dogberry)가 경비인 시콜에게 가르쳐준 충고[전혀 말이 되지 않는 충고]를 생각하게 될 것이다. 인기 있는 사람이 되는 것은 운명의 덕택이지만, 읽고 쓰는 것은 자연히 알게 된다, 라고." (107쪽)

마르크스가 말하는 "사용가치는 물건인 우리에게 속하는 것은 아니다. 물건인 우리에게 속하는 것은 우리의 가치이다", 즉 사용가치는 사람에게 속하고 가치는 물건에 속한다는 주장은 정당하고 타당하다.

하지만 상품은 사용가치도 가치도 보유하지 않으며, 사용가치와 가치를 보유하는 것은 노동생산물이다. 또 상품은 상품으로서 서로 관계를 맺는 것이 아니라, 상품이 보유하는 치장된 가치와 대가가 보유하는 교환가치가 서로 관계를 맺는 것이다. 나아가 사용가치와 부는 별개의 것으로, 사용가치는 즉자적으로 (그 자체로서) 사람의 생활과 생산에 풍요를 가져오지만, 부는 매개적으로 사람에게 풍요를 가져다주는 것이다. 아울러 교환가치는 대가로서의 노동생산물이 보유하는 가치이고, 또 교환가치는 상품을 사려고 하는 사람에게 속하며, 상품이 표시하는 치장된 가치에 대한 그 사람의 필요도에 반비례해서 그 크기를 증감시킨다.

마지막으로 사족이 되겠지만, '인기 있는 사람이 되는 것'은 오히려 '자연히 알게 된' 것에 속하고, '읽고 쓰는 것'은 오히려 '운명의 덕택'에 속한다.

✚ 보충 돌칼은 칼이라는 것, 즉 잘 자를 수 있다는 데서 그 사용가치를 찾을 수 있다. 그리고 잘 드는지 아닌지는 돌칼을 사용하는 인간에 속한 가치이다. 이런 점에서 사용가치는 사람에 속한다. 반면에 가치는 "예리한 형태를 한 물건"에 속한다. 이런 점에서 볼 때, "사용가치는 사람에, 가치는 물건에 속한다."

제2장
교환과정

"모든 상품은 그 소유자에게는 비(非)사용가치이고, 그것의 비(非)소유자에게는 사용가치이다." (110쪽)

반복이 되겠지만, 상품은 사용가치를 보유하지 않는다. 상품이 보유하는 것은 치장된 가치이다. 따라서 상품의 비소유자는 상품의 치장된 가치가 표시하는 사용가치를 사들이기 위해 대가를 지불하는 것이다. 그리고 상품의 비소유자가 상품을 사들여 소진하려고 한 순간, 상품의 치장된 가치에서 치장이 벗겨지고, 상품의 실체를 의미하는 노동생산물이 보유한 진정한 가치가 드러난다. 그리고 여기에 드러난 진정한 가치가 사용가치로 환원되어 소진하게 되는 것이다.

"교환이 상품을 가치(價値)로 서로 관련시키며 상품을 가치로 실현한다. 그러므로 상품은 사용가치로 실현될 수 있기 전에 먼저 가치로

실현되어야 한다." (110쪽)

　

"교환이 상품을 가치로 서로 관련"시키는 것이 아니다. 왜냐하면 교환은 상품을 상품이 아니라 대가와 관련시키기 때문이다. 좀 더말하면, 교환(매매)은 상품이 보유하는 치장된 가치와 대가가 보유하는교환가치를 서로 관련(교환)시키는 행위이기 때문이다. 따라서 상품이사용가치로 실현되기 전에, 상품이 보유하는 치장된 가치로부터 그 치장이 벗겨지고, 상품의 실체를 의미하는 노동생산물이 보유하는 진정한 가치가 드러나며, 이렇게 드러난 진정한 가치가 사용가치로 환원되는 과정이 필요하다.

"다른 한편, 상품은 가치로 실현될 수 있기 전에 먼저 자신이 사용가치라는 것을 보여주어야만 한다." (110쪽)

　

교환(매매)은 상품이 보유하는 치장된 가치와 대가가 보유하는교환가치를 서로 관련(교환)시키는 행위이다. 즉, 마르크스가 말하는"상품은 사용가치로서 서로 상대하고 있다"는 전제가 성립하지 않는다.따라서 "상품은 가치로 실현될 수 있기 전에 먼저 자신이 사용가치라는 것을 보여주어야만 한다"는 일 따위도 없다. 그것은 마르크스의 '망상'일 뿐이다.

"우리의 상품소유자들은 파우스트와 같이 생각한다. '태초에 행함이 있었다.' 그리하여 그들은 생각하기 전에 이미 행동했던 것이다. 상품소유자들은 본능적으로 상품 본성의 법칙들에 순응했다. 그들은 자기들의 상품을 일반적 등가(물)인 다른 하나의 상품과 대비시킴으로써만 자기들의 상품을 서로 가치로서, 따라서 상품으로서 관계 맺을 수 있을 뿐이다.…… 그러나 오직 사회의 행동만이 일정한 상품을 일반적 등가(물)로 만들 수 있다. 그러므로 다른 모든 상품의 사회적 행동이 [자신들의 가치를 모두 표시하는] 특수한 상품을 분리해낸다. 그렇게 함으로써 이 선발된 상품의 현물형태가 사회적으로 통용되는 등가형태로 된다. 사회적 과정을 통해 일반적 등가(물)는 이 선발된 상품의 독자적인 사회적 기능으로 된다. 그리하여 이 상품은 화폐(貨幣)로 된다." (111쪽)

마르크스는 '공상(空想)의 로빈슨 크루소'들이 태곳적부터 '사적 노동'[私業]으로서 상품을 생산하고, 생산된 상품을 서로 교환하는 '상품생산자 사회'가 존재했다는 것을 전제로 자신의 이론을 전개한다. 하지만 실제 역사에서 '상품소유자'는 다음과 같이 등장했다.

(1) 원시공산제 초기에 경제(생산과 분배)의 주체는 공동체 자체였다. 다시 말해 자본의 소유자가 공동체였고, 따라서 '상품소유자'도 공동체 자체였다.

(2) 그 후 경제(생산과 교환)의 주체는 공동체로부터 공동체의 권

력으로, 즉 수장과 귀족들에게로 옮겨갔다. 수장이나 귀족과 같은 권력자들이 자본(집적된 노동생산물·집적된 대가·집적된 상품 등)을 소유하고 경제의 주체가 되었다. 그들은 팔기 위해 생산했고, 팔기 위해 사들였으며, 다종다양한 상품을 쌓아놓고 이를 평민들에게 팔아 재산을 축적했다. 한마디로 태곳적에는 자본을 소유한 수장과 귀족 같은 권력자들이 '상품소유자'였다. 평민들은 필요한 물자를 사기 위해 자본소유자에게 자신의 생산물을 싸게 팔았고, 자본소유자들로부터 필요한 물자를 비싸게 사서 생활했다. 즉, 이 시대에 '공상의 로빈슨 크루소'가 '상품소유자'였던 적은 없었다.

✚ 보충 원시공산제 시대와 고대농업왕국 시대를 통해서, 다시 말해 농경민이 패권자였던 시대에 사회적으로 지배적이었던 물자교환양식은 호혜였다. 앞서 소개한 물자교환양식 즉 상품의 매매는 결코 사회적으로 지배적인 물자교환양식이 아니었다.

(3)그 후 고대목축왕국 시대에 일반적 대가가 사회적으로 등장하고, 상품(상대적 상품)은 상품(일반적 상품)으로 변화했다. 하지만 경제(생산과 교환)의 주체는 여전히 자본을 소유한 권력자들이었다. 따라서 '상품소유자'도 당연히 자본을 소유한 권력자들이었다. 오늘날에도 권력은 상당히 대중화되었지만, 경제(생산과 교환)의 주체는 여전히 자본을 소유한 권력자들이다.

(4)따라서 로빈슨 크루소 같은 독립생산자('공상의 로빈슨 크루소')

가 '상품소유자'였던 선례는 역사상 단 한 번도 없었다.

마르크스는 여기서 "그들은 자기들의 상품을 일반적 등가(물)인 다른 하나의 상품과 대비시킴으로써만 자기들의 상품을 서로 가치로서, 따라서 상품으로서 관계 맺을 수 있을 뿐이다.…… 하지만 오직 사회의 행동만이 일정한 상품을 일반적 등가(물)로 만들 수 있다"고 말한다. 하지만 상품은 다른 상품과 서로 관계 맺는 것이 아니라 대가와 관계를 맺는다. 그리고 상품과 대가가 '등가교환'되는 일은 역사상 한 번도 없었다. 따라서 일반적 등가물이라는 것이 존재한 적도 역사상 한 번도 없었다. 더욱이 상품은 대가로 나타나는 경우가 없기 때문에, "이 상품은 화폐로 된다"고 하는 경우도 없다.

"교환현상의 역사적 확대와 심화는 〔상품의 성질 속에 잠자고 있는〕 사용가치와 가치 사이의 대립을 발달시킨다. 원활한 상거래를 위해 이 대립을 외부로 표현하려는 욕구는 독립적인 가치형태를 만들려는 충동을 낳게 되는데, 이 충동은 〔상품이 상품과 화폐로 분화됨으로써〕 하나의 독립적 가치형태를 얻을 때까지 중지하는 일이 없다. 따라서 노동생산물이 상품으로 전환되는 것에 발맞추어 특정 상품이 화폐로 전환된다." (112쪽)

상품은 사용가치도 가치도 보유하지 않는다. 따라서 "교환현상의 역사적 확대와 심화"가 아무리 진전되더라도 "상품의 성질 속에 잠자고 있는 사용가치와 가치 사이의 대립을 발달시키"는 일은 없다. 따라서 존재하지도 않는 '대립'을 "원활한 상거래를 위해 외부로 표현하려는 욕구"도 발생하지 않는다. 그리고 존재하지도 않는 '욕구'가 "독립적인 가치형태를 만들려는 충동을 낳게 되는" 일도 없다.

즉, 화폐는 대가의 현상형태이지 상품의 현상형태가 아니다. 따라서 존재하지도 않는 '독립적인 가치형태'를 얻으려는 충동 때문에 "상품이 상품과 화폐로 분화"되는 일도 일어날 수 없다. 따라서 "노동생산물이 상품으로 전환되는 것에 발맞추어 특정 상품이 화폐로 전환"되는 일도 없다.

> "상품교환은 공동체의 경계선[즉, 공동체가 다른 공동체 또는 다른 공동체의 구성원과 접촉하는 지점]에서 시작된다. 그러나 물건들이 한번 공동체의 대외적 관계에서 상품으로 되기만 하면 그것들은 반사적으로 공동체 안에서도 상품으로 된다." (113쪽)

옳은 말이다. 하지만 실제로 행해진 것은 '상품교환', 즉 상품과 상품의 교환이 아니라 상품과 대가의 교환이었다.

> "교환의 끊임없는 반복은 교환을 하나의 정상적인 사회적 과정으로 만든다. 그러므로 시간이 경과함에 따라 노동생산물의 적어도 일부는 처음부터 교환을 목적으로 생산하지 않으면 안 되게 된다. 이 순

간부터 직접적 소비를 위한 물건의 유용성과 교환에서의 물건의 유용성 사이의 구별이 굳어져간다. 물건의 사용가치가 물건의 교환가치로부터 구별된다. 다른 한편, 이 물건들이 교환되는 양적 비율은 물건들의 생산 그 자체에 의존하게 된다. 관습은 이 물건들의 가치를 일정한 크기로 고정시킨다."(113쪽)

마르크스는 "노동생산물의 적어도 일부는 처음부터 교환을 목적으로 생산하지 않으면 안 되게 된" 것을 계기로, "직접적 소비를 위한 물건의 유용성" 즉 사용가치와, "교환에서의 물건의 유용성" 즉 교환가치의 "구별이 굳어져간다"고 말한다. 하지만 전(前)노동생산물 또는 노동생산물이 보유한 사용가치와 대가가 보유한 교환가치는 통일되었던 적이 없다. 다시 말해, 통일되었던 적이 없던 것들이 대체 어떻게 분열된다는 것인가.

앞서 말한 것처럼, 원시공산제의 전간기에 공동체 간에 물자교환이 시작되었다. 그리고 이를 계기로 사용가치밖에 보유하지 않았던 전노동생산물이 잠재되어 있던 가치를 표층에 드러내 사용가치와 가치의 보유자 즉 노동생산물로 전화했다. 이어서 이렇게 태동한 노동생산물이 상대방 공동체가 소유한 노동생산물을 사기 위한 대가로 외화되었다. 그리고 이때에 노동생산물이 보유한 가치는 교환가치로 외화되었고, 대가가 교환가치를 보유하게 되었다. 이어서 대가의 태동을 매개로 상대방 공동체가 소유한 노동생산물은 상품으로 소외되었다. 한마

디로 노동생산물 또는 상품이라 불리는 것들은 이렇게 전노동생산물·
노동생산물·대가·상품이라는 네 가지로 구성되어 있다.

그런데 마르크스는 이 세상에 노동생산물과 상품 두 가지만 존
재한다고 본다. 그에게는 전노동생산물도 대가도 보이지 않는다. 게다
가 마르크스에게 있어 사용가치와 가치, 가치와 교환가치, 교환가치와
화폐의 관계, 혹은 대가와 화폐의 관계는 차등이 없이 수평적이고, 나
아가 혼동·동일시되고 있다. 그 결과로 마르크스에게는 노동생산물과
대가, 대가와 상품, 상품과 화폐의 구별조차 없다. 이런 이유로 마르크
스의 관념세계에서는 전노동생산물 또는 노동생산물이 보유하는 사용
가치와 대가가 보유하는 교환가치가 혼동되고 일체화되어 있다. 그래
서 마르크스의 관념세계에서는, 혼동·일체화되어 있던 사용가치와 교
환가치가 "노동생산물의 적어도 일부는 처음부터 교환을 목적으로 생
산하지 않으면 안 되게 되는" 것을 계기로 분열하게 되는 것이다.

하지만 실제 사용가치와 가치, 가치와 교환가치, 교환가치와 화
폐, 혹은 대가와 화폐의 관계는 수직적이고 구조적이고, 나아가 외화되
고 소외되는 관계다. 가령 가치는 교환가치로 외화되고 화폐로 소외된
다. 그런데 이런 관계가 마르크스에게는 전혀 보이지 않는다. 그래서 마
르크스는 전노동생산물 또는 노동생산물이 보유하는 사용가치와 대
가가 보유하는 교환가치가 구별된다고 말한다. 다시 말해, 마르크스에
게는 전노동생산물·노동생산물·대가·상품이 혼동·동일화되어 별개
의 것이 아니기 때문에, 별개의 것(전노동생산물 또는 노동생산물)이 보유

한 사용가치와 별개의 것(대가)이 보유한 교환가치가 구별된다고 말하고 있는 것이다.

"[상품소유자들이 자기 자신의 물품을 여러 가지 다른 물품과 교환하고 비교하는] 상거래는 상품소유자들의 여러 가지 상품들이 하나의 제3의 상품종류와 교환되고 가치로서 비교되지 않고서는 결코 이루어지지 못한다. 이 제3의 상품은 기타의 여러 상품의 등가(물)로 됨으로써, 비록 좁은 범위 안에서이기는 하지만, 보편적인 또는 사회적인 등가형태를 직접적으로 취한다. 이 보편적인 등가형태는 [자기를 낳은] 일시적인 사회적 접촉과 함께 발생하고 또 소멸한다. 즉, 때로는 이 상품이, 때로는 저 상품이, 일시적으로 보편적인 등가형태를 취한다. 그러나 상품교환의 발달에 따라 그것은 배타적으로 특수한 상품종류에만 고착된다. 즉 화폐형태(貨幣形態)로 응고한다. 화폐형태가 어떤 종류의 상품에 부착되는가는 처음에는 우연이다. 그러나 대체로 두 가지 사정이 결정적인 역할을 한다. 화폐형태는 교환을 통해 외부로부터 들어오는 가장 중요한 물품[사실 이 물품은 토착생산물들의 교환가치를 최초로 자연발생적으로 표현한 바 있다]에 부착되거나, 양도 가능한 토착재산의 주요한 요소를 이루는 유용한 물건[예: 가축]에 부착된다. 유목민족은 화폐형태를 최초로 발생시켰다.…… 그들의 생활양식이 그들을 끊임없이 다른 공동체와 접촉하도록 함으로써 생산물의 교환을 자극했기 때문이다. 인간은 인간 그 자체를 〔노예의 형태로〕 원시적인 화폐재료로 삼은 일은 가끔 있었으나, 토지를 그렇게 한 적은 없었다." (113-114쪽)

마르크스가 말하는 '하나의 제3의 상품종류'는 잘 아는 바와 같이 '예컨대 아마포'를 가리킨다. 하지만 이미 밝혔던 것처럼, '예컨대 아마포'는 상품이 아니라 일반적 대가이다. 그리고 이 '예컨대 아마포'는 "기타의 여러 상품의 등가(물)로 되"어서가 아니라, '기타의 여러 상품'에 일반적 가격을 부여함으로써 '그' 위에 군림한 것이다. 그리고 이 아마포의 지위는 "때로는 이 상품이 때로는 저 상품이 일시적으로 보편적인 등가형태를 취"해서 부여된 것이 아니라, 처음에는 가축이, 다음에는 노예(인간)가, 그다음에는 직장에서 생산된 '예컨대 아마포'라는 순서로 부여돼온 것이다. 그리고 일반적 대가로서 아마포의 지위가 일반화·사회화되고 정착된 어느 시점부터는 고대목축왕권이 왕명으로 이 일반적 대가 즉 '예컨대 아마포'에 '대가의 왕'이라는 권위를 부여하게 된 것이다. 일반적 대가로서의 아마포가 '대가의 왕' 즉 일반적 가격물로 승화된 것이다. 하지만 그렇다고 해서 이 일반적 가격물이 아직은 화폐를 의미하지 않았다. 아마포에 부여된 일반적 가격물이라는 지위는 이후 금·은에 부여되었다.

"상품교환이 좁은 국지적 한계를 타파하고, 따라서 상품가치가 인간 노동 일반의 체현물〔응고물〕로 발전해 감에 따라 화폐형태는 〔일반적 등가(물)라는 사회적 기능을 수행하는 데 자연적으로 적합한 상품인〕귀금속으로 옮아간다.

'금과 은은 처음부터 화폐는 아니지만, 화폐는 성질상 금과 은이다'라는 말은 금과 은의 자연적 속성이 화폐의 여러 기능에 적합하다는 것을 보여주고 있다.…… 가치의 적당한 현상형태〔즉, 추상적인, 따라서 동등한 인간노동의 체현물〕로 될 수 있는 것은…… 동일하고 균등한 질을 가지고 있는 물질뿐이다.…… 마음대로 분할할 수 있고 또 그 부분들을 다시 합할 수 있는 것이어야 한다. 그런데 금과 은은 성질상 이와 같은 속성을 가지고 있다." (114-115쪽)

마르크스에게 화폐는 상품·금을 의미한다. 따라서 여기서 마르크스가 말하는 '화폐'는 '대가의 왕' 즉 일반적 가격물을 의미한다. 그리고 마르크스가 말하는 화폐 즉 일반적 가격물은 "일반적 등가라는 사회적 기능을 수행하는 데에 적합한 상품"이며, "동등한 인간노동의 체현물로 될 수 있는 것"이다. 나아가 이는 "동일하고 균등한 질을 가지고 있는 물질"이고 "마음대로 분할할 수 있고 또 그 부분들을 다시 합할 수 있는 것"이다. 금·은이라는 귀금속의 '자연적 속성'과 마르크스가 말하는 '화폐' 즉 일반적 가격물의 "일반적 등가물이라는 사회적 기능"의 일치로 인해, 마르크스가 말하는 화폐, 정확히는 일반적 가격물이 "귀금속으로 옮겨간다"는 것이다. 이런 의미에서 마르크스는 "금과 은은 처음부터 화폐는 아니지만, 화폐는 성질상 금과 은이다"라고까지 말하는 것이다.

하지만 마르크스가 말하는 화폐, 보다 정확히 말해 일반적 가격물은 '대가의 왕'인데, 상품이 '대가의 왕'이 되는 일은 결코 없다. 요컨대 상품은 결코 대가로서 드러나지 않는다. 또 일반적 가격물은 결코 '일반적 등가'라는 '사회적 기능'을 갖지 않는다. 아니, 오히려 일반적 가격물은 '대가의 왕'으로서 모든 상품 위에 군림해 모든 상품을 터무니없는 헐값에 후려쳐 착취·수탈하는 도구로서 사회적으로 기능해왔다.

따라서 일반적 등가라는 사회적 기능과 "동일하고 균등한 질을 가지고 있는…… 마음대로 분할할 수 있고 또 그 부분들을 다시 합할 수 있는" 귀금속의 '자연적 속성'이 '일치'해, 마르크스가 말하는 화폐 즉 일반적 가격물이 "귀금속으로 옮겨간" 것이 결코 아니다. 귀금속이 일반적 가격물로 옮겨간 이유는 아마도 아마포와 비교해 금·은이 시간이 경과해도 대가로서 보유하는 교환가치가 감가(減價)하지 않는다는 것, 그리고 마르크스의 말처럼 "동일하고 균등한 질을 가지고 있으며 마음대로 분할할 수 있고 또 그 부분들을 다시 합할 수 있는 것"이기 때문이었을 것이다. 거듭 말하지만, 귀금속의 '자연적 속성'과 "일반적 등가라는 사회적 기능"이 '일치'해 일반적 가격물이 "귀금속으로 옮겨간" 것이 결코 아니다. 그럼에도 마르크스는 "금과 은은 처음부터 화폐는 아니지만, 화폐는 성질상 금과 은이다"라고까지 주장한다. 너무나 명백한 오류일 뿐이다.

마르크스의 "금과 은은 처음부터 화폐는 아니지만, 화폐는 성질 상 금과 은이다"라는 말은 "우상은 본래 신이 아니지만, 신은 본래 우상이다"라고 바꾸어 읽을 수 있다. 앞에서 나는 "마르크스가 명명한 '물신숭배'는 마르크스 자신이 했던 일이지, 사람들이 해온 일이 결코 아니다. 좀 더 말하면, 마르크스가 제창하는 '유물사관'은 '물신숭배사관'이라고도 부를 만한 역사관이며, 이 유물사관은 인간들 사이의 관계가 '물건들 사이의 관계라는 환상적 형태로 나타난다'는 역사관이다"라고 지적했다. "금과 은은 처음부터 화폐는 아니지만, 화폐는 성질 상 금과 은이다"라는 구절만큼 이런 내 지적의 정당함을 입증해주는 문구는 없을 것이다.

> **"화폐상품은 이중의 사용가치를 가지게 된다. 그것은 상품으로서 의 특수한 사용가치(예컨대 금은 이빨을 때우거나 사치품의 원료로 쓰인다) 외에도, 그것의 독특한 사회적 기능으로부터 나오는 하나의 형태적 [화폐형태] 사용가치를 가진다."** (115쪽)

마르크스가 말하는 화폐는 상품·금을 의미한다. 하지만 상품 은 사용가치를 보유하지 않으며, 그것이 보유하는 것은 치장된 가치이다. 다시 말해, 상품·금은 그 실체를 의미하는 노동생산물·금의 가치에 치장을 더한 가치를 보유한다. 동시에 일반적 가격물로서의 금은 절대적 교환가치를 보유한다. 그리고 일반적 가격물로서의 금이 보유하는 절대적 교환가치는 절대적 교환가치로 규정해야 할 것이지 이미 '사용가치'로 불러야 할 것은 아니다. 만약 그처럼 정서적으로 개념을 사용하면, 사용가치와 교환가치를 구별하지 못하는 마르크스의 혼란을 더 널리 확산시키게 되기 때문이다.

> "화폐가 상품이라고 말하는 것은…… 하나의 발견에 불과하다. 교환과정은 〔자기가 화폐로 전환시킨〕 상품에게 가치를 주는 것이 아니라 독특한 가치형태를 준다. 이 두 가지 개념〔가치와 가치형태〕의 혼동은 금과 은의 가치를 상상적인 것이라고 생각하는 오류에 빠지게 한다. 또 화폐는 어떤 기능들〔예: 유통수단의 기능〕에서는 자기 자신의 단순한 상징에 의해 대체될 수 있기 때문에 또 하나의 오류〔즉, 화폐는 단순한 상징에 지나지 않는다는 오류〕가 생겼다." (115쪽)

화폐의 본질은 언어이다. 마르크스의 오류는 "화폐는 상품이다"라는 그의 '발견' 자체에서 기인한다.

제3장 화폐 또는 상품유통
제1절 가치의 척도

"나는 이 책의 어디에서나 설명을 간단하게 하기 위해 금을 화폐상품이라고 전제한다." (120쪽)

마르크스가 '전제'로 한 "금은 화폐상품이다"라는 명제는 성립하지 않는다. 즉, 마르크스가 '전제'로 한 "금은 화폐이다"와 "화폐는 상품이다"라는 명제는 모두 성립하지 않는 오류이다. 이론의 '전제'가 오류라면, 그 이론은 구태여 논증할 필요도 없이 오류다. 따라서 마르크스의 이론은 검증할 필요도 없이 오류이다. 하지만 모처럼의 기회인 만큼, 마르크스 이론 하나하나의 오류에 대해 검증하기로 하자.

"금은 가치의 일반적 척도로 기능하는데, 오직 이 기능에 의해서만 금이라는 특수한 등가상품은 화폐로 되는 것이다.…… 가치척도로서의 화폐는 상품들에 내재하는 가치척도(즉, 노동시간)의 필연적인

현상형태다." (120쪽)

앞서 언급했듯이, 가치는 수량적으로 포착 불가능한 것이다. 즉, 가치는 '풍년 때 8부셸의 밀'로, '흉년 때 4부셸의 밀'로 표현되는 것이었다. 한마디로 가치는 여건에 따라 수시로 변동하는 것이고, 계량 불가능한 수량으로 그 크기가 표현되는 것이었다. 따라서 어떤 것이든 '가치의 일반적 척도'로 기능하는 것은 불가능하다. 따라서 "금은 가치의 일반적 척도"로 기능한다는 사실은 존재하지 않는다. 또 "노동시간이 상품들에 내재하는 가치척도"라는 사실도 존재하지 않는다.

✚ 보충   가치는 '공간화된 시간'이다. 그리고 '공간화된 시간'은 "인간에게 유적·역사적으로 내화된 시간(자본)과 인간에게 개체적·시대적으로 내화된 시간(노동)이 종합되어 공간화된 것"이다.

"한 상품의 가치를 금으로 표현하는 것—X량의 상품 A=Y량의 화폐상품—은 그 상품의 화폐형태, 즉 그 상품의 가격(價格)이다." (120-121쪽)

상품은 가치가 아니라 치장된 가치의 보유자이다. 따라서 상품은 그 가치가 표현되는 것이 아니라 치장된 가치가 표현되는 것이다. 그리고 '치장'은 변수로, 가치는 포착 불가능한 허수로 표현된다. 따라서 치장된 가치를 정량적으로 표현하는 것은 불가능하다. 따라서 "X량의 상품 A=Y량의 화폐상품"은 정확히는 "X량의 상품 A=Y량의 일반적 가격물·금"으로 표현되어야 한다. 그리고 이것은 'X량의 상품 A'의 가격을 표현하는 식이지, 결코 상품 A의 '화폐형태'를 의미하지 않는다. 왜냐하면 (1)금은 일반적 가격물이지 화폐가 아니고, (2)화폐는 대가의 현상형태이지 상품의 현상형태가 아니며, (3)따라서 상품은 화폐형태를 갖지 않기 때문이다.

> "화폐는 가격을 갖지 않는다.…… 화폐는 자기 자신의 등가(물)로서 자기 자신과 관계를 맺지 않으면 안 될 것이기 때문이다." (121-122 쪽)

대가는 그것이 상품으로서 나타날 경우 당연히 상대적 가격을 갖는다. 그리고 이것은 일반적 대가나 일반적 가격물이나 화폐에도 해당된다. 사실 변동환율제 하에 있는 오늘날, 어느 한 나라에서 유통되는 화폐(통화)와 다른 나라에서 유통되는 화폐(통화)는 빈번히 매매된다. 경제가 글로벌화되면서 화폐(통화)도 상대적으로 상품화되었고, 우리는 이렇게 화폐가 상대적 가격을 갖는 시대에 살고 있다. 따라서 마르크스가 말하는 "화폐는 가격을 갖지 않는다"는 주장은 맞지 않는다. 물론 인류가 장차 절대적인 화폐 즉 세계통화를 창조하게 될 때, "화폐는 가격을 갖지 않는다"는 마르크스의 주장은 타당성을 획득할 것이다.

"상품의 소유자라면 누구나 알고 있듯이, 그가 자기 상품의 가치에 가격이라는 형태(또는 상상적인 금의 형태)를 부여하더라도…… 현실적인 금은 한 조각도 필요하지 않다. 그러므로 화폐는 가치척도의 기능에서는 다만 상상적인 또는 관념적인 화폐로서만 역할을 한다." (122-123쪽)

"상품의 가치"가 아니라 "상품의 치장된 가치"에 가격이라는 형태를 부여하는 것이다. 또 "화폐는 가치척도의 기능"이 부여되어 있지 않다.

"상상적일 뿐인 화폐가 가치척도의 기능을 수행한다 할지라도 가격은 전적으로 실제의 화폐재료에 달려 있다." (123쪽)

"상상적일 뿐인" 일반적 가격물의 실재적인 양이 가격이다.

"가치의 척도 및 가격의 도량표준은 화폐의 전혀 다른 두 가지 기능이다. 화폐가 가치의 척도인 것은 인간노동의 사회적 화신(化身)이기 때문이고, 가격의 도량표준인 것은 고정된 금속무게를 가지고 있기 때문이다." (125쪽)

화폐에 '가치척도의 기능'은 주어져 있지 않다. 따라서 화폐에 당연히 '가치의 척도표준'으로서의 기능도 주어져 있지 않다. 또 화폐가 "가치의 척도인 것은 인간노동의 사회적 화신이기 때문"도 아니다. 그럼에도 불구하고 일반적 가격물이라는 의미에서 화폐는 '고정된 금속무게'로서 '가격의 도량표준' 기능을 갖고 있다.

✚ **보충**　화폐의 본질은 권력의 언어이지 '고정된 금속무게'가 아니다.

"가격은 〔상품에 대상화되어 있는〕 노동의 화폐명칭이다." (129쪽)

대가의 아버지는 자본이고, 대가의 어머니는 노동이다. 따라서 자본을 뺀 노동=가치라는 마르크스의 전제는 성립하지 않는다. 또 가치와 가격은 그 운동하는 세계가 다르고, 따라서 가치=가격이라는 마르크스의 전제는 성립하지 않는다. 따라서 "가격은 상품에 대상화되어 있는 노동"이라는, 즉 가격은 상품 가치의 '화폐명칭'이라는 마르크스의 주장도 성립하지 않는다.

제2절 유통수단

"단순한 상품으로서의 금은 아직 화폐가 아니라는 것, 그리고 다른 상품들은 그들의 가격을 통해 〔그들 자신의 화폐모습을 표현하는 수단으로〕 금과 관계를 맺고 있다는 것을 보지 못한다." (133-134쪽)

"다른 상품들이 그들의 가격을 표현하는 수단으로 금과 관계" 하는 것은 금이 일반적 가격물이기 때문이다. 만약 금이 일반적 가격물이 아니었다면, "다른 상품들이 그들의 가격을 표현하는 수단으로 금과 관계"하는 사태는 절대로 일어나지 않았을 것이다. 그럼에도 불구하고 마르크스는 이 사실을 보지 못한다. 한마디로 마르크스는 결과를 원인으로 만들고 있다. 그리고 이렇게 결과를 원인으로 만드는 수법은 마르크스의 유물사관이 지니는 일관된 특징이라 할 수 있다.

"교환과정은 상품을 상품과 화폐라는 두 개의 요소로 분화시키는 데, 이 두 개의 요소는 상품에 내재하는 사용가치와 가치 사이의 대립을 표현하는 외적 대립이다. 이 대립에서 사용가치로서의 상품들이 교환가치로서의 화폐와 대립한다. 다른 한편, 이 대립의 어느 쪽도 상품이며, 따라서 사용가치와 가치의 통일체다." (134쪽)

교환과정은 노동생산물을 대가로 외화하는 동시에 노동생산물을 상품으로 소외시킨다. 즉, 교환과정은 상품이 아니라 노동생산물을 대가와 상품의 두 요소로 분화시킨다. 따라서 상품은 "사용가치와 가치 사이의 대립"이 아니라 그 외부에 존재하는 대가와 대립하는 것이다. 말하자면 상품이 보유한 치장된 가치—마르크스가 '사용가치'라한 것—와 대가가 보유한 교환가치가 서로 대립하고 있는 것이다. 따라서 대립의 한쪽은 상품이고, 다른 한쪽은 대가(화폐)이다. 아울러 이미논증한 것처럼, 상품은 "사용가치와 가치의 통일체"가 아니다.

✚ 보충 마르크스의 '외적 대립'은 상품의 바깥에서 펼쳐지는 '상품과 화폐의 대립', 즉 마르크스의 표현을 빌리자면 '사용가치와 교환가치(가치)의 대립'을 의미한다. 한편 마르크스는 상품을 '사용가치와 가치의 통일체'라고 말한다. 그래서 내적으로 통일되어 있으면서 외적으로 대립하는 사태가 벌어지는 것이다.

하지만 사실은 '상품'의 바깥에서 상품과 화폐가 대립하는 것이 아니라, '노동생산물'의 바깥에 상품과 화폐가 대립하고 있는 것이다. 다시 말해, 상품이 보유한 치장된 가치와 대가(화폐)가 보유한 교환가치가 대립하고 있는 것이다. 따라서 마르크스의 말처럼 내적으로는 통일되어 있으면서 외적으로는 대립하는 사태는 결코 존재하지 않는다. 이는 단지 마르크스의 '망상'일 뿐이다.

"상품(W)-화폐(G)-상품(W)

......

상품(W)-화폐(G), 즉 상품의 제1변태 또는 판매.
가치가 상품체로부터 금체(金體: body of gold)로 건너뛰는 것
은······ 상품의 결사적인 도약(salto mortale)이다." (135-136쪽)

앞서 말한 것처럼, 마르크스는 로빈슨 크루소 같은 독립생산
자—'공상의 로빈슨 크루소'—가 제각기 사적으로 상품을 생산하고, 생
산된 상품을 교환하는 상품생산자의 사회가 태곳적에 이 세상에 존재
했다는 것을 전제로 자신의 이론을 펼치고 있다. 마르크스에게 있어
'우리 상품소유자들'은 '공상의 로빈슨 크루소'와 같다. 하지만 나는 실
제 역사에 등장한 '상품소유자'는 태곳적 원시공산제 시절부터 지금
까지 여전히 자본을 소유한 권력자들이라는 것을 이미 밝혔다. 그럼에
도 불구하고 여기서 마르크스는, 우리 모두가 '상품소유자'인 '공상의
로빈슨 크루소'라는 것을 전제로 "상품(W)-화폐(G)-상품(W)······ 상품
(W)-화폐(G), 즉 상품의 제1변태 또는 판매"라고 말한다. 참으로 어리석
은 노릇이다.

실제로 '상품의 형태변화 즉 변태'가 어떠했는지를 살펴보자. 태
곳적에 그것은 먼저 '주다(贈る)'로 시작되었다. 그것이 '사다(買う)'로 바
뀌고, 마지막으로 '팔다(売る)'가 생겨났다. 즉, 태곳적에 상품은 '사는
(買われる) 물건'이었다. 따라서 '상품의 제1변태'는 '판다'가 아니라 '산

다'여야 한다. 즉, '상품의 제1변태'는 '상품(W)-화폐(G)-상품(W)'이 아니라, '대가(G)-상품(W)-대가(G)'여야 한다.

뿐만 아니라 개개의 거래는 '대가(G)-상품(W)-대가(G)'로 표현되지만, 거래의 총체를 표현할 경우는 '자본(G)-상품(W)-자본(G)'으로 표현되어야 한다. 즉, 자본(대가의 집적)은 다수의 평민들로부터 다종다양한 상품(W)을 대량으로 사들이고, 이것을 다수의 평민들에게 판매하여 자기증식을 거듭해온 것이다. 따라서 일반적인 '상품 변태'의 형태도 '상품(W)-화폐(G)-상품(W)'이 아니라 '자본(G)-상품(W)-자본(G)'으로 표기되어야 한다. 그럼에도 '공상의 로빈슨 크루소'를 믿는 마르크스는 '상품 변태'의 일반적 형태를 '상품(W)-화폐(G)-상품(W)'이라고 완강하게 주장한다. 참으로 어리석은 일이다.

아울러 자본(대가의 집적)이 평민들에게 팔기 위해 생산하거나 사들인 다종다양한 대량의 노동생산물이 상품으로 바뀌면서 평민들은 이것들을 기꺼이 사들였다. 따라서 "상품체로부터 금체로 건너뛰는 것은…… 상품의 결사적인 도약"이 결코 아니었다. 상품은 아무런 고생 없이도 판매할 수 있는 것이었고, 상품의 집적은 이 시대에 실체적인 부를 의미했다.

> "분업은 노동생산물을 상품으로 전환시키며, 또 그렇게 함으로써 노동생산물의 화폐로의 전환을 불가피하게 한다." (138쪽)

마르크스는 앞에서 "여러 가지 사용가치는, 만약 거기에 질적으로 다른 유용노동이 포함되어 있지 않다면, 상품으로 서로 대면할 수 없다…… 상품생산자 사회에서는 [개별 생산자들이 상호 독립적으로 사적으로 수행하는] 여러 가지 형태의 유용노동 사이의 질적 차이는 하나의 복잡한 체계, 즉 사회적 분업으로 발전한다"고 말했다. 나아가 마르크스는 이번에는 "분업은 노동생산물을 상품으로 전환시키며, 또 그렇게 함으로써 노동생산물의 화폐로의 전환을 불가피하게 한다"고 말하고 있다. 요컨대 마르크스는 '독립생산자'인 '공상의 로빈슨 크루소'들이 행하는 '유용노동의 질적 차이'가 "하나의 복잡한 체계, 즉 사회적 분업으로 발전"하고, 이렇게 발생한 '분업'이 "노동생산물을 상품으로 전환"하며, "그렇게 함으로써 노동생산물의 화폐로의 전환을 불가피하게" 했다고 말하고 있다.

하지만 '공상의 로빈슨 크루소'들은 인간의 역사에 실재하지 않는다. 따라서 존재하지 않는 '로빈슨 크루소'들의 '유용노동의 질적 차이'도 존재하지 않는다. 따라서 존재하지도 않는 '로빈슨 크루소'들의 '유용노동의 질적 차이'가 "하나의 복잡한 체계, 즉 사회적 분업으로 발전"하는 일도 있을 수 없다. 나아가 존재하지도 않는 '분업'이 "노동생산물을 상품으로 전환시키는" 일도, 그럼으로써 "노동생산물의 화폐로의 전환을 불가피하게 하는" 일도 있을 수 없다.

"어째서 금은 아마포에 대해 화폐로 대립하는가? 2원이라는 아마포

의 가격, 즉 아마포의 화폐명칭이 벌써 화폐로서의 금에 대한 아마포의 관계를 표시하고 있기 때문이다." (139쪽)

금은 화폐가 아니라 일반적 가격물이다. 나아가 여기서도 마르크스는 결과를 원인으로 뒤바꾸는 오류를 범하고 있다. 금이 일반적 가격물의 지위에 올랐기 때문에 '아마포'의 가격이 '2원'으로 표현되는 것이지, 결코 그 반대가 아니다. 아마포가 일반적 지위에 있다면 금 가격은 다르게 표현될 것이다. 결과를 원인으로 뒤바꾸는—인과관계를 역전시키는— 것은 마르크스 유물사관에 일관된 최대 특징 가운데 하나이다.

"금이 관념적 화폐 또는 가치척도로 된 것은, 모든 상품이 자기의 가치를 금으로 측정하며, 그리하여 금을 자기들의 가치모습〔재화로서의 자기들의 본래 모습의 상상적인 대립물〕으로 만들었기 때문이다." (140쪽)

마르크스는 여기서도 결과를 원인으로 뒤바꾸는 오류를 범하고 있다. 금이 화폐(정확히는 일반적 가격물)의 지위에 올랐기 때문에 "모든 상품이 자기의 가치(정확히는 가격)를 금으로 측정"하게 된 것이지, 그 반대가 결코 아니다. 또 앞서 말한 것처럼, "금이…… 가치척도로 되었다"는 사실도 존재하지 않는다.

"아마포의 판매(W-G)는 동시에 아마포의 구매(G-W)이다.…… 아마포의 판매의 측면에서 보면 성경책의 구매로 끝나는 과정을 개시하는 것이고, 다른 한편으로 아마포의 구매 측면에서 보면 밀의 판매로부터 시작된 운동을 끝내는 것이다. W-G-W(아마포-화폐-성경책)의 첫 단계인 W-G(아마포-화폐)는 동시에 또 다른 하나의 운동 W-G-W(밀-화폐-아마포)의 마지막 단계인 G-W(화폐-아마포)이다."
(140쪽)

앞서 말한 것처럼, 마르크스는 '공상의 로빈슨 크루소'들이 상품을 생산하고 서로 상품을 교환하여 생활하는 '상품생산자 사회'의 존재를 전제로 상품교환을 논한다. 하지만 실제 역사에서는 자본을 소유한 권력자들이 경제(생산과 교환)의 주체였다. 평민(개인)들은 그 밑에서 생산에 종사하며 분배받은 생산물을 경제주체에게 팔아넘기고, 필요한 물자를 경제주체로부터 사들여서 생활했다. 따라서 "아마포의 판매 측면에서 보면 성경책의 구매로 끝나고…… 아마포의 구매 측면에서 보면 밀의 판매로부터 시작된…… 또 다른 하나의 운동 W-G-W(밀-화폐-아마포)의 마지막 단계인 G-W(화폐-아마포)이다"라는 식으로 사태가 전개되지는 않는다. 경제주체(권력자)가 아마포도 밀도 성경책도 직접 생산하거나 혹은 사들여서 소유했다. 그리고 이렇게 사들인 아마포와 밀과 성경책을 그것을 필요로 하는 평민들에게 팔아넘겨 재산을 축적한 것이다.

"G-W. 상품의 제2의 또는 최종의 변태, 즉 구매.

화폐는…… 아무런 제약이나 조건 없이 양도할 수 있는 상품이다."

(141쪽)

앞서 말한 것처럼, 'G-W'는 "상품의 제2의 또는 최종의 변태"가 아니라 "상품의 제1의 변태, 즉 구매"이다. 그리고 이 경우의 'G'는 자본(대가의 집적)을 의미한다.

"G-W〔구매〕는 동시에 W-G〔판매〕이다. 따라서 어떤 상품의 최후의 변태는 동시에 다른 상품의 최초의 변태이다." (141쪽)

반복하자면, 'G'는 자본(대가의 집적)을 의미한다. 따라서 'G'는 블랙홀처럼 다종다양한 'W'를 대량으로 매입해간다. 그리고 'G'는 매입한 다종다양한 'W'를 서서히 그리고 대량으로 분출해간다. 이렇듯 자본과 평민 사이에서 이루어진 물자교환(매매)은 매우 비대칭적으로 전개되었다. 다시 말해, 물자의 매매는 "G-W[구매]는 동시에 W-G[판매]이다. 따라서 어떤 상품의 최후의 변태는 동시에 다른 상품의 최초의 변태이다"라고 할 수 있을 만큼 대칭적인 것이 아니었다. 마르크스의 오류는 비대칭적으로 전개되는 자본(대가의 집적)과 평민들의 거래 실태를 전혀 대상화하지 못한 데 있다. 요컨대 마르크스의 이론은 '공상의 로빈슨 크루소'들에게 너무도 많은 것을 의존했다.

"상품 생산자는 오직 어떤 한 가지 생산물만을 시장에 공급하기 때문에 그는 생산물을 보통 대량으로 판매하지만, 다른 한편 그의 욕망은 다방면에 걸치므로 실현된 가격[즉, 손에 넣은 화폐액]을 끊임없이 수많은 구매로 분산시키지 않을 수 없다. 따라서 하나의 판매는 여러 가지 상품의 수많은 구매로 나뉜다. 그리하여 한 상품의 최종 변태는 다른 상품들의 제1변태의 합계로 이루어져 있다." (142쪽)

마르크스가 그 존재를 전제로 하는 '공상의 로빈슨 크루소'들은 역사적으로 실재하지 않는다. 즉, 경제(물자의 생산과 교환)의 주체는 로빈슨 크루소 같은 개인이 아니라 자본을 소유한 권력자들이었다. 다시 말해, 생산물은 자본이 압도적으로 사들였고, 자본은 개인에게 이를 팔아넘겼다. 따라서 "하나의 판매는 여러 가지 상품의 수많은 구매로 나누어지는" 것이 아니라, "하나의 대량 구매가 각종 상품의 다양한 판매 흐름을 낳았던" 것이다.

"유통은 물물교환에 존재하는…… 직접적 동일성을 판매와 구매라는 대립적 행위로 분열시킴으로써 물물교환의 시간적·장소적·개인적 한계를 타파한다. 서로 독립적이고 대립적인 과정들[판매와 구매]이 하나의 내적 통일을 이루고 있다는 사실은, 또한 바로 그 과정들의 내적 통일이 외적 대립을 통해 운동하고 있다는 사실을 의미한다. 이 두 과정은 서로 보완하는 것이기 때문에 내적으로는 독립되어 있지 않다. 따라서 이 두 과정의 외적 독립화가 일정한 점에 도달하면 그 내적 통일은 공황(crisis)이라는 형태를 통해 폭력적으로 관철된다. 상품에는 다음과 같은 대립과 모순이 내재한다. 사용가치와 가치의 대립, 사적 노동이 동시에 직접적으로 사회적인 노동으로 표현되어야 한다는 모순, 특수한 구체적 노동이 동시에 추상적 일반적 노동으로서만 계산된다는 모순, 물건의 인격화와 인격의 물건화 사이의 대립. 상품에 내재하는 이러한 대립과 모순이 한 상품의 변태의 대립적인 국면들에서 자기를 드러내고 자기의 운동형태[예: 판매와 구매 사이의 시간적 간격]를 전개한다. 따라서 이러한 형태들은 공황의 가능성을, 그러나 오직 가능성만을 암시하고 있다."(145-146쪽)

엥겔스는 「영어판 서문」에서 "생산력은 기하급수적으로 증대하는데 시장은 기껏해야 산술급수적으로 확대되고 있다"고 말한다. 즉, 엥겔스는 자본주의에서 공황의 필연성은 "생산력은 기하급수적으로 증대하는데 시장은 기껏해야 산술급수적으로 확대"되는 데 그 원인이 있다고 말한다. 하지만 마르크스는 엥겔스처럼 단순하지 않다. 마르크스는 공황의 필연성을 "내적으로는 독립해 있지 않다. 따라서 이 두 과정의 외적 독립화가 일정한 점에 도달하면 그 내적 통일은 공황이라는 형태를 통해 폭력적으로 관철된다"고 설명한다.

여기서 '내적으로는 독립해 있지 않고 외적으로 독립해가는 것'

이 마르크스에게는 가치이고, 그에게는 가치와 교환가치는 동일한 것이기 때문에 이는 교환가치를 의미한다. 가치와 동일한 교환가치가 화폐라는 형태로 상품에 대해 외적으로 독립해있다고 하는 것이다. "상품 내적으로는 독립해 있지 않은 가치가 화폐라는 형태로 상품 바깥에 독립해 있다. 이 독립화가 일정한 점에 도달하면 그 내적 통일은 공황이라는 형태를 통해 폭력적으로 관철된다"는 것이다.

하지만 이미 밝힌 바대로, 상품은 사용가치도 가치도 보유하지 않는다. 사용가치와 가치를 보유하는 것은 노동생산물이다. 또 화폐는 상품의 현상형태를 의미하지 않는다. 화폐는 상품이 아니라 대가(의 최고 형태)를 의미하고, 사물에서 언어로 승화한 것이다. 나아가 가치는 물건에 속하지만, 교환가치는 사람에게 속한 것이다. 이런 점에서 볼 때, 가치와 교환가치는 동일하지 않은 별개의 것이다. 따라서 가치가 내적으로는 독립해 있지 않고 외적으로 독립해 있다는 마르크스의 전제는 성립하지 않는다. 한마디로 마르크스의 상품 내적으로는 독립해 있지 않은 가치가 화폐라는 형태로 상품 바깥에 독립해 있다는 사실 인식은 성립하지 않는다.

따라서 마르크스가 말하는 상품에 내재해 있는 다음과 같은 대립과 모순, 즉 "사용가치와 가치의 대립", "사적 노동이 동시에 직접적으로 사회적인 노동으로 표현되어야 한다는 모순", "특수한 구체적 노동이 동시에 추상적·일반적 노동으로서만 계산되어야 한다는 모순", "물건의 인격화와 인격의 물건화" 등등도 성립하지 않는다. 그리고 "이러한 형태들은 공황의 가능성을, 하지만 오직 가능성만을 암시하고 있다"는 결론도 당연히 성립하지 않는다. 요컨대 마르크스가 말하는 '공황의 필연성'은 마르크스의 관념세계에서만 성립하는 전형적인 '망상'의 하나에 불과하고, 논리적으로도 현실적으로도 성립하지 않는다.

✚ **보충** 마르크스가 논하는 '공황의 필연성'이 논리적으로도 현실적으로도 성립하지 않는다고 해서 자본주의에 공황의 필연성이 잉태되어 있지 않다는 것은 결코 아니다. 왜냐하면 자본주의는 공황의 필연성을 갖고 있는데, 다만 그것이 신용의 발생이라는 자본주의 탄생의 원점에서 유래하기 때문이다.

주지하듯이, 신용은 집적된 화폐(상대적 자본)를 레버리지하여 화폐의 집적을 자본(절대적 자본)으로 전화시켰다. 또 신용은 자본(채권)과 부채를 지렛대로 해서 자본과 부채 모두를 팽창시킨다. 따라서 자본주의에서 채무불이행이 연쇄적으로 발생하는 것은 구조적으로 불가피하다. 물론 채무불이행의 연쇄적 발생이 바로 공황 즉 신용의 일시적인 죽음을 의미하지는 않는다. 하지만 신용을 악무한으로 팽창시켜 자산과 부채가 악무한으로 팽창될 때, 채무불이행의 연쇄 즉 공황은 피할 수 없게 된다. 신용의 일시적인 죽음을 피할 수 없게 된다. 그리고 신용의 일시적인 죽음은 팽창된 자산과 부채의 급격한 축소를 야기해, 필연적으로 모든 경제주체의 경영을 파탄시킨다. 모든 경제주체의 경영파탄은 인간사회의 경제활동을 단절시키고 인간생활을 파괴한다. 이런 점에서 자본주의에는 공황의 필연성이 내재해 있다.

하지만 신용을 악무한으로 팽창시켜 자산과 부채를 악무한으로 팽창시키는 주체는 결코 자본주의가 아니다. 그것은 인간이고, 정확히는 국가와 사회의 권력자들이다. 우리들 국가와 사회의 실상은, '주권재민'은 그저 허울뿐이고 모든 권력이 그들에게 가 있다. 그들이 공(公)을 사(私)로 만들고, 신용을 악무한으로 팽창시켜 자산과 부채를 악무한으로 팽창시키며, 공공연히 사리사욕을 채울 수 있게 우리가 용납하고 있다는 데 있다. 문제는 자본주의에 있는 것이 아니라 우리 인간에게 있다. 인간(시민)이 국가와 사회의 진정한 주인공이 아닌 데 문제의 근원이 있고, 따라서 인간(시민)이 국가와 사회의 진정한 주인공으로 등장하는 것이 무엇보다 중요하다.

주권재민의 전제로서 절대적으로 존중되어야 하는 것이 먼저 '사(私)는 사(私)'라는 것이다. 이를 위해 사유재산권은 절대적으로 존중되어야 한다. 사유재산권이 존중되지 않으면 인간은 반드시 다시 노예로 폄훼된다. 마르크스주의는 이를 실증적으로 우리에게 가르쳐주었다. 동시에 '공(公)은 반드시 공이어야 한다'는 것이다. 공적인 것을 사유화해서는 결코 안 된다. 이를 반드시 실현해 국가와 사회의 권력이 악무한으로 신용을 팽창시켜 악무한으로 자산과 부채를 부풀리고, 공공연히 사리사욕을 채우지 않도록 해야 한다. 이렇게 하면 자본주의에 내재된 공황의 필연성을 무력화시킬 수 있다. 또 이렇게 하면 원자력발전을 없애고 원전 사고로부터도 해방될 수 있다. 한마디로 국가와 사회의 권력을 연대(連帶)로 바꿔내는 것, 다시 말해 시민이 국가와 사회의 진정한 주인공으로 등장하는 것, 주권재민이 진정 실체화되는 것, 그것이 지금 필요한 때다.

> "노동생산물의 물질대사가 완수되는 형태변환 W-G-W는 동일한 가치가 상품으로서 과정의 출발점이 되고, 또 상품으로서 다시 동일한 점으로 되돌아온다는 것을 조건으로 한다. 그러므로 이와 같은 상품운동은 순환(循環)이다. 다른 한편, 이 운동 형태는 화폐를 순환으로부터 배제한다. 그 결과 화폐가 그 출발점으로부터 끊임없이 멀리 떨어져 나가고 출발점으로 되돌아오는 일은 없다." (147쪽)

반복하자면, 인간은 역사상 한 번도 '등가교환'을 한 적이 없다. 따라서 "동일한 가치가 상품으로서 과정의 출발점이 되고, 또 상품으로서 다시 동일한 점으로 되돌아온다는" 순환이 이루어진 적은 없다. 또 "노동생산물의 물질대사가 완수되는 형태변환"은 'W-G-W'가 아니라 'G-W-G'이다. 이 경우 'G'는 화폐라기보다도 자본(상대적 자본을 포함)을 의미한다. 그 이유는 '우리 상품소유자'들이 마르크스가 상정하는 '공상의 로빈슨 크루소'들이 아니라, 상대적 자본(집적된 대가·집적된 일반적 가격물·집적된 화폐)을 소유한 권력자들이었기 때문이다. 따라서 "노동생산물의 물질대사가 완수되는 형태변환 G-W-G"는 상대적 자본으로서 시작되고, 일련의 과정 속에서 상품으로서가 아니라 잉여에 의해 증식된 상대적 자본으로서 되돌아오는, 이것이 바로 자본의 순환이다. 그리고 이런 권력자들에 의한 'G-W-G'의 순환의 이면에 평민들의 'W-G-W'의 순환이 있다. 즉, 평민들의 수중에서 'G' 즉 자본은 통과할 뿐 남지 않는다는 것이다.

> "어떤 상품도 유통에 처음 들어와 제1의 형태변환을 겪으면 유통으로부터 떨어져 나가고 거기에는 끊임없이 새로운 상품이 들어온다. 이에 반해 화폐는 유통수단으로서는 언제나 유통영역에 머물러 있고 언제나 그 속에서 돌아다니고 있다. 그리하여 이 유통영역이 얼마만큼의 화폐를 흡수하는가라는 문제가 생긴다." (149-150쪽)

온갖 상품은 "유통에 처음 들어와" 즉 'G-W'로 유통에 참여하고, 'W-G'로 유통에서 떨어져 나간다. 이에 비해 유통수단으로서의 화폐는 "언제나 유통영역에 머물러 있고 언제나 그 속에서 돌아다니고 있다. 그리하여 이 유통영역이 얼마만큼의 화폐를 흡수하는가라는 문제가 생기는" 것이다.

"필요한 유통수단의 양은 이미 상품들의 가격총액에 의해 규정되고 있다." (150쪽)

마르크스가 말하는 그대로다.

"상품들의 가격총액이 증가하거나 감소하면, 그에 따라 유통되는 화폐량도 같은 비율로 증가하거나 감소하지 않을 수 없다." (150쪽)

이 대목도 마르크스가 말하는 그대로다. 즉, '상품 가격총액'의 증가 또는 감소에 따라서 유통되는 화폐량이 증대 또는 감소하지 않으면, 디플레이션 또는 인플레이션이 초래된다.

"주어진 시간 안에 동일한 화폐조각의 회전횟수에 의해 화폐의 유통속도가 측정된다.…… 일정 기간의 유통과정에서 유통수단으로 기능하는 화폐량

$$= \frac{\text{상품의 가격총액}}{\text{동일한 명칭의 화폐조각의 회전횟수}} \quad "$$

(153쪽)

이 대목도 마르크스가 말한 그대로다.

"평균유통속도가 주어져 있을 때는 유통수단으로 기능할 수 있는 화폐량도 주어지기 때문에, 일정한 수의 £1짜리 금화(sovereign)를 유통으로부터 빼내려고 한다면 동일한 수의 £1짜리 은행권을 유통에 투입하면 된다. 이것은 모든 은행이 잘 알고 있는 술책이다." (154쪽)

이 대목도 마르크스가 말한 그대로다.

"유통수단의 양은 유통 상품의 가격총액과 화폐유통의 평균속도에 의해 규정된다는 법칙은 다음과 같이 표현할 수도 있다. 즉, 상품들의 가치총액과 그 변태의 평균속도가 주어져 있을 때, 유통하는 화폐량[또는 화폐재료량]은 화폐 자신의 가치에 달려 있다고." (157-158쪽)

가치와 가격은 확률관계에 놓여 있다. 따라서 '유통 상품의 가격총액'이 주어져 있다 하더라도 그것은 '상품의 가치총액'이 주어져 있다는 것을 의미하지 않는다.

한편, 가치는 '흉년 때 밀 4부셸의 사용가치'로, '풍년 때 밀 8부셸의 사용가치'로 계산할 수 있는 것이었다. 하지만 우리는 '밀 4부셸의 사용가치'와 '밀 8부셀의 사용가치'를 같게 만드는 정수를 알지 못한다. 요컨대 가치는 수량적으로 측정 불가능한 것이다. 따라서 '상품의 가치총액'은 포착 불가능한 수량을 뜻한다.

나아가 화폐의 본질은 액면이다. 따라서 "화폐량 또는 화폐재료량은 화폐 자신의 가치에 달려 있다"는 사실은 존재하지 않는다. 그리고 '유통하는 화폐량'은 유통하는 '화폐의 액면량'을 의미한다.

> "화폐는 유통수단으로서의 기능에 의해 주화의 형태를 취한다."
> (159쪽)

마르크스는 금·은이 화폐라고 말한다. 하지만 주조되지 않은 금·은은 일반적 가격물이지 그것은 아직 화폐가 아니다. 금·은이 주조되고 거기에 액면이 각인됨으로써 액면을 그 본질로 하는 화폐가 탄생한다. 한마디로 '주화 형태'야말로 화폐의 본질적인 형태이다. 그리고 마르크스가 말하는 대로 "화폐의 유통수단으로서의 기능에 의해", 즉 계량하는 수고를 줄일 필요 때문에 '주화 형태'가 탄생했을 것이다.

> "유통하는 동안 금화는 어떤 것은 많이, 어떤 것은 적게 마멸된다. 금화의 명칭(즉, 법정 무게)과 그것의 실체(즉, 실질적 무게)가 점차 서로 분리되는 과정이 시작된다.…… 주화를 금의 금속적 실체로부터 금과 닮은 것으로 전환시키는(즉, 주화를 그 공인된 금속실체의

상징으로 전환시키는〕 유통과정의 자연발생적 경향은 〔금속상실 정도에 따라 금화를 통용불능이라고 폐기시키는〕 가장 근대적인 법률에 의해서도 확인되고 있는 바이다." (160쪽)

화폐 즉 주조화폐의 탄생은 마르크스의 지적대로 "금화의 명칭[즉, 법정 무게]과 그것의 실체[즉, 실질적 무게]가 점차 서로 분리되는 과정"의 시작을 의미했다. 그리고 역사는 화폐를 '금화의 명칭(법정 금함유량)' 즉 액면으로 서서히 순화해왔다.

"화폐유통에는 벌써 금속화폐를 다른 재료로 만든 토큰(token)〔즉, 주화의 기능을 수행하는 상징〕으로 대체할 수 있는 가능성이 잠재하고 있다." (161쪽)

말 그대로다. 아니, 그보다도 화폐의 본질은 "다른 재료로 만든 토큰[즉, 주화의 기능을 수행하는 상징]으로 대체할 수 있는 가능성" 자체를 의미한다. 다시 말해, 이 '가능성'은 "주화를 그 공인된 금속 실체의 상징"으로 전환하는 형태로 현실화되었고, 더 나아가 신용의 탄생을 매개로 화폐가 지폐로 진화 혹은 순화되는 형태로 완성되었다.

"은제나 동제의 토큰은 가장 작은 금화의 몇 분의 1에 해당하는 금액의 지불을 위해 금과 나란히 나타난다. 금은 끊임없이 소액유통에

들어오지만, 은·동제의 토큰과 교체되어 끊임없이 거기에서 쫓겨난
다."(161쪽)

말 그대로다.

"은제나 동제 토큰의 금속무게는 법률에 의해 임의로 규정된다. 그
것들은 유통에서 금화보다 더 빨리 마멸된다. 그러므로 그것들의 주
화기능은 사실상 그것들의 중량[즉, 가치]과는 관계없다. 금의 주화
로서의 기능은 금의 금속적 가치로부터 완전히 분리된다. 그러므로
상대적으로 무가치한 물건[예컨대 지폐]이 금을 대신해 주화로 기능
할 수 있게 된다."(161-162쪽)

"지폐가 금을 대신해 주화로 기능할 수 있게 된다"라기보다, 화
폐는 그 본질에 따라서 진화하여 지폐가 된다고, 즉 화폐는 필연적으
로 지폐로 순화되게끔 태동했다고 보아야 한다. 부연하자면 주화야말
로 화폐이고, 화폐재료로 금 또는 은이 사용되었던 이유는 국가에 대
한 사람들의 신용이 그만큼 낮고, 따라서 이를 보완해야 했기 때문이
다. 국가에 대한 사람들의 신용이 높아지면서 화폐재료로 국가의 신용
을 보완할 필요가 없어지고, 따라서 화폐재료는 종이로 진화한 것이다.

"여기서는 국가가 발행해 강제통용력을 부여한 불환지폐(不換紙幣:

inconvertible paper money)만을 문제로 삼는다. 그것은 금속화폐의 유통에 그 직접적 기원을 두고 있다. 이에 반해 신용화폐(예: 어음·수표)는 단순상품유통의 맥락에서는 아직 우리에게 전혀 알려져 있지 않은 관계들을 전제로 한다. 덧붙여 말하면 진정한 지폐가 유통수단으로서의 화폐의 기능으로부터 발생한다면, 신용화폐는 지불수단으로서의 화폐의 기능에 그 자연발생적 근원을 가지고 있다."
(162쪽)

"국가가 발행해 강제통용력을 부여한 불환지폐는 금속화폐 유통에 그 직접적 기원을 두고 있다"는 마르크스의 말은 화폐의 본질을 전혀 이해하지 못한 헛소리에 불과하다. 화폐의 가장 원초적인 등장은 바로 '대가'이다. 화폐는 대가·일반적 대가·일반적 가격물·주조화폐·지폐(화폐) 순으로 진화해왔다. 이런 화폐의 진화과정에서 금·은이 일반적 가격물로 추대된 경우가 있었을 뿐이다. 그럼에도 마르크스는 "국가가 발행한 불환지폐는…… 금속화폐의 유통에 그 직접적 기원을 두고 있다"는 식의 멍청한 말을 하고 있다.

또 "신용화폐는 단순상품유통의 맥락에서는 아직 우리에게 전혀 알려져 있지 않은 관계들을 전제로 한다"는 마르크스의 말은 그가 화폐뿐 아니라 신용의 본질도 전혀 이해하지 못하고 있다는 것에 대한 정직한 고백일 따름이다. 화폐는 신용할 만한 국가권력의 언어를 그 본질로 한다. 그리고 신용은 신용할 만한 부호(富豪)의 언어를 그 본질로 한다. 그런데 마르크스는 이 사실을 전혀 이해하지 못한다. 지폐는 국가권력의 언어가 순화되고, 신용화폐는 부호의 언어가 순화된 것일 뿐이다. 마르크스는 이 사실도 전혀 대상화하지 못한다.

> "지폐유통의 독자적인 법칙은…… 지폐의 발행은 실제로 유통될 금량(또는 은량)을 지폐가 상징적으로 대표하는 범위로 제한되어야 한다는 것이다.…… 유통수단의 양은 어떤 나라에서라도 〔경험적으로 확인되는〕 일정한 최소량 이하로는 결코 내려가지 않는다.…… 그러므로 이 최소량은 금의 종이상징(paper symbol)에 의해 쉽게 대체될 수 있다." (163쪽)

앞서 말한 것처럼, 지폐는 금속화폐 유통에 그 기원을 두고 있는 것이 아니다. 다시 말해, 지폐는 '금(또는 은)의 종이상징'을 뜻하는 것이 결코 아니다. 화폐는 신용할 만한 국가권력의 언어를 본질로 한다. 지폐는 신용할 만한 국가권력의 언어라는 화폐의 본질이 가장 순화된 것이며, 화폐의 최고 형태를 의미한다.

어떤 나라에서 화폐(지폐)가 국내총생산(GDP)으로 규정되는 "실제로 유통될 양"을 넘어서 유통되면 인플레이션이 발생하고, "실제로 유통될 양"에 못 미쳐서 유통되면 디플레이션이 발생한다. 하지만 그것은 금(또는 은)을 종이상징으로 대체할 수 있는 양이 규정되어 있기 때문이 아니라, 화폐(지폐)가 유통되어야 할 양이 국내총생산(GDP)에 의해 규정되어 있기 때문이다. 한마디로 화폐로 유통되는 금의 양이 너무 많으면 인플레이션이 발생하고, 너무 적으면 디플레이션이 발생하는 것이다.

✚ 보충 일반적으로 어떤 나라에서 실제로 존재하는 금의 양은 국내총생산 (GDP)이 규정하는 '실제로 유통되어야 할 양'보다도 항상 적다. 따라서 금이 일반적 가격물로서 유통되는 나라 또는 지역은 대개 항상적인 디플레이션 상태에 놓이게 된다.

"그러나 만약 오늘 모든 유통수로가 〔그들이 화폐를 흡수할 수 있는 능력의 최대한도까지〕 지폐로 가득 차버린다면, 이 수로들은 상품유통의 변동에 따라 내일에는 범람할지도 모른다." (163쪽)

앞에서 밝힌 대로, 국내총생산(GDP)으로 규정되는 "화폐를 흡수할 수 있는 능력의 최대한도까지 지폐로 가득 차버린다"는 것 자체는 아무런 문제도 일으키지 않는다. 지폐 유통량이 '화폐흡수 능력의 최대한도'를 넘을 경우 인플레이션이 일어날 뿐이다. 인플레이션이나 디플레이션은 결코 '상품유통의 변동'을 의미하지 않는다. '상품유통의 변동' 혹은 '범람'은 신용의 죽음에 의해서만 일어난다.

"지폐는 금 또는 화폐의 상징이다.…… 〔다른 모든 상품처럼〕 가치를 가진 금을 지폐가 대표하는 한, 지폐는 가치의 상징이다." (163-164쪽)

지폐는 화폐 자체이지 단연코 '화폐의 상징' 따위가 아니다. 지폐(화폐)의 본질은 국가권력의 언어(약속·보증)이며, 그것이 사람들의 신뢰를 받아 유통되는 것이다. 따라서 지폐는 '화폐의 상징'도 '금의 상징'도 아니다. 한마디로 지폐는 일정량의 '금'을 대표하지 않는다. 더욱이 가치는 포착 불가능한 것이어서, 이 세상에 가치를 상징할 수 있는 것은 존재하지 않는다.

"마지막으로 문제가 되는 것은, 어째서 금은 아무런 가치도 없는 자기 자신의 상징〔즉, 주화나 지폐〕에 의해 대체될 수 있는가라는 것이다. 그러나…… 금이 그와 같이 대체될 수 있는 것은 금이 오직 주화〔즉, 유통수단〕로 기능하는 경우뿐이다. 그런데 화폐는 이밖에도 다른 기능들을 가지고 있으며, 단순한 유통수단으로서의 기능이 금화에 부여된 유일한 기능은 아니다〔물론 계속 유통하고 있는 마멸된 금화의 경우는 그러하지만〕. 금화가 단순한 주화〔즉, 유통수단〕인 것은 오직 그것이 현실적으로 유통하고 있는 동안이다. 물론 이것은 지폐에 의해 대리될 수 있는 최소량의 금화에도 해당된다. 이 최소량의 금화는 항상 유통분야에 머물러 계속 유통수단으로 기능하며, 따라서 오직 그 기능의 담지자로 존재한다." (164쪽)

반복하자면, 지폐는 화폐 자체이지 결코 '화폐의 상징'이나 '금의 상징'이 아니다. 지폐(화폐)의 본질은 국가권력의 언어(약속·보증)이며, 언어가 사람들의 신뢰를 얻어 유통되는 것이다. 따라서 지폐는 '화폐의 상징'도 '금의 상징'도 아니다. 한마디로 "금이 아무런 가치도 없는 자기 자신의 상징[즉, 주화나 지폐]으로 대체"되는 사태 자체가 존재하지 않는다. 따라서 "대체될 수 있는 것은 금이 오직 주화[즉, 유통수단]로 기능하는 경우뿐"이라는 제한도 없다.

부연하자면, 마르크스가 말하는 '금', 정확히는 '화폐'의 기능이 "유통수단으로 기능하는 경우뿐"인 상황은 원래 존재하지 않는다. 화폐(지폐)는 항상 국내경제에서는 유통수단인 동시에 지불수단이다. 더욱이 오늘날 금은 국내경제는 물론 국제경제에서도 더 이상 유통수단으로도 지불수단으로도 기능하지 않고 귀금속으로 회귀하고 있다. 한마디로 마르크스가 말하는 "금이 오직 주화[즉, 유통수단]로 기능하는 경우뿐"이거나 "지폐에 의해 대리될 수 있는 최소량의 금화" 따위의 허튼소리는 현실에서 이미 여지없이 무너졌다.

> "그러므로 금화의 운동은 상품변태 W-G-W의 반대 국면들의 계속적인 반복을 표시하고 있을 뿐인데, 이 국면들에서는 상품과 화폐와의 대면은 다만 순간적이다. 상품의 교환가치의 독립적 실재(independent entity)는 여기에서는 다만 순간적으로 나타났다가 사라진다. 상품은 곧바로 다른 상품에 의해 대체된다." (164쪽)

앞서 말한 것처럼, '상품변태'의 기본형은 '자본(G)-상품(W)-자본(G)'이며, 여기에 종속되는 것, 즉 그림자로서 '상품(W)-자본(G)-상품(W)'이라는 '상품변태'가 개별 상품생산자에게 나타나는 것이다. 즉, "상품변태 W-G-W의 반대 국면들의 계속적인 반복"은 마르크스의 관념세계에서나 존재하는 '망상'에 불과하다. 또 "상품의 교환가치의 독립적 실재"인 화폐에 관한 마르크스의 규정은 몇 겹의 오류를 동시에 갖는다. 교환가치를 보유하는 것은 대가이지 상품이 아니다. 또 화폐는 대가의 최고 형태이지 상품이 아니다. 나아가 화폐가 상품이면서 동시에 상품으로부터 '독립'해 있다는 마르크스의 화폐 규정도 그의 '망상'일 뿐이다.

> "지폐는 이 정당성을 강제통용력에 의해 얻고 있다. 이러한 국가적 강제는 한 공동체의 국내 유통분야 안에서만 유효하다." (165쪽)

화폐 즉 주조화폐의 탄생은 경제를 국내경제와 국제경제로 분화시켰다. 그 이유는 화폐의 본질이 국가권력의 언어이고, 따라서 그것은 국가 밖으로 나가서는 생존할 수 없었기 때문이다. 이런 문제를 해결하기 위해 국가를 횡단할 수 있는 언어인 일반적 가격물로서 금이 오랫동안 국가 간 경제를 매개하는 유통수단과 지불수단으로서 기능을 담당해왔다. 따라서 '국내 유통분야'로 제한되어온 것은 '지폐'만이 아니며 마모된 주조화폐 즉 화폐도 그러했던 것이다.

그러다가 1933년 4월 금본위제가 국제적으로 폐지되고, 1945년

브래튼우즈 체제가 발족하며, 1971년 8월 달러와 금의 태환이 정지(폐지)됨으로써, 국내경제와 국제경제의 분단이 극복되었다. 즉, 정도의 차이는 있지만, 세계는 미국의 통화 달러(지폐)가 지배하는 단일 경제권으로 재편된 것이다.

제3절 화폐

"가치척도로 기능하고, 따라서 또한 자신이 직접 또는 대리물을 통해 유통수단으로 기능하는 상품이 화폐이다." (165쪽)

가치는 여건에 따라 변동하고 더욱이 계량할 수 없는 것이다. 따라서 '가치척도로 기능'할 수 있는 것은 그 무엇도 이 세상에는 존재하지 않는다. 또 화폐는 대가이지 상품이 아니다.

"다른 모든 상품에 대립시켜 금을 유일한 가치모습 또는 교환가치의 유일하고 적절한 존재형태로 고정시키는 경우 금이 화폐로 기능한다." (166쪽)

금이 일반적 가격물(절대적인 일반적 대가)로 추대되었다면, 그 추대는 금이 "교환가치의 유일하고 적절한 존재형태로 고정"되었다는 것을 의미한다. 다만 일반적 가격물로서의 금은 대가(절대적인 일반적 대가)이지 상품이 아니다. 그리고 이 절대적인 일반적 대가로서의 금을 상대하는 것은 일체의 상품이 보유한 치장된 가치이지 사용가치가 아니다.

> "변태의 계열이 중단되어 판매가 그것에 뒤따르는 구매에 의해 보충되지 못하면 화폐는 유통정지된다.…… 즉, 주화〔유통수단〕로부터 화폐로 전환한다." (166쪽)

마르크스에게 화폐는 '상품·금'을 의미한다. 따라서 마르크스는 여기서 "판매가 그것에 뒤따르는 구매에 의해 보충되지 못하면 화폐는 유통정지된다.…… 즉, 마모된 주화(화폐)로부터 상품·금으로 전화된다"고 주장하는 것이다.

하지만 유럽에 신용이 태동하기 전에 보통의 일반적인 교환은 일회적이었고, 따라서 "판매가 그것에 뒤따르는 구매에 의해 보충"되는 일은 없었다. 또 그렇다고 해서 마모된 주화(화폐)가 반드시 유통정지되는 것은 아니었다. 주화로부터 화폐로의 전환에는 오히려 아래 두 가지의 다른 이유가 있었다.

하나는 국내총생산(GDP)에 비해 공급되는 화폐(마모된 주화)량이 과다하거나 과소할 때의 문제이다. 이것이 과다할 경우 물가는 폭등하고 인플레가 발생한다. 즉, 화폐가치가 내려가고 물건 값이 오른다. 이 경우 '마모된 주화'는 '마모되지 않는 주화'로 모습을 바꾸고, 나아가 '금'으로 그 모습을 바꾸고자 한다. 반대로 국내총생산에 비해 공급되는 주화(마모된 주화)량이 너무 적을 경우 물가는 하락하고 디플레이션이 발생한다. 즉, 화폐가치가 오르고 물건 값이 내려간다. 이 경우 화폐가 마모된 주화라 하더라도 큰 문제는 없고, 따라서 '마모된 주화'가 '마모되지 않는' 주화로 모습을 바꾸거나 나아가 '금'으로 그 모습을 바꾸고자 하는 운동은 기세가 꺾이게 된다.

또 하나의 문제는, 국가는 항상 화폐발행권을 최대화하여 그 재정적 여력을 최대화시키고자 한다는 데 있다. 그 결과로 "악화(惡貨)가 양화(良貨)를 몰아내는" 운동이 경제 기조로 작동하게 된다. 즉, 화폐(마모된 주화)의 공급량에 관계없이 '마모된 주화'를 '마모되지 않는 주화'로 바꾸고 나아가 '금'으로 바꾸고자 하는 운동이 경제 기조를 관통하게 된다.

극심한 인플레이션의 시기를 제외하면, 화폐(마모된 주화)는 일반적으로 물건, 특히 지역에서 생산되는 곡물 등에 비해 항상 대단히 유리한 입장에 있다. 따라서 토지에 속박된 농노들은 죽도록 일해도 겨우 입에 풀칠하는 상황에 놓여 있었다. 또 심각한 인플레이션 시기에서도 부(富)는 토지소유자들의 점유물이었지 농노들은 여전히 먹고 살기 힘든 상황에 놓여 있었다. 즉, 집적된 화폐(주조화폐)는 항상 상대적 자본으로 기능했고, 상대적 자본의 소유자들은 경제의 주체로서 생산과 교환을 주도해 더욱 자신의 재산을 불렸다.

유럽에 신용이 태동한 이래로 신용은 자산과 부채를 팽창시켜

네덜란드의 '튤립버블'로 대표되는 거품을 낳았고, 채무불이행의 악순환을 야기해 번번이 신용의 일시적 죽음(공황)을 초래했다. 신용이 일시적으로 죽고 연쇄적인 교환과 생산이 단절되자, 사람들은 더 이상 가치를 상실한 화폐(지폐)를 버리고 일반적 가격물로서의 금으로 회귀했다.

따라서 마르크스가 말하는 "판매가 그것에 뒤따르는 구매에 의해 보충되지 못하면 화폐는 유통정지된다······ 즉, 마모된 주화로부터 상품·금으로 전환되는" 사태는 신용의 발생, 요컨대 자본주의의 발생 이후에 생겨난 새롭고 특수한 사태이다.

"상품은 상품을 구매하기 위해서가 아니라 상품형태를 화폐형태로 바꾸기 위해 판매된다.····· 화폐는 퇴장화폐(退藏貨幣: hoard)로 화석화되며, 상품판매자는 화폐퇴장자로 된다." (166쪽)

반복하자. '상품변태'의 기본형은 '자본(G)-상품(W)-자본(G)'이다. 그리고 마르크스가 말하는 '상품(W)-화폐(G)-상품(W)'이라는 '상품변태'는 '자본(G)-상품(W)-자본(G)'이라는 '상품변태'의 기본형에 종속된 것, 즉 그림자로서 개별 상품생산자에게 나타나는 것이다. 요컨대 상품은 태곳적부터 "상품형태를 화폐형태로 바꾸기 위해 파는" 것이었다. 그리고 '상품판매자'는 자본소유자이며, 그들은 '화폐퇴장자'라기보다 증식하는 자본의 소유자로 이해해야 하는 존재다.

"상품유통이 시작된 바로 그 초기에는 사용가치의 잉여분만이 화폐
로 전환된다. 그리하여 금과 은은 그 자체로서 여유분〔또는 부〕의 사
회적 표현으로 된다." (167쪽)

마르크스가 말하는 '상품유통', 요컨대 '상품(W)-화폐(G)-상품
(W)'은 존재하지 않는다. 즉, '공상의 로빈슨 크루소'가 경제주체였던 시
대는 역사적으로 존재하지 않는다. 현실의 역사에 존재했던 상품유통
은 '자본(G)-상품(W)-자본(G)'이었다. 그리고 이때의 상품유통은, 상대
적 자본이 스스로 생산하거나 평민들이 소유한 노동생산물을 싸게 사
들이고 이것을 상품으로 전환시켜 평민들에게 비싸게 파는 행위를 의
미했다. 따라서 상품유통은 처음부터 상대적 자본의 소유자 즉 국가·
사회의 권력자가 재산을 불리는 행위로 시작되었다.

마르크스의 "상품유통이 시작된 바로 그 초기에는 사용가치의
잉여분만이 화폐로 전환된다"는 말이 무엇을 뜻하는 것인지, 나로서
는 도무지 이해할 수 없다. 왜냐하면 첫째로, 사용가치는 사람에 속하
는─속인(屬人)적─ 가치이고, 따라서 그 크기 또한 백인백색이기 때문
이다. 이렇게 백인백색인 가치에 '잉여'라는 개념이 성립할 리 없기 때
문이다. 둘째로, 상품은 그 실체인 노동생산물이 보유하는 가치에 치
장을 하고, 그 결과로 나타나는 치장된 가치를 보유하지, 상품 자체는
사용가치도 가치도 보유하지 않는다. 따라서 '상품유통' 속에서 상품
이 보유하지 않은 '사용가치'의 '잉여'라는 것이 생길 리 없기 때문이

다. 셋째로, 가치는 교환가치로 외화되고 화폐로 소외된다. 좀 더 말하면, 화폐는 교환가치의 최고 형태라고 할 수 있다. 그러므로 사용가치는 그 속인성이 배제되어 가치로 전환되지 않는 한, 절대로 교환가치는 물론 화폐로 전환될 수 없는 것이다. 따라서 '사용가치의 잉여분'이 "화폐로 전환"되는 일은 절대로 없기 때문이다. 따라서 또한 "금과 은이 그 자체로서 여유분 또는 부의 사회적 표현으로 되는" 일도 절대로 있을 수 없기 때문이다.

> "이와 같은 소박한 형태의 화폐퇴장은 [전통적인 자급자족적 생산방식에 대응해 욕망의 범위가 고정되고 제한되어 있는] 민족들 사이에는 영구화되고 있다. 예컨대 아시아인, 특히 인도인의 경우가 그러하다. 상품가격은 그 나라에 존재하는 금과 은의 양에 의해 결정된다고 공상하고 있는 반더린트(J. Vanderlint)는 어째서 인도의 상품이 그처럼 싼가라고 자문한 뒤, 인도인은 화폐를 땅 속에 파묻기 때문이라고 대답한다." (167쪽)

마르크스가 말하는 '화폐'는 금·은을 의미한다. 그리고 마르크스가 말하는 "전통적인 자급자족적 생산방식"은 내가 말하는 '화폐'가 아직 태동하지 않고 금·은이 일반적 가격물로서 온갖 상품 위에 군림하던 시대의 '생산양식'을 뜻한다. 금·은이 일반적 가격물로서 온갖 상품 위에 군림한다는 것은 국내총생산(GDP)에 비해 공급되는 일반적 가격물(절대적인 일반적 대가)의 양이 너무 적은 상태, 즉 경제가 만성적으로 디플레이션 상태에 있는 '생산양식'을 의미한다. 따라서 이때에는 화폐기능을 갖는 일반적 가격물(금·은)의 가치가 항상적으로 오르고, 반대로 물건의 가치가 항상적으로 떨어지는 상황이 펼쳐질 것이다. 즉, "어째서 인도의 상품이 그처럼 싼가?"라고 묻지 않을 수 없는 상황이 전개될 것이고, 그 맞은편에서는 일반적 가격물로서의 금·은의 가치가 터무니없이 폭등할 것이다. 따라서 자본으로서의 금·은의 가치가 커지고, 자본으로서의 금·은이 집적되게 될 것이다. 이런 상황은 결코 '화폐퇴장'을 의미하는 것이 아니라, 자본집적이 진전되고 있음을 의미하는 것이다.

> **"상품생산이 더욱 발전함에 따라 상품 생산자는 누구나 사회가 제공하는 담보〔즉, 화폐〕를 확보해두지 않으면 안 된다."** (167쪽)

마르크스가 말하는 '사회가 제공하는 담보'야말로 내가 말하는 '신용'이다. 그리고 신용이 사회적으로 성립하기 위해서는 인간의 사회적 자의식에 "빌려준 것은 돌려받을 수 있다"는 관계의식이 형성되어야 한다. 인간은 농업혁명 이래로 약 9천 년 남짓한 시간의 경과와 축적을 거쳐 점차 이런 사회적 자의식(관계의식)을 분리(소외)시켜냈다. 즉, "상품생산이 더욱 발전함에 따라"가 아니라, 인간의 사회적 자의식에 "빌려준 것은 돌려받을 수 있다"는 관계의식이 형성되고, 이런 관계의식이 성장·발전함에 따라 다른 무엇보다 우선해서 신용(사회적 담보)이 태동했던 것이다. 14세기 말에 이탈리아 북부 도시국가에서 발발한 르네상스 이후의 일이다.

> **"판매하지 않고 구매할 수 있기 위해서는…… 구매하지 않고 판매했어야 한다."** (167쪽)

신용이 태동함에 따라 외상으로 상품의 매매가 가능해졌다는 말이다. 하지만 자본(집적된 화폐)의 소유자가 아니면 신용을 제공받을 수 없었다. 즉, 자본(화폐집적)의 소유자 간에 신용의 상호제공(공여) 관계가 성립해 외상으로 상품을 매매할 수 있게 되었다는 것이다.

> **"상품유통의 확대에 따라 언제라도 이용할 수 있는, 절대적으로 사회적인 형태의 부(absolutely social form of wealth)인 화폐의 권력이 증대한다."** (168쪽)

"상품유통의 확대에 따라"가 아니라 "신용의 발생·성장·발전에 따라" "절대적으로 사회적인 형태의 부인 화폐의 권력이 증대"한 것이다. 신용의 발생·성장·발전에 따라 집적된 화폐(자본)의 힘은 가속적으로 증대한다. 자본(집적된 화폐)의 소유자에게는 신용이 제공되고, 제공된 신용은 자본(집적된 화폐)의 힘을 팽창시킨다. 다시 말해, 자본(집적된 화폐)은 신용의 도움을 빌려 집적된 화폐의 몇 배 혹은 몇 십 배가 존재하는 것처럼 기능하게 된다. 이처럼 신용의 도움을 받아 팽창하게 된 화폐집적이야말로 자본(절대적 자본)이다.

"미개사회의 단순한 상품소유자에게는, 또 심지어 서유럽의 농민에게도…… 금과 은의 퇴장의 증가는 가치의 증가로 된다.…… 화폐를 퇴장하려는 충동은 그 성질상 한이 없다." (169-170쪽)

문제는 그곳에 아직 신용이 발생하지 않았다는 것이다. 또는 그곳에는 신용은 물론 화폐조차도 아직 발생하지 않았다는 것이다. 다시 말해, '미개사회'냐 아니냐는 문제가 아니다. 만약 그곳에 화폐가 발생하지 않아서 일반적 가격물로서의 금·은이 교환을 매개하고 있다면, 필연적으로 그 공급량은 국내총생산(GDP)에 비해 부족해서 경제가 디플레이션에 지배될 것이고, 때문에 일반적 가격물로서의 금·은의 가치는 턱없이 폭등하게 될 것이다. 그리고 그 결과로 "화폐를 퇴장(정확히는 자본집적)하려는 충동"이 강력해질 것이다.

"화폐는 어떤 상품으로도 직접 전환될 수 있기 때문에…… 질적으로나 형태상으로 아무런 제약도 받지 않는다. 그러나 동시에 현실의 화폐액은 모두 양적으로 제한되어 있고,…… 화폐의 이러한 양적 제한성과 질적 무제한성 사이의 모순은 화폐퇴장자를 축적의 시지프

스적 노동으로 끊임없이 몰아넣는다." (170쪽)

화폐는 무엇이든 살 수 있다는 점에서 질적으로 무제한이다. 하지만 동시에 사람이 보유하는 화폐량은 누구라도 유한하다. 그리고 이런 모순이 사람을 노동으로 끊임없이 몰아넣는다는 것은 마르크스의 지적이 옳다.

하지만 인간을 몰아넣는 근본모순은 생존과 자기표현의 모순, 즉 삶 자체에 뿌리내리고 있는 모순이다. 오늘날 북(北)에 사는 사람들은 물질적 의미의 '삶'에서 해방되어 정신적 의미에서의 '삶'을 모색하면서 살아가고 있다. 그리고 이런 모색 속에서 물욕·금전욕·권력욕으로부터 한 발 물러나 '삶' 자체를 충실히 살고자 하는 젊은 세대가 등장하고 있다. 가령 '초식계(草食系)'라 불리는 젊은이들이 일본에 등장하고 있다. 한마디로 인간은 지금 마르크스가 말하는 "화폐의 양적 제한성과 질적 무제한성의 모순"으로부터의 해방을 향해 나아가고 있다.

"상품유통의 규모와 속도 및 상품가격의 끊임없는 변동 때문에 화폐의 유통량도 쉬지 않고 증감한다. 그러므로 화폐유통량은 수축할 수도 팽창할 수도 있어야 한다." (171쪽)

'화폐유통량'의 증감과 연동해서 "상품유통의 규모와 속도 및 상품가격이 끊임없는 변동"하는 현상은 일어나지 않는다. 그것은 마르크스의 망상일 뿐이다. 그리고 마르크스가 살았던 시대에 볼 수 있었던 '상품유통의 변동'은 '화폐유통량'의 증감에 따른 것이 아니라 화폐(지폐)가 지닌 신용능력의 취약성, 즉 화폐의 발행주체인 중앙은행제도의 미숙과 취약함에 따른 것이었다.

> "현실적으로 유통하는 화폐량이 항상 유통 분야의 흡수력을 충족시키기 위해서는 일국 안에 존재하는 금은의 양은 주화의 기능을 수행해야 하는 금은의 양보다 많아야 한다. 이러한 조건은 화폐가 퇴장화폐로 전환됨으로써 충족된다. 퇴장화폐의 저수지는 화폐가 유통으로 흘러들어가고 유통으로부터 흘러나오는 수로로 되며, 이리하여 유통하고 있는 화폐는 결코 그 유통수로에서 범람하지 않는다." (171쪽)

마르크스가 살았던 시대는 중앙은행제도가 대단히 미성숙해서 영국의 잉글랜드은행조차 19세기 초엽까지는 단순한 대형은행의 하나에 불과했다. 그리고 당시는 특권을 부여받은 복수의 은행이 독자적으로 은행권을 발행할 수 있었다. 때문에 당시는 금융공황이 빈발해서 수많은 은행이 파산했고 은행권이 무가치해지는 혼란이 벌어지기도 했다. 하지만 이런 혼란은 중앙은행제도가 확립되면서 급속히 해소되었다. 즉, 공동체(나라)는 자본을 매개로 공동체(나라)의 자기증식운동을 전개하기 시작한 것이다.

이렇게 혼란을 빈번히 일으켰던 금융공황을 방지하기 위해 마르크스는 "일국 안에 존재하는 금은의 양은 주화의 기능을 수행해야 하는 금은의 양보다 많아야 한다"는 원칙(해결책)을 제시했던 것이다. 여기서 말하는 "주화기능을 수행하는" 것 안에는 당연히 지폐가 포함되어 있다. 따라서 마르크스는 "일국 안에 존재하는 금은의 양"을 넘어서 지폐를 발행해서는 안 된다, 만약 이를 넘어 지폐를 발행하면 금융공황이 발생한다, 일국의 경제(상품유통)규모는 "일국 안에 존재하는 금은의 양"으로 규정되어야 한다고 주장한 것이다.

하지만 어리석은 주장이다. 만약 우리가 이런 마르크스의 해결책을 채택한다면, 경제에 공급되는 화폐(지폐)량은 국내총생산(GDP)에 비해 필연적으로 너무 적어질 것이고, 이로 인해 우리의 경제는 심각한 디플레이션에 신음하게 될 것이다. 다시 말해, 우리는 마르크스가 말하는 '미개인'이 될 것이다. 마르크스의 공황론이란 이런 수준의 것이다.

✛ 보충 중앙은행제도의 성숙과 확립은 마르크스가 지적하는 '상품유통의 동요'를 해결했지만, 자본주의 자체가 배태하는 공황문제를 해결한 것이 아님은 분명하다. 중앙은행제도의 성숙과 확립은, 자본주의가 무제한으로 신용을 팽창시키고 자산과 부채, 특히 금융자산과 금융부채를 무한정 팽창시켜 결국 신용 자체를 일시적인 죽음에 이르게 하는, 요컨대 자본주의에 공황이 발생하는 문제를 해결할 수 있는 것이 아니다. 자본주의가 배태하는 공황문제를 해결하기 위해서는 앞서 말한 것처럼 국가와 사회의 권력을 민주화하고 진정한 주권재민을 실현하며, (정화를 폐지하고 지폐를 유일한 통화로 만든) 존 로의 후예나 다름없는 현재의 대다수 경제학자와 경제평론가들을 사회적으로 추방하는 것 말고는 방법이 없다.

"상품유통의 발전과 더불어, 상품의 양도를 상품가격의 실현과 시간적으로 분리시키는 사정들이 발전한다." (172쪽)

"상품유통의 발전과 더불어"가 아니라, "신용의 발생·탄생·성장과 더불어"라고 해야 한다. 즉, 신용의 발생·탄생 없이 "상품의 양도를 상품가격의 실현과 시간적으로 분리시키는" 사정은 일어날 수 없다.

"판매자는 현존의 상품을 판매하는데, 구매자는 화폐의 단순한 대표자로 또는 장래의 화폐의 대표자로 구매한다. 판매자는 채권자로 되며 구매자는 채무자로 된다.…… 화폐도 다른 하나의 기능을 획득한다. 화폐는 지불수단으로 된다." (172쪽)

마르크스에게 '판매자'는 '공상의 로빈슨 크루소'를 의미한다. 하지만 로빈슨 크루소 같은 '판매자'는 역사적으로 존재하지 않는다. 그리고 자본(집적된 화폐)소유자들에게만 신용이 제공된다. 따라서 '공상의 로빈슨 크루소'는 채권자가 될 수 없다. 즉, 채권자도 채무자도 모두 자본(집적된 화폐)의 소유자여야만 한다.

"상품과 화폐라는 두 개의 등가물이 판매과정의 두 끝에 동시에 나타나는 일은 없어졌다. 이제 화폐는 첫째, 판매되는 상품의 가격결정에서 가치척도로 기능한다. 계약에 의해 확정된 그 상품의 가격은 구매자의 채무(즉, 정해진 기한 안에 그가 지불해야 할 화폐액)의 크기를 측정한다. 둘째, 화폐는 관념적인 구매수단으로 기능한다. 화폐는 오직 구매자의 지불약속으로 존재하지만, 상품의 소유자를 바꿀 수 있다. 지불기일이 되었을 때 비로소 지불수단(화폐)은 현실적으로 유통에 들어간다.…… 유통수단이 퇴장화폐로 전환된 것은 유통과정이 제1단계 이후에 곧 중단되었기 때문이다.…… 화폐는 이제 과정을 매개하는 것이 아니라, 교환가치의 절대적 존재형태(즉, 일반적 상품)로서 독립적으로 개입해 유통과정을 종결짓는다. 판매자가 상품을 화폐로 전환시킨 것은 화폐로 어떤 욕망을 만족시키기 위해서였고, 화폐퇴장자가 상품을 화폐로 전환시키는 것은 상품을 화폐형태로 보존하기 위해서였으며, 채무를 진 구매자가 상품을 화폐로 전환시킨 것은 지불할 수 있기 위해서였다.…… 그리하여 상품의 가치형태, 즉 화폐가 이제 (유통과정 그 자체로부터 발생하는 사회적 필연성으로 말미암아) 판매의 자기목적으로 된다." (173-174쪽)

마르크스는 신용의 발생·탄생에 따라 벌어진 사태에 대하여 "상품과 화폐라는 두 개의 등가물이 판매과정의 두 끝에 동시에 나타나는 일은 없어졌다"고 표현한다. 하지만 자본(집적된 화폐)소유자에게만 신용이 제공되고, '공상의 로빈슨 크루소'에게는 신용이 제공되지 않는다. 따라서 자본가가 소유한 '공여된 신용'과 자본가가 소유한 '집적된 상품'이 교환되는 새로운 사태가 발생한 것이다.

두말할 필요도 없이, "등가물이…… 동시에 나타나는 일"은 역사적으로 한 번도 일어난 적이 없다. 또 상품교환의 본질은 'G-W-G'이기 때문에 '판매되는 상품'은 '매수된 상품집적'으로 표현되어야 한다. 나아가 "유통수단이 퇴장화폐로 전환된 것"이 아니라 다시 자본으로 전환·회귀한 것이다. 아울러 화폐는 '상품의 가치형태'가 결코 아니다. 게다가 상품변태의 본질은 'G-W-G'이며, 로빈슨 크루소처럼 '사기 위해 파는' 것이 아니라 '팔기 위해 사는', 즉 화폐 또는 화폐집적은 처음부터 '판매의 자기목적'이었던 것이다. 더구나 화폐는 대가이지 상품이 아니기 때문에 "화폐는…… 일반적 상품"인 경우도 없다.

"구매자는 상품을 화폐로 전환시키기 전에 화폐를 상품으로 전환시킨다.…… 판매자의 상품은 유통하지만, 그 상품의 가격은 오직 민법상의 화폐청구권으로 실현된다. 그 상품은 화폐로 전환되기 전에 사용가치로 전환된다." (174쪽)

반복하자면, '공상의 로빈슨 크루소'는 상품유통의 주체가 아니라 객체에 불과하다. 상품유통의 주체는 자본가들이며, 상품유통의 과정은 'W-G-W'가 아니라 'G-W-G'이다. 게다가 'G'는 화폐가 아니라 화폐집적(자본)을 의미한다. 그리고 "구매자가 상품을 화폐로 전환시키기 전에 화폐를 상품으로 전환"시키는 것은, 그가 자본가이기 때문에 다른 자본가(상품소유자)로부터 신용을 제공받아 외상으로 그 상품을 사고 외상으로 그 상품을 팔 수 있기 때문이다. 이것이 모두 신용이 만들어낸 일이다. 그럼으로써 상품의 유통은 두드러지게 빨라졌고, 그에 따라 상품생산도 고속화·효율화된 것이다.

"여러 지불이 한 장소에 집중됨에 따라 지불의 결제를 위한 독특한 시설과 방법이 자연발생적으로 발달한다. 예컨대 중세 리옹의 어음교환소와 같은 것이 그것이다. B에 대한 A의 채권과 C에 대한 B의 채권, A에 대한 C의 채권 등등은 서로 대면하기만 하면 일정한 금액까지는 정(+)의 양(量)과 부(-)의 양으로 상쇄할 수 있다. 그리하여 나머지 채무차액만이 청산되면 된다. 지불들이 많이 집중되면 될수록 그만큼 차액은 상대적으로 적어지며, 이에 따라 유통되는 지불수단의 양도 적어진다." (175쪽)

신용의 태동에 따라, 마르크스가 지적하는 대로 어음교환소가 리옹 등지에 생겨났다. 그리고 이렇게 생겨난 어음교환소는 나중에 은행으로 성장·발전한다. 즉, 신용의 태동과 그 성장 속에서 자연발생적으로 생겨난 은행이 이번에는 능동적으로 신용을 창조하고 확장시켜 간 것이다. 다시 말해, 은행을 매개로 화폐와 신용의 상호매개적인 자기증식운동 즉 자본주의가 본격적으로 가동하게 된 것이다.

"지불수단으로서의 화폐의 기능에는 하나의 내재적인 모순이 있다.

여러 지불이 상쇄되는 한, 지불수단으로서의 화폐는 계산화폐 또는 가치척도로서 오직 관념적으로 기능할 뿐이다. 그러나 현실적인 지불이 이루어지지 않으면 안 되는 한, 화폐는 유통수단〔즉, 상품교환의 오직 순간적인 매개물〕으로 나타나는 것이 아니라 사회적 노동의 개별적 화신, 교환가치의 독립적 존재형태, 일반적 상품으로 등장하는 것이다. 이 모순은 산업·상업의 공황 중 화폐공황(monetary crisis)으로 알려진 국면에서 폭발한다. 이 화폐공황은, 지불들의 연쇄와 지불결제의 인위적 조직이 충분히 발전한 경우에만 일어난다. 이 메커니즘에 전반적 교란이 일어날 때, 그 교란의 원인이 무엇이든, 화폐는 계산화폐라는 순전히 관념적인 모습으로부터 갑자기 그리고 직접적으로 경화〔금속화폐〕로 변해버린다. 더 이상 보통의 상품은 화폐를 대신할 수 없게 된다.…… 이제는 모든 시장에서 화폐만이 상품이라고 외치는 소리가 들려온다.…… 공황에서는 상품과 그 가치형태인 화폐 사이의 대립은 절대적 모순으로까지 격화된다. 그러므로 여기에서는 화폐의 현상형태가 어떠하든 상관이 없는데, 지불을 금으로 하든 은행권과 같은 신용화폐로 하든 화폐기근(monetary famine)은 여전히 완화되지 않는다." (175-177쪽)

마르크스는 여기서 또 한 번 "화폐…… 에는 하나의 내재적인 모순이 있다", "화폐는…… 사회적 노동의 개별적 화신, 교환가치의 독립적 존재형태, 일반적 상품으로 등장"한다고 하는 자기 망상을 드러낸다. 즉, "화폐는 상품이면서 동시에 상품으로부터 외적으로 독립된 존재"라는 '내재적인 모순'을 포함하고 있다는 그의 망상을 드러내고 있다. 그리고 이 '내재적인 모순'이 "산업·상업의 공황 중 화폐공황으로 알려진 국면에서 폭발"한다고 주장한다.

하지만 이미 밝힌 것처럼, 화폐는 상품이 아니라 대가이다. 그리고 화폐(대가의 최고 형태)는 상품이 아니기 때문에, 상품 바깥에 독립적으로 존재하는 것에 아무런 부자연스러움도 없다. 즉, 화폐가 상품 바깥에 독립적으로 존재하는 것 자체가 아무런 모순도 존재하지 않는 매우 자연스러운 것이다. 따라서 이처럼 자연스러운 것을 이유로 들어 공황이 필연적이라고 할 수는 없다. 또 화폐가 '사회적 노동의 개별적 화신' 따위가 아니라는 것도 이미 논증한 대로다.

마르크스는 또 "공황에서는 상품과 그 가치형태인 화폐 사이의 대립은 절대적 모순으로까지 격화된다. 그러므로 여기에서는 화폐의 현상형태가 어떠하든 상관이 없는데, 지불을 금으로 하든 은행권과 같은 신용화폐로 하든 화폐기근은 여전히 완화되지 않는다"고 말한다. 여기서 말하는 '공황'은 신용의 일시적인 죽음을 의미하지 않는다. 신용이 일시적이나마 정말로 죽는다면 지폐는 존재할 수 없다. 요컨대 신용이 죽으면 지폐는 종잇조각으로, 금화는 귀금속으로 회귀한다. 이런 점에서 마르크스가 말하는 "은행권과 같은 신용화폐로 하든 화폐기근은 여전히 완화되지 않는다"는 사태는 신용의 죽음 즉 공황을 의미하지 않는다. 따라서 마르크스가 말하는 '공황' 또는 '화폐기근'은 중앙은행제도의 미성숙에 따른 일시적인 금융혼란을 의미하는 데 불과하다.

이상의 것들을 염두에 두면서 우리가 정말로 걱정해야 할 것은 '신용의 죽음'이 곧 공황으로 이어지는 것이다. 다시 말해, 신용—인간의 사회적 자의식의 세계로 소외된 "빌려준 돈은 돌려받을 수 있다"는 관념—의 죽음에 따라 초래될지도 모르는 공황을 걱정해야 한다. 신용이 죽으면 채권과 채무의 상쇄로 끝나는 것이 아니라, 기한이익이 갑자기 상실될 것이 두려워 즉시결제를 요구하는 상황이 벌어진다는 것이다. 이렇게 되면 상품의 판매와 구매가 연쇄적으로 일어나지 않게 되고, 그 결과로 생산이 두절되어 노동자는 일자리를 잃고 거리를 헤매게 된다. 또 신용의 죽음은 지폐를 종잇조각으로, 금화를 귀금속으로 되돌리게 한다. 이로 인해 인간은 신용이 태동하기 이전 사회로 되돌아가게 된다. 오늘날 세계경제는 미국이 신용을 무절제하게 남발한 결과, 이런 사태가 초래될 처지에 놓여 있다.

> "공황에서는 상품과 그 가치형태인 화폐 사이의 대립은 절대적 모순으로까지 격화된다." (177쪽)

반복하자면, 화폐는 상품의 가치형태가 아니다. 또 상품과 화폐의 대립이 절대적 모순으로 격화되는 일은 절대로 일어나지 않는다. 그것은 마르크스의 망상에 지나지 않는다.

"이제 일정한 기간에 유통하는 화폐의 총액을 보면, 유통수단과 지불수단의 회전속도가 일정한 경우, 그 총액은 실현되어야 할 상품가격의 총액에 만기가 된 지불총액을 더한 다음, 상쇄되는 지불들을 빼고, 끝으로 동일한 화폐조각이 번갈아 유통수단과 지불수단으로 기능하는 횟수에 해당하는 만큼의 금액을 뺀 것과 같다." (177쪽)

말 그대로다.

"신용화폐는 지불수단으로서의 화폐의 기능으로부터 직접 발생하는데, 그것은 구매한 상품에 대한 채무증서[예: 수표] 그 자체가 유통됨으로써 발생한다. 다른 한편, 신용제도가 확대되면 지불수단으로서의 화폐의 기능도 확대된다. 지불수단으로서의 화폐는 여러 가지 특유한 존재형태를 취하는데……." (178쪽)

마르크스가 말하는 "지불수단으로서의 화폐의 기능"은 신용이 발생하면서 초래된 것이다. 즉, '지불수단으로서의 화폐의 기능'이 신용(신용화폐를 포함)을 낳은 것이 아니라, 신용의 태동이 '지불수단으로서의 화폐의 기능'을 낳은 것이다. 한마디로 마르크스는 여기서도 여전히 인과관계를 뒤바꿔 논하고 있다.

"상품생산이 일정한 수준과 범위에 도달하면, 지불수단으로서의 화폐의 기능은 상품유통의 영역을 뛰어넘게 된다. 화폐는 모든 계약의 일반적 재료로 된다. 지대나 조세 등은 현물납부로부터 화폐지불로 변한다."(178쪽)

'상품생산'이 아니라 '신용'이다. 즉, "신용이 일정한 수준과 범위에 도달하면 지불수단으로서의 화폐의 기능은 상품유통의 영역을 뛰어넘게 되는" 것이다. 하지만 화폐의 기능이 이렇게 상품유통의 영역을 뛰어넘게 되었다 해서 "화폐가 모든 계약의 일반적 재료로" 된 것은 아니다. 신용의 성장·발전에 따라 언어—화폐는 그 가운데 하나이다—의 현물(현실세계)에 대한 우위성이 더욱더 강화·확립되고 일반화된 것이다.

"어느 나라에서나 관습적으로 1년 중의 어떤 날들이 정기적인 지불결제일로 설정된다. 이러한 지불기일은, 재생산의 다른 순환운동들을 무시한다면, [계절의 교대와 결부된] 자연적 생산조건에 근거하고 있다.…… 지불에 필요한 화폐량이 1년 중 며칠에 집중적으로 요구된다는 사실은 지불수단의 절약에 주기적인, 그러나 전적으로 표면적인 교란을 일으킨다."(179-180쪽)

마르크스는 "주기적인, 그러나 전적으로 표면적인 교란"의 일례로서, 1826년 하원 조사위원회에서 크레이그가 한 증언을 각주57에 소개한다. 즉, "1824년 성령강림일 당일에 에딘버러의 여러 은행들에 대한 은행권의 수요가 너무나 막대해 11시경에는 은행의 수중에 단 한 장의 은행권도 남아 있지 않았다. 은행권을 빌리려고 여러 은행에 사람을 보냈으나 전혀 구할 수 없었다. 결국 거래의 대부분을 종이쪽지로 처리하는 수밖에 없었다. 하지만 오후 3시경에는 벌써 모든 은행권은 그것을 발행한 은행에 되돌아왔다! 그것은 이 사람 저 사람의 손을 거쳤을 뿐이다."

하지만 이 증언에 나타나 있는 "주기적인, 그러나 전적으로 표면적인 교란"은 화폐발행량의 관리·통제를 둘러싼, 좀 더 말하면 중앙은행제도의 극히 초보적이고 기술적인 미성숙에서 기인한 것에 불과하다. 이런 "주기적인, 그러나 전적으로 표면적인 교란"은 오늘날에는 거의 완전히 극복되었다.

> **"지불수단으로서의 화폐가 발전하면 채무의 지불기일에 대비하기 위한 화폐축적이 필요하게 된다. 부르주아사회의 발전과 함께 독립적인 치부 형태로서의 퇴장화폐는 없어지지만, 지불수단의 준비금이라는 형태로서의 퇴장화폐는 증대한다."** (180-181쪽)

"부르주아사회의 발전과 함께"가 아니라 "신용의 성장·발전과 함께"이다. 좀 더 말하면, 신용의 성장·발전과 함께 신용이 강력하게 자본(화폐집적, 마르크스가 말하는 화폐퇴장)을 팽창시키고, 이에 따라 사

회적으로 자기자본비율(지불수단의 준비기금)을 강화하라는 강한 요구를
받게 된 것이다.

> "화폐는 국내유통 분야의 범위를 넘어서자마자 국내에서 가지고 있
> 던 국지적 기능, 즉 가격의 도량표준이나 주화·보조화폐·가치상징
> 등의 국지적 기능을 벗어버리고 귀금속의 원래의 덩어리 형태로 되
> 돌아간다.…… 세계시장에서 비로소 화폐는 [그 현물형태에 추상적
> 인간노동이 직접적으로 사회적으로 실현되어 있는] 상품으로서 완
> 전히 기능한다. (181쪽)

　　화폐의 태동은 국내경제와 국제경제를 분화시켰다. 그 이유는
화폐의 본질이 국가권력의 언어(약속·보증)였기 때문이다. 따라서 화폐
는 국경을 넘어 유통될 수 없었다. 그리고 그 결과로 국가 간 물자교환
은 화폐 태동 이전에 유통되었던 일반적 가격물로서의 금·은이 매개
하게 되었다. 한마디로 화폐는 국가의 경계 내에서 유통되는 언어였고,
일반적 가격물로서의 금·은이 국가의 경계를 횡단할 수 있는 언어였다
고 할 수 있다. 따라서 "세계시장에서 비로소 화폐는 상품으로서 완전
히 기능"하는 것이 아니다. 세계권력이 아직 발생하지 않았기 때문에,
화폐 태동 전에 국경을 넘나들던 언어인 일반적 가격물로서의 금·은이
계속해서 국가 간 물자교환을 매개할 수밖에 없었던 것이다.
　　역사적으로 볼 때, 1933년에 금본위제가 세계적으로 폐지되고,

1944년에 브래튼우즈 체제—미국이 공정비율로 달러와 금의 교환을 보증한다는 것을 담보로 달러가 세계화폐로서 유통되는 체제—가 성립되면서 사실상의 세계권력이 등장했다. 그리고 정도의 차이는 있지만 세계는 미국을 중심으로 하는 단일 경제권으로 재편성되었다. 이 과정에서 일반적 가격물로서의 금·은은 그 지위를 박탈당했고, 미국이 발행하는 지폐(달러)가 세계화폐로서의 지위에 오르게 된 것이다.

➕ **보충** 미국은 '사실상의 세계권력' 즉 패권국에 불과하다. 다시 말해, 달러는 '사실상의 세계화폐'이지 세계화폐 그 자체가 아니다. 앞으로 세계공동체가 탄생하게 되면, 그때 진정한 세계화폐도 탄생할 것이다.

─
맺음말

나는 뉴턴 역학이 아인슈타인에 의해 수정·보완되었던 것처럼, 마르크스의 『자본론』도 반드시 수정·보완되어야 할 내용이 있으리라 생각했다. 하지만 동시에 나는, 뉴턴 역학이 일상의 환경에서는 전적으로 진실을 드러내고 있는 것처럼, 마르크스의 『자본론』도 본질적으로는 진실을 말하고 있을 거라고 생각했다. 왜냐하면 내가 가장 신뢰하는 사상가의 한 사람인 요시모토 다카아키(吉本隆明)가 "마르크스는 틀리지 않았다. 문제는 러시아 마르크스주의자(스탈린주의자)이다"라는 취지의 말을 했기 때문이다. 또 나의 스승인 다케다 게이지로(武田桂二郎)도 "마르크스는 새로운 세계관을 제시했다"는 취지의 말씀을 했기 때문이다.

물론 요시모토는 그의 저서 『공동환상론(共同幻想論)』에서, 마르크스의 상부구조·하부구조론("하부구조가 상부구조를 결정한다")을 기계적으로 적용할 수 없는 영역이 분명히 존재한다는 취지의 말을 했다. 또

나의 스승 다케다도 마르크스의 화폐론에는 커다란 결함이 존재한다는 취지의 말을 시사했다. 그럼에도 요시모토와 다케다는 전체적으로는 마르크스를 긍정적으로 표현했고, 덕분에 나는 마르크스의 『자본론』이 본질적으로는 틀리지 않을 것이라고 생각해왔다. 나와 그린코프는 철학적·사상적으로는 아마도 마르크스의 후예일 거라고 생각해왔다.

그런데 내가 『자본론』을 통독하면서 우선 깨달은 것은, 마르크스가 (1)상품과 노동생산물을 혼동·동일시하고 있고, (2)노동을 외화가 아니라 대상화로 규정하고 있으며, (3)태곳적에 로빈슨 크루소 같은 '독립생산자'가 존재해 '상품생산자 사회'를 형성했다는 것을 전제로, (4)상품교환은 사용가치가 매개하고, (5)가치는 사용가치로부터 자립해 존재하며, (6)자본주의 생산양식은 "노동을…… 가치로 표현하는" "어떤 역사적으로 규정된 발전단계"에서 태동했다는 주장에 대해 의문을 품기 시작했다. 그중에서도 나를 경악케 한 것은, 마르크스가 '일반적 등가물'—마르크스에게 있어서는 '화폐'—의 태동과 관련해 "어떤 사람이 자기의 아마포를 다수의 다른 상품과 교환"하면 아마포는 '일반적 등가물'(화폐)이 된다고 하는 주장에 대해서였다.

나는 이 대목에 이르러 마르크스의 『자본론』은 이론으로서 성립하지 않거나 혹은 성립하지 않을 가능성이 높다고 생각하게 되었다. 다시 말해, "마르크스는 틀리지 않았다"는 요시모토의 말이 옳지 않거나 혹은 옳지 않을 가능성이 높다고 생각하게 되었다. 그래서 나는 이런 나의 판단이 옳은지 그른지를 구체적으로 검증하기 위해 『자본론』

을 본격적으로 독해하기 시작했다. 2006년 9월 하순의 일이다. 이후 9년 남짓한 세월이 흘렀다.

내가 『자본론』을 본격적으로 독해하면서 제일 먼저 깨달은 것은 『자본론』이 마르크스의 언어로 구축된 마르크스의 우주(언어세계)라는 것이었다. 가령 사람 찾으러 간 사람이 그 사람에 빠져 돌아오지 않게 되는 것처럼, 누구나 한번 『자본론』에 빠지면 마르크스의 언어로 사고하고 마르크스의 언어로 세계를 이해하게 된다는 것이었다. 나 자신도 마찬가지여서, 『자본론』의 세계에 몸을 담그고 있으면 어느 샌가 마르크스의 언어로 사고하고 마르크스의 언어로 세계를 이해하려는 자신을 발견하면서 깜짝 놀란 적이 한두 번이 아니었다.

그래서 나는 『자본론』을 상세히 읽어나가기 전에 나의 '역사관과 세계관'을 구조적으로 구축해둘 필요를 느꼈다. 즉, 내 나름으로 역사를 시대 구분하고, 구분된 시대의 의미를 밝히며, 나아가 각 시대의 다양한 모습들, 가령 자본·공동체(나라)·상품·대가·화폐·신용·자본주의 등의 의미를 미리 구조적으로 해명해둘 필요성을 절감했다. 내가 나의 '역사관과 세계관'을 미리 간결하고 구조적으로 서술한 데는 이런 이유가 있었다.

덧붙이자면, 이 책에서 서술한 나의 '역사관과 세계관'은 스승 다케다에 의지한 바 크다. 예를 들어 '전(前)원시공산제' 시대에 관한 나의 이해와 서술은 45-46쪽에 상술한 다케다의 「농업혁명의 획기성에 관한 간결한 총괄」에 따른 것이다. 또 '호혜'에 관한 나의 이해는 한국의 시인 김지하에 상당 부분 의존해 있다. 나의 명예와 양심을 걸고 이 사실을 여기에 밝혀두고자 한다.

　　결국 나는 이렇게 해서 나의 '역사관과 세계관'을 구조적으로 구축해나갔다. 그리고 이를 토대로 『자본론』에 담긴 마르크스의 주장 하나하나를 구체적으로 비판하는 작업을 진행했다. 물론 내가 미리 구축한 '역사관과 세계관'은 매우 미숙한 것이었다. 왜냐하면 나는 지금까지 역사와 시대와 세계에 대해 깊게 생각한 적이 별로 없었기 때문이다. 때문에 나는 마르크스의 주장과 씨름하는 속에서 내 '역사관과 세계관'의 미숙함을 드러내야 했고, 그때마다 수정·보완해야 했다. 한마디로 지난 9년여 동안 마르크스의 주장과 씨름하고 내 '역사관과 세계관'을 수정·보완해나가면서 『자본론』 해체 작업을 진행했던 것이다.

　　이렇게 1차적으로 『자본론』 해체 작업을 마무리한 지금, 나는 "『자본론』은 그 이름값을 못한다"고 자신 있게 말할 수 있게 되었다. 왜냐하면 『자본론』은 '상품유통이 자본의 출발점'이라는 자본에 대한 엉터리 이해를 기초로 하고 있기 때문이다. 이런 점에서 볼 때 『자본론』은 마르크스가 '자본'과 '자본주의'란 무엇인지를 전혀 알지 못했음을 스스로 자백하는 글이라 할 수 있다. 뿐만 아니라 『자본론』은 자본주의 '화폐증식의 비밀', 즉 자본에 의한 착취와 수탈의 문제를 "노동력의 소비과정이 상품과 잉여가치의 생산과정이다"는 말로 한정·축소하는 글이다. 이렇게 '화폐증식의 비밀'을 한정·축소함으로써, 『자본론』은 신용이 천문학적으로 팽창하고 결제가 끝없이 미래로 미뤄지는 상황을 기반으로 자본권력이 일상적·전면적·구조적으로 착취와 수탈하는 것에 대해 은폐하고 면죄부를 주는 글이 되었기 때문이다. 그 결과로 자본에 대한 인간의 투쟁을 자본과 노동 사이의 잉여배분을 둘러싼 싸움으로 한정·축소시키고, 시민(인간)이 국가와 사회의 진정한 주인공으로 등장해 신용과 금융을 민주화하고 자본에 의한 착취와 수탈을 근절함으로써 자본주의를 극복할 수 있는 길을 사실상 막았기 때문이다.

더욱이 『자본론』은 자본이 사회적 생산력으로서의 의미와 기능을 갖지 않는 것처럼 취급함으로써, 글로벌리즘—자본의 쏠림을 무시하는 자유무역주의—을 정당·합리화하는 강력한 자신의 논리를 통해 탐욕적인 자본을 지지 내지는 지원하고 있다. 또 인간을 '능력'으로 분단·차별·서열화함으로써 자본권력이 인간을 짓밟는 것을 정당화·합리화하는 자신의 논리를 통해 자본을 지지 내지는 지원하고 있다. 따라서 인간이 진정으로 자본주의를 넘어 해방되기 위해서는 먼저 『자본론』에 담긴 마르크스의 범죄행위를 철저히 밝혀 그 언어로부터 해방될 필요가 있다. 이런 점에서 볼 때, 마르크스의 『자본론』은 인간의 전진을 가로막는 '반동의 책'이라고까지 말할 수 있다.

지난 발자취를 되돌아보면, 나와 그린코프는 오직 한마음으로 상품이 돼버린 '먹을거리'를 본래의 '먹을거리'로 되돌림으로써, 아이들의 생명을 기르는 양식으로 회복시켜왔다고 할 수 있다. 또 '경제적 범주의 인격화'(마르크스)된 존재—소외된 비인간적 존재—로서의 자본가·토지소유자·임노동자에게—특히 임노동자에게— 인간으로 회귀해

줄 것을 호소하면서, 시민(인간)이 한 발 한 발 이 사회와 국가의 진정한 주인공이 되게끔 스스로를 성장시켜왔다고 할 수 있다. 이런 점에서 나와 그린코프는 이제 결코 마르크스의 후예가 아니라고 단언할 수 있게 되었다.

개인이든 집단이든 모든 인간에게는 그 타고난 태생이 매우 중요하다. 왜냐하면 인간은 과거로부터 이어져 미래를 향해 현재를 살아가는 생물이기 때문이다. 비록 9년 남짓한 세월이 걸리기는 했지만, 나는 이 작업을 통해 나와 그린코프가 결코 마르크스의 후예가 아니라는 것을 분명히 알 수 있게 되었다. 그것만으로도 그동안 내가 한 이 작업은 의미가 있었다. 내 생각에 그린코프는 결코 마르크스의 후예가 아닐 뿐만 아니라, 근대를 넘어섰다는 의미에서 현대가 낳은, 인간과 그 자유를 기초로 하는 '새로운 협동조합'이라고 규정할 수 있다.

마지막으로 나는, 인간이 약 1만 년의 시간을 들여서 '소외를 향해 걸어온 길'을 이제 겨우 뛰어넘고, 지금 '소외로부터 되돌아가는 길'을 걷기 시작했다고 믿는다. 물론 아직 인간은 소외, 즉 새로운 해방과 새로운 억압의 발생으로부터 완전히 자유로워지지는 않았다. 그럼에도 인간은 소외된 것이 소외시킨 것을 향해 자기해체적으로 강하해가면서, 즉 소외를 항상적으로 넘어서면서, 생명으로서의 자신에게 충실하게, 자유롭게 살아갈 수 있는 미래를 향해 나아갈 것이라 믿는다. 독자 여러분이 함께해주시길 진심으로 기원한다.

2015년 5월 31일

자본과 자본주의의 태동에 대하여

(2015년 3월 21일 개최. 일반사단법인 '그린워커즈' 설립총회 기념강연)

그린코프연합회는 1988년 3월에 설립되었습니다. 그린코프연합회가 태동한 지 벌써 27년이 지났다는 말이지요. 당시 그린코프연합회에는 직원사무국밖에 없었습니다. 그래서 언젠가 워커즈 콜렉티브(Worker's Collective: 노동협동조합, 이하 '워커즈'로 약칭)가 그린코프연합회 사무국의 상당 부분을 차지하게 되면 좋겠다고 생각을 했습니다. 하지만 이는 무척 힘든 일이어서 좀처럼 진전되지 못했습니다. 그런데 오늘 이렇게 많은 분들(81명)이 모여 일반사단법인 그린워커즈가 태동했고, 또 여러분이 그린코프연합 사무국을 담당하게 되었습니다. 여기까지 오는 데 27년의 세월이 필요했지만, 정말로 획기적인 일이라 생각합니다. 꼭 분발하셔서 연합회 업무를 더 많이 인수해주시면 좋겠습니다. 왜냐하면 그만큼 그린코프의 조합원주권이 실체화되기 때문입니다. 부디 열심히 해주시기 바랍니다.

자, 오늘 제가 말씀드리고자 하는 것은 세 가지입니다. 첫째, 자본이란 대체 어떻게 해서 태동했는지에 대해서입니다. 둘째, 자본주의는 또 어떻게 해서 태동했는지에 대해서입니다. 그리고 마지막 셋째로, 인간의 미래, 즉 어떻게 하면 자본주의를 넘어설 수 있을 것인가에 대해서입니다. 잘 부탁드립니다.

1. 자본의 태동에 대하여

지금부터 11,500년~12,900년 전의 일입니다. '영거 드라이어스'기(期)라는 것이 지구를 찾아옵니다. '영거'라는 것은 '젊은', '드라이어스'라는 것은 '드라이아이스'로 생각하시면 됩니다. '가장 최근에 지구를 찾아온 빙하기'라는 의미입니다. 요컨대 지금으로부터 13,000년~11,500년 전에 지구가 건조해지고 한랭해지는 시기가 찾아왔던 것입니다.

지구가 메마르고 추워진 결과, 북쪽부터 숲이 줄어들어갔습니다. 당시 인류는 숲에서 수렵·채집을 하며 생활하고 있었습니다. 지금도 인도네시아령 파푸아나 아마존 강 유역에는 숲에서 수렵·채집생활을 하는 사람들이 있습니다. 이곳은 대부분 적도 바로 아래에 위치해 있기 때문에 여전히 광대하고 풍부한 숲이 남아 있습니다. 그래서 이곳에서 생활하는 분들은 숲에서 나올 필요가 없었습니다. 그런데 지구가 건조하고 추워지면서 북쪽부터 서서히 숲이 줄어들어갔습니다. 이로 인해 사람들은 더 이상 숲에서 생활할 수 없게 되었고, 숲에서 나오게 되었습니다.

숲에서는 수렵과 채집의 두 가지 행위가 큰 지장 없이 동시에 가능합니다. 10년 전쯤에 아마존에 TV 카메라가 들어가 그 생활 모습을 찍은 것이 방영된 적이 있었습니다. 여자들이 열을 지어 숲으로 들어갑니다. 남자들은 그 뒤를 따라 적당히 거리를 유지하며 사냥을 합니다. 여자들은 수다를 떨면서 먹을 수 있는 식물을 거둬들이거나 화장품 재료를 찾습니다. 마침내 재료를 찾아내면 기뻐하며 얼굴에 바르기도 합니다. 남자들은 여자들 대열의 주위에서 사냥감을 활로 쏘아 사냥합니다. 그리고 사냥감이 잡히면 여자들의 대열 즉 본대(本隊)로 돌아가 사냥감을 맡기고 다시 사냥하러 나갑니다. 저녁이 되면 모두 함께 숲에서 돌아옵니다. 그리고 다 같이 음식을 먹습니다. "그래, 바로 이런 식으로 하는 거였구나!"라고 느꼈습니다. 그렇게 숲에서는 수렵과 채집이 동시에 별다른 지장 없이 이루어졌습니다.

그런데 숲이 줄어들고 숲에서 나올 수밖에 없게 되면서, 수렵과 채집을 동시에 하는 것이 어려워졌습니다. 아니, 불가능해졌습니다. 그 결과로 수렵이나 채집 어느 하나만 하지 않을 수 없게 변했습니다. 오직 수렵만 하는 '무리'는 유목민이 되었고, 오직 채집만 하는 '무리'는 농경민이 되었습니다. 다시 말해, 인간이 숲에서 나오기 전까지는 유목민도 농경민도 존재하지 않았습니다. 그런데 인간이 숲에서 나오게 되면서 그 결과로 유목민과 농경민으로 나뉘게 되었습니다. 숲에서 나오면서 인간이 유목민과 농경민으로 나뉜 것이지, 그 전에는 하나였습니다. 그 전까지 인간은 모두 숲에서 수렵과 채집을 동시에 하며 생활했습니다. 농업과 목축의 발생은 이런 점에서 같은 시기에 일어났다고 나는 생각합니다.

숲에서 사냥을 하거나 혹은 채집하는 행위는 아기가 눈앞에 있는 것에 손을 뻗어 움켜쥐고 입으로 가져가는 행동과 아주 흡사합니다. 눈앞에서 움직이는 사냥감을 화살로 쏜다, 혹은 눈앞에 먹을 수 있는 식물을 손으로 따서 입으로 가져간다, 이런 수렵과 채집은 모두 즉자적인 행위를 뜻합니다. 그런데 인간이 숲에서 나오면서 이런 즉자적인 행위가, 즉 수렵과 채집이 목축과 농업으로 진화하게 됩니다.

'즉자(卽自)'란 '안(內)도 바깥(外)도 없는 의식상태'라고 이해하시면 됩니다. 엄마의 뱃속에 있는 아기는 "내가 엄마이고 엄마가 나다"라는 의식 속에서 살아갑니다. 그리고 이런 의식 속에서 살아온 아기가 세상에 태어나서도 한동안 그 아이의 의식에는 안도 바깥도 없습니다. 이런 의식을 '즉자적' 의식이라고 합니다. 갓난아기는 귀는 들리지만 눈은 아직 보이지 않습니다. 그런 갓난아기가 귀를 쫑긋 세우고 눈을 크게 뜨면서 열심히 바깥 세계를 탐색합니다. 그리고 이렇게 열심히 '바깥'을 바라보는 사이에 어느덧 '바깥을 쳐다보는 나'를 발견하게 됩니다. 이 순간부터 아기에게 '바깥'은 '바깥'으로 보이게 됩니다.

'바깥을 쳐다보는 나'라는 존재를 발견하는 것을 '자기대상화'라고 합니다. 대상으로서 '나'를 발견하는 것입니다. 그저 바라보기만 했을 때는 몰랐던 상대방을 대상으로서 자기의식에서 파악하게 됐을 때 비로소 상대가 보이게 됩니다. 마찬가지로 '나'를 대상으로 파악했을 때 비로소 '나'가 보이게 됩니다. 즉자적인 자의식이 '바깥을 쳐다보는 나'를 발견합니다. 이를 '자기대상화', 간단히 **대자(對自)**'라고 합니다. '바깥을 쳐다보는 나'를 발견한다, 즉 즉자적 의식이 '대자'화 되는 순간 '바깥'이 '바깥'으로 보이게 됩니다. 그것을 **타기(他己)대상화**, 줄여서 **대타(對他)**'라고 합니다. '바깥'이 '바깥'으로 보이고, '타인'이 '타인'으로 보이게 되는 것입니다. 즉자적 의식이 '대타'화되면서 '나'도 선명하게 보이게 됩니다. 이처럼 인간의 의식은 '자기대상화'가 진전되면서 '타기대상화'가 진전됩니다. 또 반대로 '타기대상화'가 진전되면서 '자기대상화'도 진전됩니다. 한마디로 인간의 의식은 '대자'와 '대타'를 반복하면서 성장해가는 것입니다.

눈앞에서 움직이는 사냥감을 화살로 쏜다, 혹은 눈앞의 식물에 손을 뻗어 열매를 따서 입에 넣는다는 즉자적 행위인 수렵과 채집이, 숲에서 나오면서 목축과 농경으로 변화했습니다. 인간이 농업을 시작하기 위해서는 상대, 즉 식물에 관한 깊은 이해가 필요합니다. 목축을 시작하기 위해서도 상대, 즉 동물에 관한 깊은 이해가 필요합니다. 이런 식물과 동물에 대한 깊은 이해가 바로 '타기대상화'입니다. 그리고 이와 동시에, 아니 그 전에, 농업과 목축을 하는 자기 자신에 관한 깊은 이해가 필요합니다. 이런 자기 자신에 관한 깊은 이해가 바로 '자기대상화'입니다.

인간은 자연이 낳은 존재입니다. 따라서 인간에게 자연은 어머니입니다. 그리고 숲은 자연이라는 어머니의 자궁에 해당하는 장소입니다. 숲에서 자연에 의지해 살아가던 시대에 인간은 "내가 자연이고 자연이 나다"라는 의식 속에서 살았습니다. 한마디로 인간은 '자연의 일원'이었습니다. 그런 인간이 숲에서 나왔다는 것은 자연이라는 이름의 어머니로부터 분만되었다는 것을 의미했습니다. 그리고 자연으로부터 분만된 인간은 갓난아기처럼 자기 바깥에 펼쳐진 세계를 열심히 탐색하기 시작했습니다. 그리고 자기 바깥에 펼쳐진 세계를 열심히 탐색하는 자신을 또 발견하기 시작했습니다. 그러면서 상대, 즉 자연을 발견하게 되었습니다. 자기대상화와 타기대상화 과정은 이렇게 시작되었습니다.

다시 한번 말씀드리면, 먼저 동물과 식물을 바라보고 있는 '자신'을 발견했고, 이와 동시에 자신의 '상대'인 동물과 식물을 발견했습니다. 그랬더니 이번에는 다시 그 '자신'이 '무리의 일원'임을 발견하게 되었습니다. 그렇게 해서 '무리'가 공동체로 입체화되어갔고, 이와 더불어 인간에게 동물학과 식물학이 축적되어갔습니다. 그렇게 수렵이 목축으로, 또 채집이 농업으로 진화해갔습니다. 그리고 인간은 유목민과 농경민으로 분화해갔습니다.

사실, 인간이 목축 또는 농업을 시작하게 되었다는 것은 인간이 공간을 이동할 뿐만 아니라 시간을 이동하는 주체로 성장했다는 것을 뜻합니다. 좀 어렵다고 느끼는 분도 계시리라 봅니다만, 채집이라는 행위는 식물이 열매를 맺는 장소로 이동해 가 이를 손으로 따서 입에 넣는 행위입니다. 한마디로 채집은 공간을 이동하는 행위입니다. 그런데 농업은 공간 즉 장소의 이동이 아니라, 한곳에서 봄에 씨 뿌리고 가을에 열매를 맺는, 시간의 이동 행위입니다. 씨를 뿌릴 때부터 열매를 맺을 때까지, 즉 봄부터 가을까지 시간을 이동하는 행위가 농업입니다. 목축도 마찬가집니다. 사냥감을 쫓아서 공간이나 장소를 이동하는 것이 아니라, 가축에게 새끼를 낳게 해 살찌워서 잡아먹는 시간의 이동입니다. 따라서 채집이 농업이 되고 수렵이 목축이 된다는 것은, 공간을 이동할 뿐이었던 인간이 시간을 이동할 수 있는 주체로 성장·비약했다는 것을 의미합니다.

여기까지 말씀드린 것을 토대로 자본에 대하여 생각해보고자 합니다. 인간이 농업을 시작하려면 먼저 토지를 개간해야 합니다. 그리고 봄에 씨를 뿌리고 물을 줍니다. 물을 주기 위해서는 관개(灌漑)가 필요합니다. 그리고 가을에 수확합니다. 그러한 일련의 절차, 즉 일정한 시간의 경과가 필요하게 됩니다.

농업을 시작하기 전에 인간은 숲에 들어가 먹을 것을 찾고, 찾은 먹을거리를 따서 입에 넣으면 그만이었습니다. 매일 숲에 가기만 하면 됐습니다. 그런데 농업을 시작하면서부터 토지를 개간하고 관개도 하고 파종과 수확도 필요하게 되었습니다. 수확까지 가기 위해서는 많은 시간이 경과해야 했습니다. 그러니 그때까지 일정한 식량을 비축해놓지 않으면 모두 굶어 죽게 되었습니다. 적어도 봄부터 가을까지 모두가 먹을 만큼의 식량을 준비해야만 합니다.

공동생산과 공동분배하는 원시공산제 경제가 시작된 이후 같으면 문제가 되지 않습니다. 당연히 생산물의 일부를 내부에 유보하고 비축할 수 있었으니까요. 하지만 문제는 원시공산제 경제가 본격적으로 시작되기 전에 필요한 일정량의 식량을 공동체에 비축해두는 것이었습니다. 그러지 못하면 농업을 시작하는 순간 모조리 굶어 죽게 되어버리기 때문입니다. 따라서 농업과 이를 토대로 한 원시공산제를 시작하기 위해서는 공동체에 필요한 일정량의 식량을 비축해야 했습니다. 예상컨대 이는 아마도 무척이나 어려운 일이었을 것입니다.

그런데 인간은 이 어려운 문제를 힘 안 들이고 그럭저럭 해결할 수 있었습니다. 어째서였을까요? 인간이 시간을 이동할 수 있게 되었기 때문입니다. 인간은 '봄'에 씨 뿌리듯, 원시공산제 경제를 시작할 '가을'을 향해 미리 공동체에 필요한 일정량의 식량을 비축할 수 있었습니다. 그리고 식량을 비축할 수 있다는 것을 끝까지 믿으면서, 점차 원시공산제를 개시할 수 있었습니다. 인간은 농업혁명을 시작함에 있어서 그만큼 성숙해 있었던 것입니다.

원시공산제 경제를 시작하기 위해 필요했던 이런 '공동체에 비축된 일정량의 식량'이야말로 인간의 역사상 최초로 등장한 자본에 해당합니다. 자본이란 한마디로 인간이 시간을 이동하기 위해 필요한 밑천입니다. 자본 없이 인간은 시간을 이동할 수 없습니다.

그런데 마르크스는 '상품유통이 자본의 출발점'이라는 멍청한 말을 하고 있습니다. 즉, 상품유통을 통해서 자본이 태동했다고 말합니다. 그렇지 않습니다. 자본은 화폐가 발생하기 이전의 아주 먼 옛날, 원시공산제 경제가 시작되기도 전에 '공동체에 비축된 필요한 일정량의 식량'이라는 형태로 등장합니다. 따라서 자본은 '생산의 출발점'을 의미하고, '상품유통의 출발점'을 의미했습니다. 말하자면 자본은 '경제(생산과 유통)의 출발점'이었습니다. 사실, 원시공산제 경제는 자본—'공동체에 비축된 필요한 일정량의 식량'— 없이는 시작할 수 없었습니다. 마르크스는 상품유통이 있고 나서야 자본이 태동했다고 말하지만, 실은 그 반대입니다. 자본은 모든 경제(생산과 교환)의 출발점에 위치해 있습니다. 그러니 "태초에 자본이 있었다"고 할 수 있습니다.

자본과 마찬가지로 '신'이라는 관념·의식도 아마 원시공산제 경제가 시작되기 전에 인간의 자의식에 형성되었다고 생각합니다. 최근 메소포타미아 문명의 유적이 발견되면서 많은 사람들을 놀라게 한 적이 있습니다. 지금까지의 상식으로는 농업이 시작되고 나서야 신을 위한 제전(祭殿)이 만들어졌다고 믿어왔는데, 약 1만 년 전 농업을 시작하기도 훨씬 이전의 제전이 발견되었기 때문입니다. 신을 받드는 제전이 농업혁명이 시작되기 전에 이미 만들어졌던 것입니다. 남아메리카 대륙에서도 농업을 시작하기 전에 건설된 피라미드 형태의 제전이 발견되었습니다. 아마도 인간은 그 자의식에 제전에 모셔야 할 신을 형성할 수 있을 만큼 성숙한 후에 농업이라는 시간의 이동 행위를 시작했던 것 같습니다. 말하자면, 제전에 모시는 신을 그 자의식에 형성할 수 있을 만큼 자의식이 성숙해졌기에 비로소 인간은 시간을 이동하는 행위로서 농업을 시작할 수 있었던 것이고, 또 그렇기 때문에 더욱더 그에 필요한 자본을 '공동체에 비축된 필요한 일정량의 식량'이라는 형태로 준비할 수 있었던 것입니다.

자본이라는 것은 정말로 중요합니다. 자본이 없으면 시간을 이동할 수도, 농업을 시작할 수도, 인간의 온갖 경제활동을 시작할 수도 없는 그런 것입니다. 그것이 없으면 봄에 파종하고 가을에 수확하는 행위 자체를 시작할 수 없는, 그것이 없으면 수확도 하기 전에 모두 굶어 죽는, 그런 것으로서 자본은 태동했습니다.

2. 자본주의의 태동에 대하여

다음은 자본주의의 태동에 대하여 말씀드리겠습니다.

이미 말씀드린 것처럼, 인간은 약 1만 년 전에 농업을 시작했습니다. 숲에서 동시에 행하던 수립과 채집이, 수렵은 목축으로 또 채집은 농업으로 진화해갔습니다. 이에 따라 인간의 자의식은 순식간에 대자·대타화되고 입체화되어갔습니다. 그리고 그 결과로 인간은 '자연의 일원'에서 '공동체의 일원'으로 비약했습니다. 만약 인간에게 '공동체의 일원'이라는 자의식이 형성되지 않았다면 공동체는 절대로 존재할 수 없었을 것입니다. 예를 들어 가족 관계에서도 마찬가지입니다. 누군가에게 만약 "나는 더 이상 이 가족의 일원이고 싶지 않아!"라는 기분이 드는 순간, 가족은 와해됩니다. 이처럼 한 사람 한 사람 안에서 '공동체의 일원'이라는 자의식이 형성되지 않는 한, 공동체는 성립하지 않습니다. '무리'는 공동체로 입체화될 수 없습니다.

이런 자의식이 형성되기 이전에 인간이 형성하는 집단은 '무리'에 지나지 않았습니다. 즉, 사람들이 '모여 있는' 데 불과했습니다. 하지만 이처럼 모여 있는 데 불과하던 '무리'가 공동체로 입체화된 것은 인간 한 사람 한 사람의 자의식에 '공동체의 일원'이라는 의식이 형성되었기 때문입니다. 그리고 이렇게 형성된 '공동체의 일원'이라는 자의식이 우리 한 사람 한 사람, 즉 공동체의 구성원들을 규제하고 통제하게 된 것입니다. 그것이 '무리'가 공동체가 되는, 혹은 공동체가 공동체로서 입체화된다는 것의 의미이고 본질입니다.

'무리'가 공동체로 입체화되기 이전에 인간은 '자연의 일원'이었습니다. 다시 말해, 인간은 자연에 종속되고 자연에 기대어 살아갔습니다. 따라서 인간이 '공동체의 일원'이 되었다는 것은 인간이 공동체에 종속되고 공동체에 기대어 사는 존재가 되었다는 것을 의미합니다. 그리고 이런 과정을 거쳐 원시공산제 사회가 탄생했다는 것은 인간이 공동체에 종속되고 공동체에 기대어 살아가는 존재가 되었다, 즉 공동체의 힘으로 자연에 대항하고 자연을 개조하고 자연을 착취·수탈하여 살아가는 존재로 변했다는 것을 의미합니다. 우리는 보통 원시공산제 사회를 하나의 이상(理想)으로 여기는 경우가 많습니다. 하지만 그렇게 생각해서는 원시공산제 사회가 왜 와해되었고, 또 그 뒤를 이어 노예제 사회가 되었는가를 설명할 수 없습니다. 원시공산제 사회는 본질적으로 인간이 공동체에 노예처럼 종속되어 있던 사회였기 때문입니다.

노예는 공동체 간 전쟁을 통해서 발생합니다. 전쟁에서 이긴 공동체가 진 공동체의 구성원을 자신의 노예로 삼습니다. 그리고 이렇게 일단 노예가 존재하기 시작하면, 공동체 내에서 경제적으로 파산해 노예로 몰락하는 사람도 생겨났을 것입니다. 따라서 노예가 발생하게 된 직접적인 계기는 전쟁이라고 할 수 있지만, 본질적인 원인은 인간이 공동체와의 관계에서 공동체에 종속되었다는 데에 있습니다. 따라서 인간이 그 의식세계에서 공동체(왕국)로부터 자립하지 않는 한, 제도로서의 노예는 결코 해방될 수 없었습니다. 르네상스를 거쳐 근대 시민혁명을 기다리지 않고도 제도로서의 노예해방은 불가능했던 것입니다.

원시공산제 시대와 고대농업왕국 시대의 노예는 '상대적 노예'입니다. 무슨 말이냐 하면, 신분으로서의 노예라는 말입니다. 인간이긴 매한가지인데, 단지 신분이 노예였다는 것입니다. 그런데 그 후, 다시 말해 농업혁명 후 약 3천 년 정도 지났을 무렵, 목축공동체가 중앙아시아 근방에서 태동하고 그들에 의해 목축혁명이 발발했습니다. 그리고 이렇게 태동한 목축공동체가 그 엄청난 에너지를 분출하듯이 인접한 고대농업왕국을 모조리 유린해갔습니다. 이렇게 유라시아 대륙의 패권자가 된 유목민이 고대농업왕국의 농경민들을 노예로 만들어갔습니다. 이 당시의 노예는 고대농업왕국 시대의 '상대적 노예'와는 다른 '절대적 노예'였습니다. 무슨 말인가 하면, 노예는 더 이상 인간이 아니라 노예 자체가 되었다는 것입니다. 노예가 가축과 마찬가지로 매매되거나 화폐로서 유통되는 경우도 있었다고 합니다. 노예제도는 이렇게 대진화해온 것입니다.

이런 노예제도의 대진화를 지탱한 것이 바로 약 1만 년 전 농업혁명 시대에 인간에게 형성되었던 '공동체의 일원'이라는 자의식이었습니다. 공동체가 부족에서 왕국으로, 왕국에서 국가로, 국가에서 제국으로 진화해갔어도, 인간의 자의식이 인간을 '공동체(왕국·국가·제국)의 일원'으로 계속 자리매김하고 있는 한, 개개의 노예가 해방되는 경우는 있어도 제도로서의 노예는 사라지지 않았습니다. 노예 A가 해방되어 노예가 아니게 되는 경우는 있어도, 노예제도는 결코 사라지지 않았습니다. 공동체(국가)는 원시공산제로부터 고대농업왕국·고대목축왕국·고대국가·고대제국으로 진화해갔지만, 노예제도는 오히려 더욱 세련되어갔습니다. 노예제는 견고하고 빈틈없어졌습니다. 이런 인류 역사에 대대적인 전환을 일으킨 것이 바로 이탈리아 북부 도시국가들에서 14세기 말에 시작된 르네상스였습니다.

유대인은 정말로 위대합니다. 일본인이 태양과 달을 신으로 숭상했을 무렵, 그들은 태양과 달과 별들을 포함해 이 우주를 창조한 신이 있다고 생각했습니다. 삼라만상 온갖 것들을 낳아주신 신이 계시다고 생각했습니다. 일본인이 물도 나무도 높은 산도 달도 태양도 별님도 모두 고마운 신이라며 8백만이 넘는 신을 섬겼을 때, 유대인은 이 우주 삼라만상을 산출한 단 하나의 신이 계시다고 생각했습니다. 그리고 이런 생각이 유대교라는 형태로 모아졌습니다. 이런 관념이 기독교권과 이슬람권에 계승·확산되어갔습니다. 그리고 유럽이 공유하게 되었습니다. 그 결과로 유럽에는 '신 앞에 평등한 나'라는 관념이 탄생·성장·확산하게 되었습니다. 사람은 모두 평등하다고 생각하게 되었습니다.

이 우주를 창조한 위대하고 절대적인 신 앞에서, 이제까지 인간을 차별해온 신분 따위는 더 이상 아무런 의미도 없었습니다. 이런 생각이 유럽 사람들에게 침투해 뿌리내리기 시작하면서 신분으로부터 자유로운 나, 즉 '왕국으로부터 자유로운 나'라는 생각이 유럽 사람들의 관념세계에 형성되어갔습니다. 그리고 이제 인간은 '공동체(왕국)의 일원'이 아니라 왕국(공동체)으로부터 자립·독립한 자유로운 인간이 되었습니다.

인간은 약 1만 년 전, 공동체를 통해서 자연으로부터 자립·독립했습니다. 그리고 지금 공동체(왕국)로부터도 자립·독립하게 되었습니다. 그 결과 인간은 자연으로부터도 왕국으로부터도 자립·독립하게 되었습니다. 그처럼 자유로운 인간의 탄생을 기뻐하고 인간찬미를 노래한 것이 바로 14세기에 시작된 르네상스였습니다. 예를 들어 르네상스 시대에 그려진 회화나 조각에는 압도적으로 누드가 많습니다. 이는 "인간은 아름답다!"는 그 당시 사람들의 외침입니다. 1964년 도쿄올림픽이 개최되었을 당시만 해도 미국에서는 여전히 흑인차별이 심각하게 존재 했습니다. 그래서 도쿄올림픽 시상식 때 메달을 딴 흑인선수가 오른손 을 번쩍 들고 "블랙 이즈 뷰티풀!" 즉 "흑인은 아름답다!"고 외쳤습니 다. 이는 부조리한 흑인차별에 저항하고 항의하는 인간으로서의 의사 표시였습니다. 그와 마찬가지로 르네상스 때 사람들은 "인간은 아름답 다!"고 외쳤습니다.

이처럼 인간은 더 이상 '공동체(왕국)의 일원'이 아니게, 왕국(공 동체)으로부터도 자연으로부터도 자립·독립했습니다. 자유로운 인간이 되었습니다. 다시 말해, 인간 자의식의 세계에 서식해 있던 '공동체의 일원'으로서의 '나'가 추방되었고, 그 빈자리를 '신 앞에 평등한 나'가 살게 되었습니다. 그러자 지금까지 사회로서 '나'를 포섭하면서 '나' 위 에 군림해오던 국가는, '신 앞에 평등한 나'가 지닌 국가에 대한 적대감 이 무서워 '나'로부터 한 발 멀어졌습니다. 그리고 이렇게 생긴 틈새에 '자유롭고 평등한 사회'가 슬며시 자리 잡게 되었습니다. 그런 일이 일 어나기 전에는 인간 사회는, 국가가 사회로서 인간을 포섭하고 인간을 지배하는, 즉 국가와 인간의 2층 구조로 이루어져 있었습니다. 국가는 국가인 동시에 사회이기도 했습니다. 국가와 사회는 두 개가 아니라 하 나였습니다. 그런 시대가 1만 년 가까이 지속되었습니다. 하지만 인간의 자의식 즉 관념세계 속에서 '공동체의 일원인 나'가 밀려나고 '신 앞에 평등한 나'가 지배하게 되면서, '신 앞에 평등한 나'는 국가에 대해 적

대감을 품어 행동하게 되었고, 이를 고통스러워하는 국가는 인간을 직접적으로 포섭하지 않고 한 발 물러나게 되었습니다. 그리고 그 틈새로 슬며시 '자유롭고 평등한 사회'가 들어와 앉았습니다. 그 결과로 이전까지 '국가와 인간'이라는 2층 구조였던 인간사회가 '인간과 사회와 국가'라는 3층 구조로 변해갔습니다. 다시 말해, 르네상스 시대에 국가는 국가와 사회로 분화해갔습니다.

하지만 이는 어디까지나 인간의 관념세계에서나 벌어진 일이었습니다. 인간이 사는 현실세계는 여전히 신분과 차별, 즉 왕국이 인간을 지배했고, 인간의 경제는 노예제도로 지탱되었습니다. 따라서 인간의 자의식에 형성된 '신 앞에 평등한 나'는 인간이 사는 현실세계를 인간의 관념세계에 합치하는 방향으로 바꾸어가는 투쟁을 개시하게 되었습니다. 그리고 그 투쟁은 프랑스혁명으로 대표되는 근대 시민혁명의 승리로 결말을 맺었습니다. 이 승리를 통해 인류 역사상 최초로 제도로서의 노예가 해방된 것입니다.

그런데 앞서 말한 것처럼, 자본은 '공동체에 비축된 필요한 일정량의 식량'이라는 형태로 태동했습니다. 그리고 이렇게 태동한 자본이 원시공산제 경제를 일으켰습니다. 하지만 자본은 공동체(나라)가 소유한 것이었습니다. 다시 말해, 자본은 공동체(나라)에 일체화되고 공동체에 종속된 것이었습니다. 그 후 공동체(나라)는 고대농업왕국·고대목축왕국·고대국가·고대제국으로 진화해갔습니다. 하지만 자본은 일관

되게 국가에 일체화되고 종속당했습니다. 그런데 르네상스 시대에 국가가 국가와 사회로 분화되면서, 자본도 국가로부터 해방되어 자유로워지기 시작했습니다.

시간은 인간을 통과해갑니다. 시간은 온갖 사건이라는 형태를 취하며 인간을 통과해갑니다. 시간은 모든 이를 통과해가고, 동시에 나를 통과해갑니다. 시간은 모든 인간을 유(類)적이고 역사적으로 통과해가고, 동시에 나를 개체적이고 시대적으로 통과해갑니다. 인간을 유적·역사적으로 통과한 시간이 바로 인간의 사회적 생산력인 자본이고, 나를 개체적·시대적으로 통과한 시간이 바로 노동의 본질입니다.

조금 어려우시겠지만, 다시 한번 반복하겠습니다. 온갖 사건으로서 시간은 나를 개체적이고 시대적으로 통과해갑니다. 그 시간이 나라는 인간을 형성합니다. 그렇게 형성된 내가 자기를 드러내는 자기표현을 합니다. 이것이 바로 노동입니다. 따라서 개체적·시대적으로 나를 통과한 시간이 바로 노동의 본질입니다. 자기표현입니다. 시간이 자기 표현된 것, 그것이 바로 노동입니다. 인간의 사회적 생산력이라는 것은 모든 인간을 유적·역사적으로 통과한 시간입니다. 이것이 바로 인간의 사회적 생산력입니다. 이런 인간의 사회적 생산력이 있고 또 우리 한 사람 한 사람의 노동이 있어야 비로소 가치가 산출됩니다. 이치가 그렇습니다.

모든 인간을 유적·역사적으로 통과한 시간, 즉 인간의 사회적 생산력은 역사적으로 어떤 형태로 드러났을까요? 처음에 그것은 공동체(나라)라는 형태로 나타났습니다. 모든 이가 공동체(나라)로 하나 되어 움직인다, 모두 하나가 된다는 것이 곧 인간의 사회적 생산력을 의미합니다. 공동체가 태동해 모두가 하나 됨으로써 내가 노동할 수 있게 되었습니다. 모두 함께 힘을 모으자 다양한 것들이 가능해졌습니다. 사람들 속에 다양한 지식과 기술이 축적되었고, 이것들이 나의 노동과 결부되어 생산물을 산출했습니다. 인간의 사회적 생산력과 노동이 결부되어 생산물이 산출된 것입니다. 다시 말해, 인간의 사회적 생산력은 공동체(나라)로서 처음 역사에 등장해 고대농업왕국·고대목축왕국·고대국가·고대제국으로 진화해갔습니다. 그리고 이렇게 매번 진화할 때마다 인간의 사회적 생산력은 크게 개선·향상되었습니다.

　　예를 들어 아프리카에서 정말 고생고생하며 살아가는 사람들에게는 국가라는 게 없습니다. 혼자서 연못이나 강에 가 물을 길어 날라 밭을 일궈야 합니다. 이에 비해 일본에 사는 우리에게는 일본이라는 국가가 있습니다. 고속도로도 있습니다. 일본 국민이라면 누구나 읽고 쓸 수 있습니다. 기술 축적도 방대합니다. 이 모든 것들이 일본인의 사회적 생산력입니다. 이런 사회적 생산력 속에서 내 노동 행위가 존재합니다. 그런데 아프리카에는 이런 것들이 없이 내가 농사일 즉 노동 행위를 합니다. 그러면 아무리 고생해도 생산이 빈약할 수밖에 없습니다. 이는 그 사람 책임이 아닙니다. 따라서 국가야말로 인간의 사회적 생산력을 의미하는 것입니다. 그리고 이런 사회적 생산력으로서의 국가가 종합적이고 깊이 있는 만큼 노동의 생산력은 올라갑니다. 사실 국가는 그런 존재입니다. 비록 이것이 국가의 일면이기는 하지만, 국가가 그렇다는 것만은 꼭 알아주셨으면 좋겠습니다.

그런데 앞서 말씀드린 것처럼, 르네상스 시대에 자본은 국가로부터 해방되었습니다. 그리고 국가로부터 자유로워졌습니다. 그 이전에는 국가가 전부였습니다. 자본은 국가에 종속되었습니다. 자본에게는 자유가 없었습니다. 그런데 르네상스 시대에 들어 국가가 국가와 사회로 분화되면서, 자본은 국가로부터 해방되어 자유로워졌습니다. 그리고 국가, 즉 인간의 사회적 생산력으로서의 국가는 당연한 것, 즉 천부적인 것이 되었습니다. 하늘이 내린 것, 태양이나 대지 또는 물처럼 천혜의 것이 되었습니다.

햇빛은 고마운 것입니다. 없어서는 안 됩니다. 대지와 물도 없어서는 안 되는 고마운 존재입니다. 하지만 이들은 천부적인 것이기 때문에 누구도 별로 고마워하지는 않습니다. 국가도 마찬가지로 있는 게 당연한 것이 돼버렸습니다. 그리고 국가로부터 자유로워진 자본은 그 강력한 매개력으로 국가가 지닌 사회적 생산력으로서의 의미·기능을 포함해 사회적 생산력을 의미하게 되었습니다.

처음에 공동체(나라)는 인간의 사회적 생산력을 의미했습니다. 그리고 이런 공동체(나라)가 등장하기 위해서는 자본이 필요했습니다. 시간을 이동하기 위한 밑천으로서 자본이 태동했던 것입니다. 하지만 이때의 자본은 공동체(왕국)에 일체화되어 항상 종속당해 있었습니다.

그러던 자본이, 르네상스 시대에 국가가 국가와 사회로 분화되는 것을 계기로 국가로부터 해방되었습니다. 그리고 자본은 사회적 생산력으로서의 국가가 지닌 의미·기능을 포함해 인간의 사회적 생산력을 의미하고 기능하는 것으로 변화했습니다. 한마디로 르네상스 시대에 국가가 국가와 사회로 분화된 것을 계기로, 국가의 시대가 끝나고 자본의 시대가 시작된 것입니다.

자본(집적된 화폐)은 엄청난 매개력을 갖고 있습니다. 자본은 지혜도 사람도 필요한 것이면 무엇이든 동원할 수 있는 능력을 가지고 있습니다. 더욱이 국가의 사회적 생산력이라는 의미·기능이 완전히 없어진 것도 아니었습니다. 아니, 어떤 면에서 보면 그것은 모두에게 당연히 주어지는 것이 되었습니다. 하지만 돈이 없는 자는 사람도 지혜도 기술도 동원할 수 없기 때문에 제 몸을 움직여 일할 수밖에 없게 되었습니다. 하지만 자본은 사람도 지혜도 필요한 것을 무엇이든 동원하여 국가가 지닌 사회적 생산력으로서의 의미·기능을 포함해 가치를 생산하는 주체로 전환했습니다.

르네상스 시대 이전에는 국가가 경제의 중심에 위치해 가치를 생산하는 주체였습니다. 하지만 국가는 딱딱해서 경제를 역동적으로 전개시킬 수 없습니다. 그래서 인간의 사회적 생산력은 산술급수적으로밖에 개선·향상되지 못했습니다. 하지만 자본은 부드럽고 융통성이 탁월한 존재입니다. 따라서 르네상스 시대 이후, 즉 자본이 가치를 생산하는 주체로 전환된 이후부터 인간의 사회적 생산력은 기하급수적으로 개선·향상되어갔습니다. 인간의 경제가 부양할 수 있는 인구도 비약적으로 증가했습니다. 예를 들어, 일본에서도 에도시대까지는 인구가 줄곧 3천만 명 정도였는데, 사회적 생산력이 크게 개선·향상됨에 따라 메이지시대부터는 인구가 급증하기 시작해 오늘날 1억2천만 명으로 4배나 증가했습니다.

이처럼 국가가 국가와 사회로 분화됨에 따라, 자본은 사회적 생산력으로서 국가가 지닌 의미·기능을 포함해 인간의 사회적 생산력을 의미·기능하게 되었습니다. 그리고 이어서 이슬람권으로부터 이탈리아 북부 도시국가들로 신용이 수입되었습니다. 그리고 이 신용은 자본을 매개로 하는 자본의 자기증식운동 즉 자본주의를 이탈리아 북부 도시국가들에 탄생시켰습니다. 이에 따라 자본과 신용이 상호 매개적으로 전개하는 자본주의—자본의 자기증식운동—가 전개되기 위해 필요한 공간, 즉 '자본을 중심으로 하는 우주'라고 할 수 있는 자본주의 공간이 암흑세계에서 분출하듯 등장했습니다. 처음에 그 자본주의 공간은 베네치아를 중심으로 이탈리아 북부 도시국가들 안에서 점점이 흩어져 아주 협소한 공간으로 태동했습니다.

하지만 이렇게 점점이 흩어져 태동한 자본주의 공간—'자본을 중심으로 하는 우주'— 안에서 자본주의—자본과 신용이 상호 매개적으로 전개하는 '자본의 자기증식운동'—가 전개되자 이번에는 자본주의와 자본주의 공간이 상호 매개적으로 전개하는 '자본주의의 자기증식운동'이 펼쳐지기 시작했습니다. 다시 말해, 자본주의는 자본주의 공간에 풍부한 색채를 부여하면서 자본주의 공간을 확장·확대해갔고, 이렇게 자본주의로부터 풍부한 색채를 부여받아 확장·확대된 자본주의 공간이 이번에는 자본주의에 풍부하고 구체적인 내용을 부여해갔습니다. 이것이 계속 반복되면서 자본주의 자체가 자기증식운동을 시작하게 된 것입니다.

베네치아를 중심으로 이탈리아 북부 도시국가들 안에서 점점이 흩어져 태동했던 자본주의 공간은 이후 그 중심을 베네치아에서 프랑스 리옹을 거쳐 네덜란드 암스테르담으로, 그리고 다시 영국 런던으로 옮기면서 서유럽을 석권했습니다. 뿐만 아니라 제2차 세계대전 이후에는 미국 뉴욕으로 중심을 옮기면서 지구적 규모로 확산되어갔습니다. 한마디로 자본주의는 자본주의 공간에 풍부한 색채를 부여하면서 자본주의 공간을 지구적 규모로 급속히 확장·확대시켰고, 이렇게 확대된 자본주의 공간이 다시 자본주의에 구체적이고 풍부한 내용을 부여해갔습니다. 가령 자본주의 공간의 확장은 신용거래를 결제하기 위한 어음교환소를 각지에 설립시켰는데, 이것이 나중에 은행으로 진화함으로써 자본주의의 튼튼한 골격이 되어줍니다. 나아가 각국에 중앙은행을 만들고 세계은행(World Bank)으로 불리는 국제부흥개발은행(IBRD)을 낳으면서, 세계의 금융시스템을 하나의 그물로 둘러치게 됩니다.

3. 자본주의를 넘어설 유일한 길에 대하여

자본주의는 확실히 인간을, 특히 남(南)의 민중을 잔혹하게 착취·수탈하고 민중에게 도탄의 고통을 강요하면서 오로지 자본을 살찌우는 매우 스마트한 시스템입니다. 또 자본주의는 자본의 비인간적인 탐욕으로 인해 채무를 천문학적으로 팽창시켜 신용을 죽이고, 나아가 자본주의 자체의 죽음 즉 공황을 초래함으로써 인간의 생활을 궁극적으로 파탄시킬 가능성을 갖고 있는 시스템입니다. 그리고 이런 가능성은 그리 멀지 않은 미래에 반드시 현실화될 거라고 생각합니다. 우리 인간이 반드시 자본주의를 넘어서지 않으면 안 되는 이유가 여기에 있습니다.

인간을 채찍으로 때리고 고된 노동을 시키는 고대의 인신에 대한 직접적인 노예제나, 혹은 인간을 토지에 속박시켜 먹을 것조차 제대로 제공하지 않는 중세의 간접적인 농노제와 비교했을 때, 자본주의는 분명 매우 고마운 시스템입니다. 자본주의는 인간을 먹여 살렸고, 그 결과로 인구를 급증시켰습니다. 아울러 자본주의는 누구나 선거권·피선거권을 가질 수 있는 민주주의를 인간에게 안겨주었습니다. 나아가 지금의 자본주의는 국경을 없앰으로써 더 이상 전쟁이 일어나지 않도록 할 가능성까지도 제시해주고 있습니다. 이런 점에서 볼 때, 나는 자본주의를 매우 고마운 시스템이라고 생각합니다.

동시에 나는 오늘날의 자본주의가 안고 있는 문제를, 자본이 사회를 실질적으로 지배하고 있고 나아가 이를 토대로 실질적으로는 국가마저도 지배하고 있으며, 남(南)의 민중을 일상적으로 잔혹하게 착취·수탈하는 동시에, 때때로 전쟁을 일으켜 인간을 계속 죽이는 것이라고 생각합니다. 나아가 자본주의 자체를 죽이는 공황을 초래해 인간의 생활을 궁극적으로 파탄시키려 하는 데 있다고 생각합니다. 아니, 엄밀히 말해 문제의 핵심적 소재는 자본이 사회를 실질적으로 지배하고 있고 이를 토대로 국가마저도 실질적으로 지배하고 있다는 데 있다고, 즉 주권재민이 유명무실해진 데 있다고 생각합니다. 인간이 만약이 사회와 국가를 실질적으로 지배하고 있다면, 자본이 남(南)의 민중을 일상적으로 잔혹하게 착취·수탈하는 것을 용서할 리가 없기 때문입니다. 또 인간이 실질적으로 이 사회와 국가의 주인공이라면, 국가가 전쟁을 일으키는 것을 용납할 리가 없고, 나아가 신용을 천문학적으로 팽창시켜 자본주의를 죽이고 공황을 초래할 리가 없다 생각하기 때문입니다. 따라서 주권재민을 실질적으로 실현하는 것, 즉 시민이 그 사회와 국가의 진정한 주인공으로 등장하는 것이야말로 지금의 자본주의를 극복할 유일한 길이라고 생각합니다.

하지만 이것이 말은 쉬워도 실천하기는 어려운 일입니다. 왜냐하면 인간은 권력이 되면 더 이상 인간이 아니게 돼버리기 때문입니다. 또 인간은 권력이 문제를 해결해주기를 기대하고 맡겨버렸기 때문입니다. 즉, 권력에 대한 환상이 우리 인간을 지배하고 있기 때문입니다. 그래서 인간은 자기가 권력이 되면 문제를 해결할 수 있다고, 자기가 권력이 되는 것이 문제해결을 의미한다는 식으로 생각하게 됩니다. 나아가

권력이 되면 일단은 문제가 해결되었고, 앞으로는 이 권력을 더욱 확대·확장하는 것이 문제해결을 위해 필요하다는 식으로 생각하게 됩니다. 그러고는 법률과 규칙을 만들어 사람들이 이를 지키게 하는 데만 몰두합니다. 하지만 권력이나 법률, 다시 말해 폭력이 문제를 해결하는 경우는 결코 없습니다. 아무리 때리고 걷어차고 죽이더라도 문제는 아무것도 해결되지 않습니다. 권력이, 폭력이 문제를 해결하는 일은 결코 없습니다.

　　문제를 해결할 수 있는 것은 오직 인간과 인간의 연대뿐입니다. 인간이 문제해결의 주체로 등장하고, 나아가 인간연대가 문제해결의 주체로 등장하는 것, 그것 말고 인간이 안고 있는 문제를 해결할 길은 없습니다. 권력이 해야 할 일은 인간과 인간의 연대에 다가서서 그 연대가 내리는 판단과 결론에 지속적으로 함께하는 것입니다. 이를 위해 필요한 것은 인간을 권력화하지 않는 것입니다. 따라서 그린코프는 조합원 이사에게 어디까지나 '한 사람의 어머니로서, 한 사람의 여성으로서, 한 사람의 인간으로서' 판단·결정해달라고 계속 호소해왔습니다. 다시 말해, 조합원 이사에게 권력화하지 말아달라고 계속 호소해왔던 것입니다. 하지만 조합원 이사나 이사장이 되면, 아무래도 인간은 권력이 되려고 합니다. 우리는 이런 유혹과 부단히 싸워야 합니다. 이를 위해 그린코프는 정보를 철저히 공개해왔습니다. 정보는 즉시 공개한다는 방침을 실행해왔습니다. 이는 인간과 인간의 연대가 문제해결의 주체라고 믿어왔기 때문입니다. 하지만 정보를 공개하는 것, 혹은 의견을 공개하는 것에 이런저런 제동이 걸린 적도 있었습니다. 때로는 '조합원 주권'이라는 이름으로 제동을 거는 경우마저 있었습니다.

다시 말씀드리지만, 권력이나 법률, 즉 폭력이 문제를 해결하는 경우는 결코 없습니다. 문제를 해결하는 것은 오직 인간과 인간의 연대 뿐입니다. 따라서 권력이 완수해야 할 책임은 인간과 인간의 연대에 다가가고 그 연대가 내리는 판단·결론과 계속 함께하는 것입니다. 그러기에 권력은 정보를 철저히, 또 즉시 공개해야 합니다. 이를 부단히 관철시켜가는 과정에서 비로소 인간과 인간의 연대가 사회와 국가의 주인공으로 등장하고, 모든 문제가 인간적으로 해결되는 새로운 미래가 출현할 것입니다. 바꿔 말해, '권력으로서의 권력'이 '연대로서의 권력'으로 회귀하고, 최종적으로는 '연대로서의 연대'에 도달해야 할 것입니다.

노동협동조합은 인간이 스스로를 그 사회와 국가의 실질적인 주인공으로 성장시켜가는 더없이 훌륭한 형태입니다. 여러분! 이런 미래에 대한 확신을 잃지 않으면서 분발해주시길 바라마지 않습니다. 오늘 일반사단법인 '그린워커즈' 창립을 진심으로 축하드립니다.